国家出版基金项目
NATIONAL PUBLICATION FOUNDATION

徐旭生文集

第 三 册

中华书局

學術論文

目　録

論 Ethics 應譯爲道德學 ……………………… 7

王船山的道德進化論 ……………………… 14

我對於宗教問題的意見 ……………………… 34

禮是什麼? ……………………………………… 44

科學與道德之關係 ………………………… 55

保存例案議 ………………………………… 64

西游記作者的思想 ………………………… 71

科學與玄學 ………………………………… 89

論致用 ……………………………………… 96

斯文赫定先生小傳 ………………………… 104

女師大學術季刊卷頭語 …………………… 116

阻卜非韃靼辨 ……………………………… 119

教育罪言(一) ……………………………… 143

教育罪言(二) ……………………………… 151

教育罪言（三）…………………………… 159

教育罪言（四）…………………………… 165

教育罪言（五）…………………………… 174

教育罪言（六）…………………………… 186

陝西調查古迹報告 ………………………… 196

關於西北考古的談話及對考古意義之解釋 …… 216

校金完顏希尹神道碑書後 ………………… 220

對於我國西北問題的我見 ………………… 242

唐王峧及寶山調查報告 …………………… 250

陝西最近發現之新石器時代遺址 ………… 267

青峰山及鷄峰游記 ………………………… 277

金俗兄弟死其婦當嫁於其弟兄考 ………… 289

今日知識青年應走的三條路 ……………… 292

陝西省寶鷄縣鬥鷄臺發掘所得瓦鬲的研究序 …… 299

我國古代歷史的輪廓 ……………………… 305

我國的循環論哲學 ………………………… 310

班𣪘銘跋書後 ……………………………… 332

晋寧訪古記 ………………………………… 338

滇賢碑傳集叙 ……………………………… 342

論封建勢力 ………………………………… 345

從治學精神方面看我國的學術獨立自主問題 …… 359

“快”的文化與“慢”的文化 ……………… 366

老子書爲關尹子所著説 …………………… 376

字�同源説 ……………………………… 391

從批評科學歷史材料談到處理我國古史材料方法 ………… 401

培養考古幹部,加强考古工作,開展歷史研究 ……………… 411

山海經的地理意義 …………………………………… 418

考古學能從哪一方面爲歷史服務 ……………………… 426

禹治洪水考 …………………………………………… 437

1959年夏豫西調查"夏墟"的初步報告 ………………… 457

略談研究夏文化的問題 ………………………………… 476

井田新解并論周朝前期士農不分的含意 ……………… 484

對我國封建社會長期遲滯問題的看法 ………………… 506

紀念王船山逝世二百七十周年學術討論會大會發言 ……… 519

堯、舜、禹 …………………………………………… 522

論 Ethics 應譯爲道德學①

一、人生哲學

日本人譯 Ethics 爲倫理學,我國人多襲用之。胡適之先生於中國哲學史大綱第二頁中謂"倫理學"爲舊稱,改譯之爲"人生哲學"。請引其上下原文:

因爲人生的重要問②題不止一個,所以哲學的門類也有許多種。例如:

一、天地萬物怎樣來的。(宇宙論)

二、智識思想的範圍、作用及方法。(名學及智識論)

三、人生在世應該如何行爲。(人生哲學舊稱"倫理

---

①編者注:本文原刊哲學 1922 年第 4 期,係與傅銅、楊震文合撰。
②編者注:"問",原誤作"間"。

學”)

四、怎樣纔可使人有智識，能思想，行善去惡呢。（教育哲學）

五、社會國家應該如何組織，如何管理。（政治哲學）

六、人生究竟有何歸宿。（宗教哲學）

夫研究人生之行爲者不止 Ethics 也。

據中國哲學史大綱第二頁，Ethics 似亦可謂爲善惡之學。夫善固人生之理想，然非人生之唯一理想也。西人往往並稱真美善。井上圓了增之以妙；章太炎增之以勝。（人皆好勝。好勝心與愛真、愛善、愛美之心皆不相同。）故研究人生之理想者不止 Ethics 也。

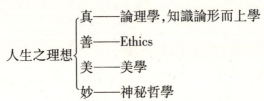

人生哲學一名詞，自其字義上言之，宜不出左列之二解：

一、研究人生之全體之學。

二、研究人生之一部分之學。

人生者，人之經驗也。凡經驗皆有經驗者與所經驗者。所謂人生者，若包所經驗者以爲言，則世間各個科學之所研究皆人生一部分,而研究人生之全體者唯形而上學(Metaphysics,或譯爲純正哲學、純正學、超物理學)。即自狹義的人生以爲言,Ethics 亦非研究人生之全體之學。此可於以上①所列二表中見之,然則以 Ethics 爲人生哲學之理由,似因其研究人生之一部分而非因其研究人生之全體。

以上所舉各學無非研究人生之一部分者。且適之先生既明明以"天地②萬物怎樣來的""智識思想的範圍作用及方法"等等爲"人生切要的問題",則宇宙論、名學、知識論、教育哲學、政治哲學及宗教哲學等,當然皆爲研究人生之一部分之學,吾人若可因 Ethics 研究人之一部分而謂之爲人生哲學,則似亦可以同一之理由謂此等學爲人生哲學矣。若然,則可名爲人生哲學者不止此數,蓋研究人生之一部分之學此外尚多也。

命名之意在區別其所名之物與他物,人生哲學之名不足以表示 Ethics 之特質;不足以表示 Ethics 與其他科學之區別。

二、倫理學

吾人對於適之先生有極同情者一事,即不滿意於倫理學之舊稱是也。適之先生不滿意之理由如何非吾人所知,請略述吾人之理由。

Ethics 爲英文,此名詞在希臘文爲 Ethikos;見阿里斯多德所著之 Ethics 此字與拉丁文之 Moralis 相當。羅馬之西塞羅(Cic-

①編者注:"上",原脱,據文意補。
②編者注:原於"天地"前衍一"以"字。

cro）遂譯爲 Moralis。此二字之意雖同，然一爲希臘文，一爲拉丁文，故歐洲諸文亦多有二字。英文之 Ethics，德文之 Ethik，法文之 Ethique，來自希臘文之 Ethikos。英文之 Moral，德文之 Moral，法文之 Morale，皆來自拉丁文之 Moralis。倫理學之所研究者爲道德，理應譯道德之學。然日本人既譯 Moralis、Moral、Morale 等爲道德，以爲 Ethics 既另是一字，當另以他字譯之，此其所以未譯爲道德學也。

日本人何以譯爲倫理學乎？曰：遠藤隆吉氏曰："倫理"一詞中國自古有之。禮記樂記曰："凡音者，生於人心者也；樂者，通乎倫理者也。是故知聲而不知音者，禽獸也；知音而不知樂者，衆庶也。唯君子能知樂。"陳澔注曰："倫理者，謂事物之倫類各有其理也。"朱子語錄中朱子論讀書之法曰："讀史當觀大倫理、大機會、大治亂之得失。"遠藤氏又曰："中國古有五倫、五常等名；倫理者，可以解爲人倫之理。"日本人譯爲倫理學之根據，大概在是矣。此數端皆與 Ethics 之義意不相合。

三、道德學

按 Ethikos 與 Moralis 同爲品性或性向之意，Ethikos 來自 Ethos。Moralis 來自 Mores。Ethos 與 Mores 同爲風俗習慣之意。Ethikos 與 Moralis 二字之意義在英、德、法文皆無甚區別。故德人所著之 Ethics 有謂爲 Ethik 者，有謂爲 Moral Wissenschaft 者。法人用 Ethique 者甚少，有名爲 La Morale 者，有名爲 Science Morale 者。英人有名爲 Ethics 者，有名爲 Moral Science 者，有名爲 Science of Morality 及 Principles of Morals 者,有名爲 Ethical Science 及 Science of Ethics 者,此外又有 Ethical Philosophy 之名。則此二語之意義相同於此可見一斑矣。二語之意義既同,則吾人可以一語譯之,不必以二語譯之。

英文中有來自 Anglo Saxson 語之 Freedom,又有來自拉丁語之 Liberty,法文只有來自拉丁語之 Liberte,法人譯英文時,無論其爲 Freedom、爲 Liberty,皆譯爲 Liberte,不於 Liberte 之外另造一詞也。吾人譯英文時,無論其爲 Freedom、爲 Liberty,皆譯爲自由,亦不於自由之外另造一名詞也。"道德"既爲吾國固有之名詞,而其意義又與以上二語之意義相當,則吾人又何必於"道德"之外另造一名詞以譯之乎?

且既以道德譯 Moralis 矣,則德文之 Moral Wissenschaft、法文之 Science Morale 及 La Morale①,與英文之 Science of Morality 與 Moral Science,當然譯爲道德學,是道德之名詞爲吾人所欲避不能者也。

不但此也,吾人若固執以倫理學譯 Ethics,將何以譯 Ethical Science? 又將何以譯 Science of Ethics? 將譯之爲倫理學或倫理學的科學乎? 若盡譯之爲道德學,則無此困難。

建橋大學 Moral Philosophy② 教授 W. R. Sorley 氏在該大學講 Ethics 時,謂以上所求二名詞之意義雖同,而用爲形容詞時則有區別。關於行爲則用 Moral;關於學理則用 Ethical。吾以爲二者皆譯爲道德學時,此區別殊不足以發生困難。蓋吾人可譯 Moral

---

①編者注:"Morale",原誤作"Mnale"。
②編者注:"Moral Philosophy",原誤作"Mord Phihsphy"。

爲道德的，譯 Ethical 爲道德學的。

Ethics 所研究之道德乃一切人之道德，非一種人一國人之道德。其所立之道德乃爲一切人而立。人皆道德的存在物（Moral Being）；故無人無道德，無國無道德；無國不應以[1]科學的方法研究道德，故無國不應有道德學。統觀世界史，道德思想之發達，幾無出吾國之右者。吾國之哲學大率以道德爲歸宿。故吾國之道德思想實吾民族思想之結晶。Ethics 既爲研究道德之學，吾人應以吾國固有之名詞譯之，不應另造一新名名詞，使人疑其爲外來的學問。

四、道德哲學

此外尚有一名詞，在拉丁文爲 Philosophia Moralis，在英文爲 Moral Philosophy，在德文爲 Moral Philosophie，在法文爲 Philosophie Morale。繆亞黑教授（Professor J. H. Muirhead）所著 Elements of Ethics 第四頁謂此名詞較 Ethics 之名詞尤古，並説明其意義如下：

Similarly if[2] we revert to the older name under which the Science was known, uiz, moral philosophy, we find that this means the philosophy of morals, which signifies[3] in Latin, primarily customs or habits, secondarily the habits of the moral agent in respect to moral action i. e. character.

---

①編者注："應以"，原誤作"以應"。
②編者注："if"，原誤作"ib"。
③編者注："signifies"，原誤作"signefios"。

馬肯齊教授(Professor J. S. Mackenzie)所著之 *Manual of Ethics* 第二十二頁謂自一方面觀 Moral Philosophy 之名詞較爲可采。(In some respects the term Moral Phihsophy is preferable.) 又注①之曰,本書所以用 Ethics 之名詞者,一因其簡短,一因本書限於篇幅不能詳爲哲學的討論也。The term Ethics is retained in this manual partly for② the sake of brevity③, and partly because the necessary limitations of the volume prevents a thoroughly④ philosophical⑤ theatment.

牛津大學、建橋大學、蘇格蘭各大學關於此科之教授皆稱爲 Professor of Moral Philosophy,不稱爲 Professor of Ethics;蘇格蘭各大學所有道德學一科亦稱爲 Moral Phihsophy,不稱爲 Ethics。

吾人以爲 Moral Philosophy 可譯爲道德哲學。至其於道德學之區別容另論之。

---

①編者注:"注",原誤作"註"。
②編者注:"for",原誤作"bor"。
③編者注:"brevity",原誤作"brieuity"。
④編者注:"thoroughly",原誤作"thocoughly"。
⑤編者注:"philosophical",原誤作"philosophieal"。

王船山的道德進化論^①

　　船山先生的事狀是大家所知道的,用不着細説。

　　他生於明萬曆四十七年,死於清康熙二十七年(1619—1688);在清初諸老輩裏面,除了顏習齋以外,算是他最年幼。他比歐西的哲學家特嘉爾(1596—1650)小二十三歲,比巴斯加爾(Blaise Pascal;1623—1662)長四歲。

　　船山先生生當明末,目擊亡國之慘痛,所以主張絶對的民族主義。當時文網正嚴,他自然難以學説示人。吕晚村一案,其中就牽到船山,那時先生已死,他的後人把他講經的著作拿出來,審查的人覺得還没甚麽"荒謬"的思想,那件事就敷衍過去。但是他的家人覺得保存着這樣危險的著作,總不穩當,就想把他付之一炬,并且有些不重要的著作,已經燒掉;幸有先生的一個弟子,不怕牽連,毅然持去,方使先生的重要著作保留至今。由此看來,

---

①編者注:本文原刊哲學 1922 年第 5 期,係與宗錫鈞合撰。

先生之學說既大觸時忌,先生之著作,又幾遭浩劫,所以他在滿清一代,決沒有發達的希望。

清末策論既興,讀通鑑論、宋論二書,幾於人手一編。但是他們并非研究船山先生的學說,不過拿來作叩門磚罷了。這樣一來,先生的學說,不但不能昌明,反足以惹起一種的反動。又有想借歷史鼓吹民族思想的(比方國粹學報,那一般人),雖然把先生的思想大吹大擂的來發揮,然而他們只注意到他的民族主義,其他重要的學說,概未説起。據我看來:大凡一個著名的思想家,他的學説(因講解的方便),可以分作兩部分:一部分是與他那時的歷史背景有關係的;一部分是與歷史背景沒有關係的。第一部分有很多獨到的地方,但是也很容易流於偏激。至於平易精深的學説,常常在第二部分。這正因爲他在這一部分不爲時代所囿,可以自由發揮的緣故。船山先生的民族主義是屬於第一部分,自無庸言。他所説的"殄之(指夷狄)而不爲不仁,奪之而不爲不義,掩之而不爲不信",我們平心看來未免有點過度。其餘的學説,博大精深,却沒有人注意到。民國成立以後,湖南出了一個雜誌,叫作船山學報,專講船山的學説,宜可以張皇幽渺,闡發微意了,然而拿來一看,大使我們失望。至於成部的著作,如謝无量的中國哲學史(有説他是從日本翻譯的),東抄西抄,對於清初儒者如湯潛庵、陸稼書諸人,無不拉雜攔入,而於船山先生則隻字不提。蔡子民先生的中國倫理學史,用力甚勤,凡所收入者,皆幾經斟酌;於清代學者列戴東原、黃梨洲、俞理初三人。蔡先生之意,以爲東原對於理欲,梨洲對於君民,理初對於男女,皆有精到的議論,故均行采入。我以爲蔡先生於船山或未注意,所以不曾論到,如注意及之,則未有不采録者。

　　就以上所述看來,能講明船山學術的精粹所在,實尚無人。據我的意見,以爲清初學者,船山最爲精深博大。比方他那"刑罰非威嚇"主義,與近世西哲所見,極爲相近;他那"政教分離"論,識見的高超,遠過於現在大名鼎鼎的康南海。其他精深的地方,更屬不勝列舉。不過説來太長,一時不能弄完,只好俟諸異日。今天所講的,是他的道德進化論。

　　惟在未講本題之前,當有一語要説明的,就是:此處所謂進化,并非英文 evolution 的意思。Evolution 的真正意思是演變,其中不含有好壞。這裏所謂進化,乃是 progress 的意思,就是説今天比昨天好,明天又比今天强,古語所謂"如積薪然,後來居上",就是這個意思。

　　現在這個題目分做四層來講:

　　(1)船山以前是否有進化論?

　　(2)船山道德進化論的本身。

　　(3)道德進化的原因。

　　(4)道德進化論與船山別種學説的關係。

　　(1)船山以前是否有進化論?　　原來儒家雖不主張真正的進化論,却也不是退化論。孔子不曾説三皇、五帝一定比周代好,但也決不説周代比古時壞。至於他所説的"周監於二代,郁郁乎文哉! 吾從周",已經帶有進化的色彩。不過後來的儒者,都以孔子爲極則:在孔子以前的,都不如孔子;即在孔子以後的,亦不如孔子。這樣説來,在孔子以後的世界,自然是退化了。此後漢唐儒者大概皆主退化,至宋朝朱子亦有關於世界退化之説。以爲後世之人,道德逐漸墮落,墮落之極,則世界返於渾沌。這樣的見解,未免把人看的太重。其實道德是人類社會的一種現象。人類縱然滅亡,生物還可以仍然進化,何致與人類同歸渾沌呢? 在這個退化論盛行的時期中,有些人的主張很像進化論,據我所知道最顯著的,就是荀卿與王充。

普通有句話,説"孟子法前王,荀子法後王"。荀子非相篇説:

> 欲觀聖王之迹,則於其粲然者矣,後王是也。

驟然看來,似乎荀卿的意思,以爲"後王"是"聖王之迹之粲然者",一定是比前王進化了。如果我們仔細一看,就可以看出來他雖然不主張退化却也不主張進化。他説:

> 欲觀千歲,則審今日;欲知億萬,則審一二;欲知上世,則審周道。……以近知遠……此之謂也。

可見他的意思,古今是同一的。那麼"欲觀聖王之迹"爲甚麼要去看後王呢? 這并不是前王比後王壞。只因爲他和我們時間上的距離太長久了,他的文明,就傳不到我們。非相篇又説:

> 五帝之外無傳人,非無賢人也,久故也;五帝之中無傳政,非無善政也,久故也;禹湯有傳政而不若周之察也,非無善政也,久故也。傳者久則論略,近則論詳;略則舉大,詳則舉小……是以文久而滅,節族久而絕。

可知荀子的意思,古今只有時間上久暫的不同,沒有甚麼優劣的差異。所以又説:

> 以人度人,以情度情,以類度類,以説度功,以道觀盡。

　　　古今一度也。類不悖，雖久同理。

這樣看來，他雖然不主張退化論，却也并不是進化論。

　　漢朝<u>王充</u>的主張，有時也很像進化論。如宣漢篇説：

　　　　古之戎狄，今爲中國；古之躶人，今被朝服；古之露首，今
　　冠章甫；古之跣跗，今履商舃。以盤石爲沃田，以桀暴爲良
　　民，夷埳坷爲均平，化不實爲齊民，非太平而何？夫實德化則
　　<u>周</u>不能過<u>漢</u>，論符瑞則<u>漢</u>盛於<u>周</u>，度境土則<u>周</u>狹於<u>漢</u>，<u>漢</u>何以
　　不如<u>周</u>？

又如<u>齊世篇</u>，起頭即駁斥四説，以證古代并不强於現在。究竟他
主張的是不是進化論呢？細細看去，便知道不是，不過仍然是
“古今一度”的説法罷了。如齊世篇説：

　　　　上世之天，下世之天也，天不變易，氣不改更；上世之民，
　　下世之民也，俱禀元氣。元氣純和，古今不異，則禀以爲形體
　　者，何故不同？夫禀氣等，則懷性均。懷性均，則形體同。形
　　體同，則醜好齊。醜好齊，則夭壽適。一天一地，并生萬物，
　　萬物之生，俱得一氣。氣之薄渥，萬世若一。

又曰：

　　　　如以上世人民，佝長姣好，堅彊老壽，下世反此。則天地
　　初立，始爲人時，長可如<u>防風</u>之君，色如<u>宋朝</u>，壽如<u>彭祖</u>乎？
　　當今至千世之後，人可長如<u>英茇</u>，色如<u>嫫母</u>，壽如朝生乎？

總觀<u>荀卿</u>與<u>王充</u>二人之説，皆承認古今只有事實之變，而無優劣
之别。雖不主張今比古壞，也不堅持今比古好。其餘儒者，大概

主張退化，以爲風俗人心，日趨澆薄。他所以如此主張，并没有充
分的理由，不過崇古賤今罷了。王充宣漢篇説：

> 使當今説道深於孔墨，名不得與之同。立行崇於顔曾，
> 聲不得與之鈞。何則？世俗之性賤所見，貴所聞也。

後世唐宋元明的儒者，能打破這種見解的，幾乎没有。真能跳出
這個圈套的，據我所見的，要首數王船山先生。

（2）船山的道德進化論。　船山主張道德是進化的，今天好
於昨天，現在勝於古代。歷來中國儒者多稱唐虞三代，以爲可望
而不可即的境地，船山先生拿古今社會的情形反覆推測，看出古
代的社會不惟不比現在好，并且不如現在。如讀通鑑論卷二十裏
的有一段話，説：

> 魏徵之折封德彝曰："若謂古人淳樸，漸至澆譌，則至於
> 今日，當悉化爲鬼魅矣。"偉哉，其爲通論已！……且夫樂道
> 古而爲過情之美稱者：以其上之仁，而羨其下之順；以賢者匡
> 正之德，而被不肖者以惇厚之名。使能揆之以理，察之以情，
> 取僅見之傳聞，而設身易地以求其實，則堯舜以前，夏商之
> 季，其民之淳澆、貞淫、剛柔、愚明之固然，亦無不有如躬閲者
> 矣。惟其澆而不淳，淫而不貞，柔而疲，剛而悍，愚而頑，明而
> 詐也，是以堯舜之德，湯武之功，以於變而移易之者，大造於
> 彝倫，輔相乎天地。若其編氓之皆善耶，則帝王之功德亦
> 微矣。

他的意思是要説唐虞三代帝王的功高德盛，正由那時人民的澆淫
愚柔。如果像一般儒者把"三代之君"與"三代之民"都贊美起

來,那豈不自相矛盾麼? 船山先生從這樣的觀察點,看出唐虞三代到春秋這一個時期中人民道德有很顯著的進化。同節裏面説:

> 唐虞以前,無得而詳考也。然衣裳未正,五品未清,婚姻①未別,喪祭未修。獉獉狉狉,人之異於禽獸無幾也。……若夫三代之季,尤歷歷可證焉。當紂之時,朝歌之沈酗,南國之淫奔,亦孔醜矣;數紂之罪,曰"爲逋逃萃淵藪",皆臣叛其君、子叛其父之梟與豺也。至於春秋之世,弑君者三十三,弑父者三,卿大夫之父子相夷,兄弟相殺,姻黨相滅,無國無歲而無之。烝報無忌,黷貨無厭,日盛於朝野。孔子成春秋而亂臣始懼,刪詩、書,定禮樂,而道術始明。然則治唐虞三代之民難,而治後世之民易,亦較然矣。……

你看他用歷史上面的實在證據,證明三代的人民不如近世的人民,這豈不是平常儒者,所看作"大逆不道"的議論麼? 如果大家對於這一點還有疑惑,還可以找出證據更充足的來。詩廣傳卷五上説:

> 燧農以前,我不敢知也。君無適主,婦無適匹,父子兄弟朋友不必相信而親。意者,其僅頹光之察乎。

這就是説神農的時代,并没有五倫之道,那個時候的文化,不過僅能取火罷了。到了黃帝堯舜的時代,人民纔知穿衣服,吃五穀。因爲有了肉體上的安寧,道德和政治上的文明,纔能漸漸的發生。所以他在本篇中又説:

---

①編者注:"姻",原誤作"烟",據文意及通行本讀通鑑論改。

昏墊以前,我不敢①知也。鮮食艱食相雜矣。九州之野,有不粒不火者矣。毛血之氣燥,而性爲之不平。軒轅之治,其猶未宣乎。易曰:"黃帝堯舜垂衣裳而天下治。"食之氣静,衣之用乃可以文。蒸民之聽治,后稷立之也。無此疆爾介,皆陳常焉,后稷一之也。故"帝貽來牟",豐飽貽矣,性情貽矣。天下垂衣裳而治,性情足用也。

照先生的意思看來,神農時代有一個狠大的進步。黃帝堯舜的時代又有一個狠大的進步。從三代到春秋這一個時期中的進步更大。這樣説來,人民在道德上既如此進化,後世便當永遠太平,日進無疆,何以有時遠會停滯呢?船山先生以爲這是由於酷烈政治所造成,并不是人民本性的自然。讀通鑑論卷二十裏説:

戰國之末,諸侯狂逞,辨士邪誣,民不知有天性之安而趨於澆,非民之固然也。秦政不知,而疾之如寇,乃益以增民之離叛。五胡之後,元高宇文,駔戾相踵,以道民於澆,非民之固然也。隋文不知,而防之若讎,乃益以增民之陷溺。逆廣嗣之,宣淫長佞,而後民争爲盜。唐初略定,風習未除,又豈民之固然哉?倫已明,禮已定,法已正之餘,民且願得一日之平康,以復其性情之便,固非唐虞以前,茹毛飲血,茫然於人道者比也。以太宗爲君,魏徵爲相,聊修仁義之文,而天下已帖然受治,施及四夷,解辮歸誠,不待堯舜湯武也。垂之十餘世,而雖亂不亡,事半功倍,孰謂後世之天下難與言仁義哉?

①編者注:"敢",原誤作"能",據後文及通行本詩廣傳改。

先生具極宏通的史識,敏鋭的眼光,故其所言,能"批窾導窾",産生道德進化的學説。以上所述,皆就社會全體立論。其餘個人之特出,也儘有高於古人的。先生在宋論中論廢楚王元佐爲庶人一段裏説:

> (元佐)進則有九五之尊,退則膺庶人之罰。萬一父怒不測,而死及之,亦且甘之如飴。……是伯夷、泰伯之所以弁髦人爵,寢處天彝,而保此心以復於禮者也。

伯夷、泰伯是孔子所稱爲有"至德"的人物,而船山即以元佐比之,亦足見現代特出的人才,并不遜於古代的聖賢。先生書中,涉及道德進化的地方尚多,不能俱引,今姑述之如此。

(3)道德進化的原因。　船山先生用歷史的觀察,説明人民道德的進化,我們對於這一點可以没有疑義了。但是凡一個思想家,不惟要用鋭利的眼光來指明歷史上面的事實——科學上叫他作説明部(exposition)——并且要用綿密的思想,找出他真正的原因。——科學上叫他作講明部(explication)。因爲如果只有説明部而無講明部,那歷史上面的事實,很可以是偶然的,不是必然的。必須找出真正的原因,才能紬繹出來真確的定律,這是科學上必要的程叙。船山先生對於道德進化的説明已經很明白了。我們再看他的講明又是怎麽樣的?

據船山先生自己所説道德進化的原因,如果我們用近時的語言表明他,可以説一種是精神的,一種是物質的。

精神方面,是由於聖賢爲人類盡力。聖賢盡一番力,人類的道德,就前進一步。如前文所引讀通鑑論卷二十裏的一段話,説:

　　惟其澆而不淳,淫而不貞,柔而疲,剛而悍,愚而頑,明而
詐也,是以堯舜之德,湯武之功,以於變而移易之者,大造於
彝倫,輔相乎天地。若其編氓之皆善邪,則帝王之功亦微矣。

又曰:

　　春秋之民,無以異於三代之始,帝王經理之餘,孔子垂訓
之後,民固不乏敗①類,而視唐虞三代,帝王初興,政教未孚
之日,其愈也多矣。

這是説道德的進化,全靠聖賢帝王的經營,假如人人都是好的,聖
賢帝王還有甚麼用處呢? 這種説法,驟然看來,很像荀子的主張。
性惡篇説:

　　凡古今天下之所謂善者,正理平治也。所謂惡者,偏險
悖亂也。是善惡之分也已。今誠以人之性固正理平治耶,則
有惡用聖賢、惡用禮義矣哉? 雖有聖賢禮義,將曷加於正理
平治也哉?

又曰:

　　性善,則去聖賢、息禮義矣。

我們如果單就字面上看,拿荀子所説的“今誠以人之性固正理平
治耶,則有惡用聖賢、惡用禮義矣哉”與船山先生所説的“若其編
氓之皆善邪,則帝王之功亦微矣”相比較,那還有多大區別? 這
樣説起,船山先生一方面挖苦荀子,一方面又剽襲他的成見,這簡

---

①編者注:原於“敗”後衍一“後”字。

直是學術的蟊賊，那裏還算得大哲學家？

　　但是我們不要太忙。他們的論據雖然少有點仿佛，但是我們要仔細看他們的意見是否相同。如果這樣，我們很容易曉得荀子與船山先生有根本不同的地方。荀子是主張性惡的，他說善全是人爲的，并不是天然的，所以他"善世"的法子不是禮義，便是刑罰。性惡篇説：

　　　　古者聖人以人之性惡，以爲偏險而不正，悖亂而不治，故爲之立君上之勢以臨之，明禮義以化之，起法正以治之，重刑罰以禁之，使天下皆出於治合於善也。

統觀荀子一書，講禮義的地方很多，然荀子之講禮義，很有法治的傾向。他的政論，也多帶威嚇主義的色彩。所以他一傳而爲李斯，就乾脆拋開儒家德化之説，而以嚴刑峻法來治天下。這是荀子性惡説中固有的趨勢，毫不足怪。至於船山先生主張性善。他覺得仁義并不是由外來的，是内邊所自有的。就是"燧農以前"，也并不是人性惡，不過是没還顯著罷了。他對於荀子法治之説，大肆攻擊。在讀通鑑論卷二十中痛斥之曰：

　　　　立説者之患，莫大乎忿疾一時之流俗，激而爲必不然之慮，以鄙夷天地之生人，而自任以矯異。於是刻覈寡恩成乎心，而刑名之術利用以損天地之和。荀卿性惡之説，一傳而爲李斯，職此故也。

船山極端反對荀子威嚇之説，并引老子"民不畏死，奈何以死懼之"的話來駁他。

　　因爲船山先生主張性善，所以他對於威嚇主義非常反對。在他的著作裏面講這個問題的實屬不勝枚舉。他的政治論全是德化論。并且他所説的道德并不是律"人"的,是律"己"的;并不是"律"人的,是"感"人的。如詩廣傳第一卷第二節所説:

> ……督子以孝,不如其安子;督弟以友,不如其裕弟;督婦以順,不如其綏婦;魄定魂通,而神順於性,則莫之或言而若或言之,君子所爲以天道養人也。若夫既養而猶弗若也,聖人之於天道,命也。道且弗若天何也。雖然,則必不爲很子、傲弟①、煽妻之尤,而抑可抑其鋭以徐警之,君子猶不謂命也。人而令與,未有不以名高者矣;而不令與,未有不以實望者矣。若夫言者相窮於名而無實者也。故易曰:"咸其輔頰舌。"感之末矣。榮之以名以暢其魂,惠之以實以厚其魄,而後夫人自愛之心起。德教者,行乎自愛者也,親之而人不容疏,尊之而人不容慢……

<u>船山先生</u>這一節的議論,非常精妙,很有注意的價值。因爲他一方面説"魄定魂通,而神順於性,則莫之或言而若或言之……"很明白直覺感化效力的偉大;另外一方面,他又説"榮之以名以暢其魂,惠之以實以厚其魄,而後夫②人自愛之心起……",很明白人類雖説性善,都有易感難感的差異。等到直覺感化有了限制,仍有名實兩法可以培養③他們自愛的心理。雖説他們未能遽進於善,却也到了進善的道路上面,他這議論明通,實可以調和感情

———————————

①編者注:"弟",原誤作"第",據文意及通行本詩廣傳改。
②編者注:"夫",原誤作"大",據前文改。
③編者注:"可以培養",原誤作"可培以養"。

論和理智論的偏勝。

　　現在我們回頭拿船山與荀卿兩個人的學說比較起來，便看出荀卿矛①盾的所在。荀卿既説人性是惡的，那麼，聖賢帝王何以會有善呢？ 這個"善之起源"的問題，或即爲荀子性②惡説之致命傷。如説"善是人爲的"，試問人的作爲是否能離性而獨立？ 如其不能，則人爲的何以就是善呢？ 并且荀卿政治的惟一法門就是威嚇，那麼我們在歷史上只能得着不少的反證。可見荀卿在理論和經驗兩方面，理由全不充足。至於船山先生既主張性是善的，以爲他縱然有時爲他物所蔽，仍可以他人偉大人格的感化恢復了他本來的面目。至於經驗上的證明，在科學上面已有定論，更不必多説了。

　　至於物質一方面的原因，船山先生也并没有忽略過。他很明白生理和心理的關係。在讀鑑論裏面論何晏的時候曾經講過。至於詩廣傳卷五裏面説的更清楚：

　　　　食也者，氣之充也。氣也者，神之緒也。神也者，性之函也。榮秀之成，膏液之美，芬薌之發，是清明之所引也，柔懿之所醖也，蠲潔之所凝也。甘不迷，苦不煩，燥不悍，濕不淖；獷無所生，淫無所蕩，慘無所激，滯無所菀，狂無所助；充生人之氣而合之，理生人之神而正之，然後函生人之性而中之。

神農、黄帝以前，人性何以還未善呢？ 船山先生覺得那種"茹毛飲血"的生活，總要算是一種很大的原因了。同篇的上文有云：

---

①編者注："矛"，原誤作"予"。
②編者注："性"，原誤作"姓"。

昏墊以前,我不敢知也。鮮食艱食相雜矣。九州之野,有不粒不火者矣。毛血之氣燥,而性爲之不平。軒轅之治,其猶未宣乎!

黃帝以後,穿衣吃飯,都有進步了,所以人民性情亦日趨於良善,而道德乃有進步之可言。他又接下去說:

易曰:“黃帝堯舜垂衣裳而天下治。”食之氣靜,衣之用乃可以文。蒸民之聽治,后稷立之也。無此彊爾介,皆陳常焉,后稷一之也。故“帝貽來牟”,豐飽貽矣,性惜貽矣。天下可垂裳而治,性情足用也。

船山先生既然主張現在比古代好,將來又比現在强,所以在各時期皆應各有特色。少年人當有少年的精神,老年人應該像老年的樣子。老年人決不能還像少年,縱然能,亦是不應該的。詩廣傳卷三第二十四節說:

老子曰:“赤子終日號而不嘎,和之至也。”夫誠其不嘎也,則何如其無號也? 若夫既已號也,則如何其不嘎也? 不禁其無故之號而姑已其嘎,無足以嘎而號,若其未號,觸物必感,無心以①任喜怒,斯其爲道。小人恒用之。孟子曰:“大人者,不失其赤子之心者也。”非謂特其赤子之心而爲大人也。故君子之於小人,皆可使也,皆可化也:有僻才者任其才而才足用矣,有固惡者革其惡而善亦固矣。然則孰爲不可使而不可化者乎? 則惟無心而無恒者乎。彼爲嬰兒,吾亦與之

①編者注:“以”,原誤作“亦”,據通行本詩廣傳改。

爲嬰兒,非老氏之徒不能。故君子無不可任無不可教,而特無如嬰兒何也。……故曰性日定,心日生,命日受,非赤子之任也。赤子者,性含於希微之體,心乘於食色之動,命未凝於物則之充,有喜怒哀樂之發,而無惻憺、羞惡、辭讓、是非之定體,蓋不保其爲矛爲鐪也,奚其和?

他這種"非嬰兒"的議論,實在同他那道德進化論有密切關係的。

(4)道德進化論與船山先生別種學説的關係。　凡一個人的學問到了成熟,能成一家言的時候,他的思想一定是前後一致的,彼此相關的。決没有一部分是異軍蒼頭,特立獨起,與他部渺不相涉的。船山先生既主道德進化之説,再就其與他種學説之關係而研究之,則其義蘊將益以明。兹先討論對於"文質"的主張。

"文質"之説,是中國哲學史上一個重要問題。如棘子成是重質的,所以他説:"君子質而已矣,何以文爲?"孔子把文質兩樣并重,爲適當之調和,所以他説:"文質彬彬,然後君子。"其餘各家論名實(即文質)問題的很多,無暇一一論到。至於船山先生,也還注意這個問題。船山之意以爲文質兩樣能爲適當的調和,固能極好。但人情每有所動,最易趨於極端,趨於極端,則發生流弊,且不能彼此救止。所以春秋世論卷五上説:

　　文質者,人情之化也。人情遷新而不自已。……動於性之遷新而不自已者,非可相救者也。故質勝不可救以文,文勝不可救以質。

既然如此,先生以爲寧趨於文,勿流於質。同篇上説:

　　文動而勝,趨於名,名者,損實者也。其時君子之患名以喪實，而小人猶憚乎名以制其亂盜之情。質動而勝，趨於利，利者，賊義者也。於時君子之患利以替義，而小人資之，則苟可以利而無不用矣，故曰"質勝文則野"。野者上下之無分，名義之不立者也。

他以後又徵諸歷史，説春秋中葉爲文盛的時候。諸侯務爲鋪張揚厲，以張大其國威。"然而臧孫辰、行父、仲遂雖挾盜心，猶拘繫於公室之名而不敢毀。"至於後來虛文太過，遂一變而質："而天下衰①陵悖鄙之習，汩於利而不耻。……執政之臣，資之以替公室而培其家。君逐政移，公然無憚，以極乎逆。則利之興，名之圮，求爲辰、遂、行父而不可得。"這樣看起來文勝是萬不應該以質相救的。船山輕質重文的意見，到處顯見。詩廣傳卷三第六節説：

聖人之於物也，登其材不獎其質，是故人紀立焉；於人也，用其質必益以文，是故皇極建焉。材者，非可以爲質也；質者，非可以爲文也。民之質矣，日用飲食，苟異於物，而人紀立矣。君子之以審人道而建極者，不在是也。草木禽獸之有材，疑足以爲質矣，而未足以爲質者，資於天而不能自用也。故天均之以生，而殊之以用。野人之有質，疑亦有其文，而未足以爲文者，安於用而不足與幾也。故聖人善成其用，而不因其幾。生，天也；質，人也；文，所以聖者也。禁於未發之謂豫，節於欲流之謂和，審微以定命之謂神，變化以保和之謂化，即事而精義之謂聖。故聖人之道，因民之質而益焉者

①編者注："衰"，原誤作"襄"，據通行本春秋世論改。

莫大乎文。文者，聖人之所有爲也。天無爲，物無爲，野人安
於爲而不能爲，高之不敢妄濟於天，卑之不欲取法於野人，下
之不忍并生於草木，而後皇極建焉。皇極建於上而後人紀修
於下，物莫能干焉。至哉其爲文乎！故曰：日用飲食，民之質
也，君子之所善成不因焉者也。因其自然之幾，而無爲焉，則
將以運水搬柴之質，爲神通妙用之幾，禽其人，聖其草木，而
人紀滅矣。是以君子愼言質，而重言文也。

船山又有時候把他叫作"實"與"名"，他以爲"實"與"名"，
不但有比較上的好壞，就是"實"之自身，也不見是好東西。讀通
鑑論卷二十九上說：

實者，何也？禽心獸行之所據也。甘食悦色，生人之情，
生人之利用，皆實也。無食而紾兄臂，無妻而摟處子，務實而
不爲虛名所礙耳。……天下顧錙銖①之利，求俄頃之安，蒙
面喪心，上不知有君，内不知有親，公然以其貪猥亡賴，趨利
耽②欲之情，正告天下而不泚其額，顧欣然自得曰：吾不爲虛
名所誤也。親死而委之大壑，曰：吾本無葬親之實心，勿冒孝
名也。穴墻而盜鄰粟，曰：吾本有得粟之實情，勿冒廉名也。
則人類胥爲禽獸，尚何嫌乎？但務實而不知有名者，犬豕之
食穢以得飽也，麋鹿之聚麀以得子也。……

人類所以高於禽獸的，就在於尚文重名。人類道德的進化，也就
是由務實而漸趨重名。我們如果考世界的哲學史，可以找出一個

---

①編者注："錙銖"，原誤作"珠"，據通行本讀通鑑論改。
②編者注："耽"，原誤作"眈"，據通行本讀通鑑論改。

公例,就是重實的尊古,以爲愈古便愈樸實;尚文的重今,以爲愈今便愈精美。西洋古代亞里士多德的哲學有一部分狠像進化論。因爲他説物質不住的向着 Idea 和 Form 變遷。人類也有一個共同的目的,愈走便愈和他相近。所以船山先生重文之説,我們可以説,是他主張道德進化的主要原因。

再考船山先生的知識論,也是同他的道德進化論有關係的。船山先生的知識論,屬於經驗派(Empiricist),朱子便是理性派(Rationalist)。朱子在大學補傳裏説:

> 人心之靈,莫不有知,而天下之物,莫不有理。惟於理有未窮,故其①知有不盡也。……至於用力之久,而一旦豁然貫通焉,則衆物之表裏精粗無不到,而吾心之全體大用無不明矣。

我們要注意他説理是在萬物裏面的,他同知識是可以相配合的。并且要看他注重"豁然貫通",即知道他承認"理"是一個整個的東西,包括"衆物之表裏精粗"與"吾心之全體大用"。所以我們就説他是理性派。

船山先生則不然,他説知識是一點一滴積聚來的,并沒有豁然貫通的時候。宋論卷十二論朱子請行經界法一事,有曰:"其爲法也,均平詳審,宜可以行之天下而皆準,而卒不能行。"先生乃爲深刻之批評曰:

> 天下之理,思而可得也。思而不得,學焉而愈可得也。

---

①編者注:"其",原誤作"有",據通行本大學章句集注改。

而有非思與學之所能得者,則治地之政是已。

又曰:

> 天下之思而可得、學而可知者,理也。思而不能得、學而
> 不能知者,物也。

我們要看他的意思是要說理是主觀的,可思可學的;物是客觀的,
單憑着思想討論是不行的。如果想把一個人理想構造出的方法,
見諸實行,錯誤的地方,一定很多。所以先生說:

> 今試取一法而思之,無形而可使有形,無迹而可使有迹,
> 張之使大,研之使密,委曲經營,即若有可繪可刊之圖,了然
> 於心目。如是者自信以爲至矣。乃更端思之,又有一成型
> 者,亦未嘗不至也。則執其一以概見於施行,其不盡然者
> 必多。

又曰:

> 人情者,非一人之私所能皆慮,非古之可刻畫今人而使
> 不出其域者也。乃極其所思,守其所學,以爲天下之不[①]越
> 乎此,求其推行而皆準焉,不亦難乎!

由此可知天下之物是萬有不齊,決不能以一條道理全概括起來。
要想曉得這萬有不齊的事物(人情),惟一的方法,就是去經驗。

　　如果理在萬物裏面,我們可以整個明着他,那麼古人也許已
經得着,今人倒是沒有得着,知識很可以沒有進步。如果理是主

---

① 編者注:"不",原脫,據通行本宋論補。

觀的,知識不能整個的得着,那麼我們利用古人所得的知識,更研究起來,自然較有進步。古人的知識當然不及後人。船山先生在夕堂永日緒論外編裏面說:

> (黃藴生)所定曆法,乃晋宋以降,何承天、虞劇、一行、郭守敬所定歲差、定朔等精密之法。孔子作易繫傳,止據夏周之曆,何嘗有此。

這明說孔子時代的曆法,遠不如後世何承天、郭守敬所定的精確。可見知識是時時積聚、時時增添的。我們中國的儒者自來主張智識同道德有很①深的關係。船山先生然主張智識進化,那道德的進化也是自然的結果了。

先生之學,出自宋朝之張橫渠,而大端亦相同,今無暇深論,願以俟諸異日。

_____

①編者注:"很",原誤作"限"。

我對於宗教問題的意見[①]

宗教問題，自來就是極麻煩的，然而他並不是一種過去的陳跡，在現時學術上仍然是鬧得很厲害。對於這個問題，應該按照科學的方法從宗教史上一步一步的去研究，或者可以得着一點解決。現在一般的學者對於宗教到底是什麼這個最普通的問題，還是意見紛歧，各持一說，距合一之期，爲時尚遠。所以我今天所談的，也只能算是我自己的意見。如今且把我的意見大體説出來。然後再細細的去談他。

我的意見，可以分四項來説：

（1）我不相信宗教在世界中可以消滅。美術、道德都不能用來代替他。

（2）我相信宗教是因時代而變遷的，某種宗教到了一定的時期必須要滅亡，再有別的宗教來代替他。

---

①編者注：本文原刊哲學 1922 年第 6 期，爲徐旭生講，品青、甄甫合記。

（3）宗教和道德並沒有什麼關係，宗教昌盛，道德不一定就高尚，並且成反比例的時候，還是居多。

（4）宗教和科學是衝突的，兩種互爲消長。

（1）（2）兩項爲祖護宗教者的説法，（3）（4）兩項爲反對宗教者的説法。看來却似矛盾，其實不然。在未談此四條之先，先講一講宗教的定義，然後再論他是否出於感情。

宗教是什麼？要下一個定義是很不容易的。有人把宗教的定義講得非常之寬，以爲宗教就是信仰。但是科學之中也有信仰。科學的主要目的在於講明現象，現象不全是能直接證明的，而必須賴有理論，這種理論的成立便含有一種信仰了。日常生活，如果脱離了信仰，時時去懷疑，那就不能生活。這樣説來，世界上的事情沒有那件是在信仰之外的。倘若如此，我便要問，爲什麼現在的人還要説宗教要緊不要緊呢？真個宗教是吃飯纔能生活一般的事情，還去拿他要緊不要緊當問題來討論，豈不成了個傻子嗎？所以造這種定義的，不過是種欲揚先抑的方法，以備和人家辯難時容易得勝而已。因爲有了這種目的，所以在有意無意之間，就生出了這種説法。等到目的達到以後，便更進一步以求達他的真目的。正如爭孔教爲國教一般老先生們，先爭以孔子之道爲修身大本。其實他們的目的還不只此，等第一步做到了以後，又想叫各學校讀四書、五經，更進而定孔教爲國教，因此這一種太寬泛的定義應當拋而不用。

另外還有一種普通的定義，説：宗教是一種含有神秘性的東西，不能以理性來證明。這樣東西在自然界中本是找不着的，如今既求之於自然界以外，所以無從證明。這種定義比上面的一個

已經好得多了。但神秘的意義,仍極含糊。我們在下這個定義之
先,須先看是不是各宗教所有的共性,然後纔把他抽出來製爲定
律。比方佛教,無論是誰都不能不承認他是種大的宗教,但是他
的神秘性很小。佛出世只爲一件大事,就是想着脱離開生死的苦
痛,入到涅①槃。這些事情都是在自然界中找出來的,都可以用
智慧來懂得,不帶一點神秘的性質。並且釋迦牟尼也是一個人,
不像耶穌生來就是神。因爲衆生都有佛性,釋迦不過是衆生成佛
一個而已。所以這個定義也不能用,還須另找標準。

　　第三個宗教的定義是法國近世著名的社會學家杜爾幹所下
的。他對於宗教有很深的研究。他説凡宗教必須有兩種特別的
東西:(a)須有教會。教會是以善良風俗爲目的的一種結合。没
有這種結合②,就不能成爲宗教,如一個人算命,不算是宗教。
(b)無論何種宗教,都須有神聖的東西。就是説人知達到這個地
方,就不能再往前研究,再去懷疑,如耶穌教之三位一體,佛教之
四聖體都是。今天所談,就根據這種定義。

　　許多人都説宗教是感情的産物,與理智無關。理智和感情各
有各的本源,各有各的功用。這種説法,初聽似乎有理。但是理
智和感情是否各有本源,或是同出一處? 在心理上是否能劃分的
那樣清楚? 都是尚待討論的問題。科學上的分類,都是爲研究的
方便。譬如一個桌子可以從各方面來講他,從化學方面、物理方
面,以及植物的生理方面等。化學方面只講他化學的成分組合
等,物理、生理,亦復如是。雖分做了許多方面來看,其實仍是一

---

①編者注:"涅",原誤作"捏"。
②編者注:"合",原誤作"會"。

張桌子。感情和理智的區分，也正類是。心理學雖分做了若干部分，其實還是一個意識。試想是否真有無理智的感情，和無感情的理智。這是絕對沒有的，不過只是程度問題罷了。宗教在日用上沒有他不干涉的事情，已經足以證明他不是純粹感情的產物了。

以下照起頭所列的四層，挨次來講。

（一）我不信將來世界上能没有宗教。宗教將來是否果能存在，只有經驗能告訴我們，理論是沒有用的。理論這樣東西是愈近初級，愈有勢力，愈高妙則勢力也愈小。比如不學數學，則其餘的科學，便都不能學習，至於心理、生理等科，理論還是較少，還有相當的可靠之程度，社會學的理論則最爲複雜，而可信之程度，也非常之小。社會上的經驗倒是覺着很可靠的。宗教是社會學中一種很複雜的現象，所以靠理智來判斷是不行的，必須用經驗來觀察才可以靠得住。

因爲人類的歷史很短，經驗還不充分，所以用他解決這個問題是很困難的。但是我們知道自有歷史以來沒有一個地方是没宗教的。無論文明的或野蠻的社會裏都有宗教。有人説現在法國的天主教衰敗了，實在和事實是不對的，細考起來，恐怕比十九世紀初年還盛，説宗教滅亡是不能證明的，所能知道的，是社會的環境變遷，他也跟着變遷。要是能證明產生宗教的原因消滅了，那麼，就可以斷定宗教是將來要滅亡的。説到這一層，更不容易證明了。宗教倒底是由於什麼發生出來，很難講明白。反對宗教的人説，宗教之產生由於無知識，如把打雷看做是雷公管着等事。古代在希臘本不相信他，到了中世，被人極端的信仰。講科學的人如果不能斷定知識是絕對的，不能證明古代是絕對的沒有知識，今人是無所不知，那麼，對於宗教的存在，誰敢加以否定。非宗教的人說，一般人把世界的事物分作（一）不知道的，與（二）不能知道的，在科學則只承認有不知道的，而不承認有不能知道的。細細看去，不知道和不能知道到底怎樣的分辨呢？等到了人類腦筋達不到的地方，不知道和不能知道就混合起來了，斯賓塞爾說，宗教和科學的調和，就在不能知道的範圍裏面。二者既然都不能證明，那麼，穩當一點說，只有承認他存在。再說神秘的事情，在宗教上雖不是唯一重要的東西，都有很大的勢力，他在將來是否能鏟除掉還是個問題。縱能漸漸的減少，也決不能使他等於零。

法國有一個地方，在法國和西班牙交界的山中，大家都到那裏去進香。原來是一個放羊的女孩子忽然在那裏看見一個極美麗的人，他就害怕起來，那個麗人告他說，不必害怕，他就是聖母。那女孩就告訴他同伴的人說，他的同伴都看不着，只他一個能看着。以後那女孩子發狂似的，向地下抓起土來就洗臉，據說他的手印底下忽然湧出泉來，就取名叫做聖母泉，可以療治一切的疾病，於是都把那裏看成了聖地。建築很壯麗的廟宇來，到那地洗澡去的人非常之多。這水曾經化學家化驗過，確是於病人有益的。凡在那裏把病洗好了的人，都將手杖掛在洞外作爲紀念。我曾經到那裏去看過，所掛在那裏的手杖，確是非常之多。這種情形自然有些人說他是瘋狂，但是這確是十九世紀下半紀的事實。法國有個哲學家名叫梅爾撒德說，他有一個朋友到那裏看見好多的手杖，就說："這些都是無用的，只要有一個曾經折斷了腿而洗好的,我就相信。"梅爾撒德說,縱然這種真洗好了病,還仍舊是信者自信,而不信者也仍然不信。相信的人固然可以說是因爲有神,方能洗好,而不信者則以爲水中有種特質,足以使已折斷之腿再聯起來,而並不關於有神無神。

我相信宗教在將來總是有的,但神秘是天天退步的。世界上只要有一天不能完成事物的規律,即神秘還有一天存在的餘地。佛朗西說,相信科學可以代替宗教的人是和科學的態度反對的。

(二)從宗教的歷史上看來,古代宗教死去的很多。因爲他不純是感情的也是知識的,知識是隨時隨地而變遷的,所以宗教也跟着變遷。一個人生長到一定的年歲,是必須要死的,某種宗教發展到某一時期,也是必須要死的。

(三)宗教和道德是没有關係的。有許多宗教家以爲道德墮落是宗教衰頹的結果,還有許多非宗教家也承認這個說法。法國的無神論家列當代克(Le Dantec)說宗教在社會上是有益處的。在他著的一本書的序言裏有兩句話是很好笑的。他說,看過了我的書以後,信宗教仍然信宗教,而最奇怪的是原本不信宗教的,反倒信起宗教來。社會無神,就要得狂症,可以使社會滅亡。有人見黎朋(Le Bon)去,他說,我是絕對不信宗教的,但是宗教在社會的好處,我實在不能否認。他們都不是宗教家,仍然像這樣說,大概是受了社會上的暗示,在歷史上實在找不出這種事實來。

現在我們講宗教,不要與宗教的情感相混合。宗教的情感不能用平常的字來表示,如愛國愛家等等。他不是有限的東西。真正的情感就以他本身的喜怒哀樂爲喜怒哀樂。有人覺得生老病死的苦痛，知道人生是虛幻不常的，於是就主張及時行樂。而釋迦發願度人，即因此而出家。各人有各人的宇宙，不能互相了解，這樣的情感，纔真是宗教的情感，宗教中的教主，如釋迦、耶穌都有這種的情感，所以才能有他們那樣的精神。但是有這種情感究竟是少數。

　　宗教的情感是個人的，宗教的事實是社會的。宗教情感足以幫助他的事實，但二者並非一事。宗教是以改善風習爲目的的團體，有強大的命令（即由此致死，詳見下文）。普通人不當問爲什麼要有這種命令，爲什麼往東，爲什麼往西。宗教最要之點在此，其致命之傷，也即在此。爲的要制裁有力，便不得不加絕對的話。不絕對就不能使人相信。譬如告一人說，你當絕對的愛你的母親，在堅決的態度中含有神秘的性質。又如對人說，母親是當愛的，但是他要是瘋了，就可以不愛。這樣便不能引起人十分信從的態度。宗教是人類沒有方法命以此名而已。其實沒有宗教也能有同樣的情感發生。我相信不要哲學、不要科學而這裏情感，還可以照樣的發展。要是處處拿出理性的態度，要問這種團體與道德有什麼關係，這種命令與道德有什麼關係，那麼，所有皈依信從，不過是求福免禍的一種方法而已。

　　因爲各人的性情不同，我們可以大概區分如下：

　　人類之中，有自信力強和自信力不強的二類，而自信力強的一類中，可再分爲聰明的和不聰明的；而自信力不強的一類中，也可再分爲聰明的和不聰明的。這種分法，本是武斷極了，但爲便於講說，也可如此。試爲列表如左：

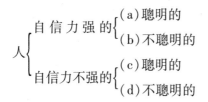

　　(d)自信力不强而聰明又不高的,即爲完全跟着人走的人,社會上以此等人爲最多。這種人起頭很勉强,而終結很自然,把教條看做天經地義,合於教義的就作,不合教義即立時離開。此種習慣在將來也有不方便的地方,蓋執拗太過,初不足應變故而滿新環境之需求。

　　(c)這種自信力不强而有聰明的人,對於教義不是篤守的,然而也没魄力敢出來反對。只能在暗地裏做出過許黑暗的事體。如禁止吸鴉片,他就用嗎啡針來代替等等。各宗教中無不有黑幕者,就因爲這種道理。

　　(b)自信力强而不聰明的人,對於宗教敢持反對的態度,但最易遇着失敗,其結果必爲宗教所吃。

　　(a)自信力强而又聰明的人,是世界上最可寶貴的,最毅然決然的反對宗教而於道德又能爲反面之幫助。

　　社會在一定情形之下,必須要有一種共同的理想。這種理想的功效,在於“齊世”。如親死涕泣,及三年之喪等事。這種理想要是照普通的發展,即成爲名教,要是帶有神秘性的發展,即成爲宗教。不過世之齊不齊,並不關於他的好壞。不齊是否即是我們的壞處,自然另是一個問題。但是有了宗教以後,外表好像是齊了,其實並没有齊。自信力强而又聰明和自信力弱而又不聰明的人都受他的益處,自信力强而又不聰明,自信力不强而又聰明的人都受了他的害處。

　　如果能去掉了宗教，從前蒙皮作惡，而對他無法可想者，如今可以公然作惡而易被淘汰。所以宗教和道德没有什麼大關係。比方浮水，人的能力就是道德，有宗教的時候是水静的時候，無論能力的大小都能浮過去，而當宗教去掉，洪水泛濫之時，只有能力大的才能過去，其餘的便有淹斃之患，所以聖賢豪傑都出於亂世，出於宗教衰頹之時，就是這個道理。我們説宗教不死。並非對他有所愛戀，實在他本體是不能死的。

　　（四）宗教昌盛的時候，科學就被束縛住了，而科學昌明的時候，宗教必須衰退。人類進步的軌道並不是直綫的，而知識的發展即走曲綫，這種例證，在歷史上已經有了許多。當宗教昌盛的時候，第一個重要之點即在不准人家議論。知識是一切都要懷疑，都要考問的。宗教昌明之極，可以連眼前的問題都禁止議論，所以知識在這時只有退步不能有進步了。

　　一個社會有一個社會的理想，到了一定的時期，把知識所取得的東西都拿來凝結了，即成爲這個時期的宗教。不准人家對他發議論，所以知識在這個時候没有發展的餘地。到了這般地步，知識不足以應付社會之需要，便歸於失敗。於是大家起來懷疑。這時理智出來，科學便昌明起來了，宗教雖説不能消滅，也要衰落到極點。以後漸漸的知識固定而又有新宗教出來，繼之以科學昌明而宗教又復衰退。如此繼續不已，就成了曲綫的進行。

　　以上四條是我相信的，現在大略已經説定。接續再説一説現在我們對宗教應取之態度。

　　前面已經説過，宗教和道德是没有什麼關係的，此處可以不討論他。在知識上宗教則有莫大的關係。如今先問一問應當使知識發展嗎？如果是應當的，就該盡力去發展他，否則當該束縛起來，不讓他有生長之餘地。我以爲能救世界的只有科學。大戰以後，許多人以爲這是科學造成的罪惡，想把他放在一邊。其實不然，這類話是完全靠不住的。人類的情感就比如種子，而知識就像是水土。兩方面的發展是互相需要而不能離開的。現在既要知識，即當注重科學，然而宗教又不能鏟除。因爲他既非忽然造出來的，即不能忽然使之消滅。但是他的勢力可以減少，如佛郎西説，教皇那裏去了呢？原來到人家磨棚下替人家磨麵去了。由此看來，我們即不能使之消滅，亦不能教他生阻礙。所以每個人，或每個團體在任何時候都不能讓他發展了來，阻礙我們的路。如有侵①犯我們思想上的自由，須要竭力和他奮鬥，即不能把他鏟除，至少也不要讓他阻礙我們的事。

①編者注："侵"，原誤作"浸"。

禮是什麼?[①]

  禮這個問題,我們可以說,是同我們<u>中國</u>的歷史一樣古的。尚書皋陶謨篇內就說過:"天秩有禮,自我五禮,有庸哉。"皋陶謨雖然不見得是<u>虞夏</u>時人所著的書,然而是我國最古的一篇書,殆可斷言。以後儒家簡直把禮教當作治世的一個中心問題,雖然一方面受法家的排斥,他一方面又受道家的譏評,而二千年中儒教實爲國教,所以禮教的重要成了"天經地義"。在那些時候,"禮是什麼"的問題,自然無從發生。到前<u>清</u>末年修訂新刑律的時候,對於禮教纔有問題。但是那個時候,還沒有人敢議及禮的本身,所爭議的不過是刑法和禮教是否有不可分離關係的問題。直至近數年吳<u>又陵</u>先生叠在<u>新青年</u>發表<u>禮論</u>、<u>吃人與禮教</u>諸篇,禮始大爲人詬病。<u>魯迅</u>先生<u>狂人日記</u>上有"仁義道德均將吃人"之說,其後"吃人的禮教"一名詞遂常見於報紙上面。同時<u>梁漱溟</u>

---

①編者注:本文原刊社會科學季刊 1922 年第 1 卷第 1 期。

先生著有東西文化及其哲學一書,言東方文化將來也要成世界的文化,而東方文化的大用就在禮樂。並且説禮樂將來可以替代刑律和宗教。這兩方面極端的議論,如果是曲學阿世之徒拿來騙飯吃,我們很可以不去理他。無奈吳、梁二君雖主張不同,却全是現在好學深思的人,他們的議論相反對到這步田地,這個問題豈不是很有可以令人注意的地方麽?

並且這個問題,如果像惟心、惟物、實質、現象各玄想,我們要是没有工夫,很可以暫置不論。無奈他不是玄想的問題,却是每日遇見的問題。我們雖可以不議論,却没有法子不去實用。如果既不能躲過,又不能辨晰明白,那豈是我們念書人所應該取的態度呢?

我個人對於吳、梁二先生都很敬重,但是我不能瞞人,他兩位談禮的議論,全很令我失望。吳先生禮論的末節説:"談法律者不貴識其條文而貴明其所以立法之意;言禮制者不貴辨其儀節而在知其所以制禮之心。"這幾句話使我對於全篇有很大的希望。但是我找過全篇,並没有看見他講到禮教的根源端底是什麽東西。如果我不大錯誤,他的大意不過是説禮爲伯主民賊騙人尊君親上的工具,並没有什麽旁的道理。至於孔子言禮,也不免急於求沽,曲學阿世。禮教爲伯主所利用,漸失本意,我也全承認。①

──────────

①陳獨秀先生曾説:"愚今所欲問者,漢唐以後諸儒,何以不依傍道法楊墨而人亦不以道法楊墨稱之? 何以獨與孔子爲緣而復敗壞之耶?"這話有一部分的道理,但不足以箝尊孔者之口。因爲無論什麽學派、宗教,當他有成國教或準國教形勢的時候,一定有人去依附他,敗壞他。現在如果我們拿托爾斯泰的學説者當作國教,數年之後壞人一定以屬於托爾斯泰派者爲最多。如果有人問我,伯主何以不利用他物,而獨利用禮教? 我也可以拿上面的話來答他。蓋伯主所利用,一定是在社會上已經有暗勢力的東西。比方説,拿破崙利用法國人的愛國心,亦其一例。

但是我所不能明白的，就是騙人的東西，或能騙人數十年以至於百年之久，至於延長數千年，使聰明俊傑之士全無疑議——晉人對於禮的本體問題並未攻擊，觀阮藉"禮豈爲我輩設"和戒其子渾的話，及王坦之、謝安對於期功不廢絲竹的意見，就可以知到。——那是不可能的。伯主能利用社會的弱點以期利己，如果一件事情，在社會上絕無根源，伯主也萬不能臆造出來欺騙大家。孔子的話，期救一時，現在時過境遷，很有許多不合時的地方，就是他救一時的話，也同其他的思想家的話一樣，有合有不合，那全是我所承認的。但是我相信他如果真願意曲學阿世，他取利禄的手段，一定要比同時的人全高，萬不至"栖栖皇皇，終身不得行其志"了。至於梁先生的議論，我更不懂。他並沒有把刑法、宗教、禮樂的根源、異同，辨別清楚，何以見得他們能互相替代呢？二君之説，全不能使我們滿意，所以我們不能不找一種新解説。

　　我們現在想明白禮教對於社會的利弊，預先需要知道禮的本質是什麼。所以我這一次的研究，先試着給禮下一個比較明確的定義；次，察明禮與宗教、名教、法律等事的區別；復次，察考我們所下的定義與古人所説的禮合不合？又次，就禮的本質體察其利弊，視其果能吃人與否？如其果能吃人，此吃人果在何時？吾儕之所謂吃人端底有何意義？禮樂果能代法律和宗教與否？並且爲什麼？最末，略説吾人日用對禮教所應取的態度。

一、禮的定義

　　吾人想明白禮的本質，預先需要知道社會理想（Ideaux Sociaux)是件什麼事情。積個人而成社會,並不同積亂木而成束薪一樣。一根木頭同束薪止有量的差異,此木與彼木中間,並不需要另外公同的東西。如果有這樣多量的人,可以倏然而聚,倏然而散,却萬不能組成一個社會。社會的成立必須有一種成文或不成文的組織。這組織又是從什麼地方來的呢? 必須要社會的各分子有一種公同的理想,纔能有組織之可言。這種理想雖與個人的理想有密切的關係,而在發現的時候,不但有數量的不同,並且他的性質却是另外一種(Sui Generis)。如果我們能用化學上的名詞,就可以説這並不是個人理想的一種相加、一種混合,却是一種溶解。積氫氧而爲水,但水自有水的性質,並非氫和氧的性質;積個人理想而成社會理想,但他的性質與個人理想的性質,有大不同的地方。他的勢力非常的偉大,社會間大半的動作,全要受他的影響。現止就他與本題有關係的性質略述數端。

一、社會的理想我們可以説是貴族的,不是平民的。換一句話説,就是他不受普通投票的判定。因爲人的理想有發達的,有不發達的;有意識已經明白的,有意識尚屬混沌的。這第二種人,在社會動作的時候,除牽掣外,並無其他的影響。他們的意識既不明白,所以社會理想,也沒有他們參與的必要。比方説,宋元以後的貞節問題,如果問大多數的農人,恐怕他們並沒有堅決的主張,就在這件事情極盛的時期,也不過由一部分有勢力的文人主持罷了。又如現在的政治問題,如果問大多數的人,政體應該用君主或民主,恐怕他們還要覺得君主好一點。但是自二十世紀的初年,君主神聖的迷信已破,君主已經不成爲社會理想的一條。近數年來,勞工神聖又有漸成爲社會理想的形勢。雖説還没有完全成立,而數千年來所默認的私産神聖,已經由社會理想成爲個人的理想了。所以社會理想與普通人尚未完成的意見,並無很大的關係。

二、社會理想並不是簡單的,是複合的。這種複合的各理想中間常有若干的關係,但是相互的關係并非必要。某種理想變化,與他相關的理想並不一定全要跟着他變化。例如我國六朝時代,世族、寒門的區別,成了"天經地義",已爲那個時候社會理想的一條。隋唐以後,這條理想,完全變化。至於其他的理想,數千年裏面沒有大變化的,也還不少。此外還有兩件頂重要的性質就是:

三、社會理想是有制裁力的(coercitif)。社會理想是社會的一種方向,一種目的。當個人不遵守這個方向的時候,社會就要起來制裁他;或用名譽,或用刑罰。他的能力非常的偉大,所以抵抗他也是非常的困難。他的命運固不是不死的,但是我們想勝過他,一定要稍耗很大量的潛能(energie)。改革社會的先鋒隊,一定失敗,也就是這個緣故。他這種制裁力可以潛伏多年,隱而不現,但既屬於社會理想,革新家一定能覺到他的勢力。

四、社會理想是可以變的,非永久的。古代的人不曉得這個道理,所以有"天不變道亦不變"的説法。其實他們所謂道,如果要指自然界的定律,大約是不錯的。無奈他們不曉得社會理想是人類思想的製造品,可以變化一部,並可以完全變易,所以每次變革的時候,有許多殺身成仁的志士,却因抵抗新潮流而失敗。革新的志士死於社會理想的制裁性;守舊的志士死於社會理想的必變性。社會理想這兩種互相抵拒的勢力,就是一切社會事變的原動力。

我們現在既明白社會理想的性質,就可以給禮下一個定義說:

禮就是附於社會理想的行爲的軌則。

大家總要注意,社會理想是偏於抽象的,至於禮却是具體的關於行爲的軌則。

二、禮與別種社會事實的區別

壹、禮與宗教的區別。宗教爲社會理想直接的發現;禮却是輔助社會理想的軌則。宗教的範圍狠廣;禮却是部分的。無論何種宗教全有禮的一部;禮却不一定附屬於宗教。因爲宗教爲社會理想發現之一形式;禮却是無論何種理想所必有的軌則。

貳、禮與名教的區別。名教亦如宗教,爲社會理想的直接發現。但富神秘性的人民,其發現多爲宗教的形式;缺乏神秘性的人民,多發現爲名教的形式。若用宗教的廣義,名教也可以叫作宗教,但名教的講解多偏於理性,不若宗教之偏於直觀。禮同名教的關係和同宗教的關係一樣。

叁、禮與習慣的區別。禮是附於社會理想的;習慣却不附於社會理想。所以習慣雖有制裁力,却無禮的偉大。例如從前敬祖的觀念屬於社會理想,纏足却不過是一種習慣。所以對於反對家族主義者可加以大逆不道的罪名;對於反對纏足者不過嗤其無益,却沒有另外的道理。他們所謂"道",就是社會理想的代名詞。對於習慣,用強制的手段就能破除;對於社會理想的發現,除却加以根本的攻擊,別無他法。專恃威力,是没有用處的。但社會理想的發現,一旦理想變化,也可以變成簡單的習慣。例如大人、老爺的稱呼,原來附屬於君子、小人階級的理想,可叫作禮,現在一部分的留遺,不過習慣罷了。

肆、禮與法律的區別。禮與法律雖皆屬於社會理想的發現,但就本體説,禮爲應行的一部分,法律爲不應行的一部分;就作用説,法律用硬性的司法機關的制裁,禮却利用有彈性的社會制裁。使社會組織直接受危害的人,應受法律的制裁;如與社會理想不合,却直接與社會組織無干者,得用社會的制裁,斥之曰非禮。

三、用古義證明我們所下的定義

曲禮上説:

> 夫禮者所以定親疏、決嫌疑、別同異、明是非也。

所謂"親疏""嫌疑""同異""是非",全是社會理想的一端,"定""決""別""明"是説能幫助這些理想發達的意思。

禮運上説:

> 夫禮先王以承天之道,以治人之情。

所謂"承天之道",就是説他附屬於社會理想;所謂"治人之情",就是説他爲行爲的軌則。

又説:

> 禮者,君之大柄也。

古代政教合一,故禮爲人君的大柄。

禮器上說:

> 禮時爲大……

這句話好像已經明白社會理想有變遷,禮也要跟着他變遷。但是他總把社會理想當作"天之道",因爲天道不變,所以他所說的禮也就跟着成了結晶體,以至於受人詬病。

老子說:

> 失義而後禮。禮者,忠信之薄而亂之首也。

他這句話是要說正誼失,纔需要有制裁性的禮。若果忠信不失,何需制裁。忠信既失,却來強用制裁,更要啟人的巧詐,如果這樣,說他是亂之首,不算是冤枉他了。

禮爲行爲的軌則,所以"魯昭公自郊勞至於贈賄無失禮",晉侯就說他善於禮。女叔齊說:"是儀也,不可謂禮。"他是要說禮固爲行爲的軌則,但是總要附屬於社會理想。如果不注意他所附屬的理想,那軌則止成了空殼子,變成所謂"儀"了。

現在隨便舉幾條,已經可以證明我們所下的定義不大錯誤。其餘不能多舉。請讀者依此類推。

四、禮的利弊

想明白禮的利弊,先要知道人大約可分爲幾等。

詹謨斯(W. James)把人分爲三等:一機體的人(L'homme organique),二社會的人(L'homme social),三理想的人(L'homme idéal)。僿野的人,飢思食,寒思衣,除了飲食男女以外,没有另外的目的者,叫作機體的人。普通的人,看別人對於他自己的意見,不能漠然無所動於其心:聞譽則喜,聞毀則怒。爲什麼作一事?因爲社會恭維這件事。爲什麼避一事?因爲社會厭惡這件事。社會的名譽,就是他們的第二生命,他們就叫作社會的人。還有另外一小部分的人,對於一件理想(idée)可以犧牲他們自己的生命,犧牲自己的名譽,利害毀譽,全不能引誘他,迫止脅他有他自己的理想[1],纔是他們真正的生命。古今所謂志士仁人,英雄聖賢,全是這一流的人物。我們可以叫他們作理想的人。這三種目的,雖然不見得常相衝突,但是不能兩全的時候狠多。人當擇術,立志的時候,必須要辨認清楚,纔能不至於兩敗俱傷,一事無成。

社會理想爲社會意象的中心點,所以他的作用,介於前後二者之間。他的益處就是提高機體人的人格;他的損處就是阻撓理想人的進步。禮爲附屬於社會理想的行爲軌則,所以他的利弊也同社會理想相仿。在理想統一的時候,就一個人説,重禮可以使人篤實踐履,無空談理想的毛病,他的弊害就是使人拘泥形迹,對於理想的本體不能理解,——對於不同理想的誤會更不用説,——成了一個機械人。就社會説,重禮可以使社會外面整齊嚴肅——我用整齊嚴肅這幾個字,裏面並没有含什麼好意思——他的弊害就是使人馳騖虛文,忽略實際,外面雖整齊,而實際既忽略,社會自無真正進步之可言。並且社會這件東西,也是不進就退,如果滿意於外面的假象,社會一定要一天一天的腐敗起來。

————————————

[1] 編者注:原稿如此,疑有誤。

所謂"人而不仁，如禮何？"正是指這時候的人。總而言之，在理想統一的時候，禮可以爲增進群衆道德的一種工具。可是總要知道，群衆確實的進步，在於大家向道德本體的努力。軌則的統一，雖不見得就壞，却絕不是社會進步的徵驗。少有誤會，禮可就成社會的毒藥了。

　到社會理想變化的時候，最受詬病的還不是理想的本身，却是附屬於他的禮教。因爲社會理想比較抽象，狠有人自由解釋的餘地。至於禮却是些軌則，是硬性的。理想的變化還隱，禮制的變化却顯。變革社會的實際，就是改易禮制，而抵制力最大的也莫若禮制。這個時候，改良社會的先鋒隊，一定要被舊禮教所吞食。"禮教吃人"也真是一種無可諱言的的事實。但這是社會理想自然的勢力，社會的組織，又不能無公同的理想，所以這也成了無可奈何的東西了。今天理想革變，耗費維新志士無限的心血，把舊禮教推倒。明天新理想成立，親禮制又跟着成立，又要來吃後天革新的志士，社會演變的歷史總是如此，也真是無可如何。①

　禮教就是社會的制裁。膨漲社會的制裁，減少法律的制裁，本是儒家狠好的思想。但是如梁先生所言之以禮教代法律却萬不可能。因爲梁先生既不能證明將來無直接危害社會組織的人，

────────────

①吳又陵先生近日也好像覺得新禮制的不可少，他在北京大學日刊上曾説："所當攻擊者爲禮教，非禮儀。社會通用的禮儀，並没有甚麽壞處。"什麽叫禮教？什麽叫禮儀？他也没告訴我們説。我用私意猜度，大約他所謂禮教，就是屬於舊理想（階級思想）的禮制，所謂禮儀就是不屬於舊理想的禮制。他却不曉得他所説的禮儀，還要附麗於新理想。如果不然，那就成了新習慣。習慣的制裁力狠弱。新理想一定不能滿足，一定要發生出來新禮制。所附屬的理想雖不同，他的本質和作用同禮教全一樣。作用既同，他就不能不吃將來維新的豪傑了。

就不能以禮樂代法律。宗教、名教爲體，禮樂爲用。無論何種宗教、名教，全有禮樂，禮不過是一種的軌則，樂不過是一種怡人性情的美術品，他們怎麼樣能殼替代宗教呢？

五、我們對禮教所應取的態度

社會不能無理想，我們也不能無行爲的軌則。所以我們對於不合時宜的禮制，雖然當盡力去摧陷擴清，而對於禮的本體，却無所用其駁擊。但是我們一方面要知道禮是一種工具，並且是一種容易騙人的工具。社會真正的進步不係於軌則的整齊，而係於向道德上的努力。我們應當向道德本身竭力前進以利用此工具，萬不可偏重工具而忽略努力。另外一方面，要知道人的理想全是相對的。我們對於自己理想的進行，誠然不妨抱絕對的態度，而對於與自己不同的理想，也要有辨別的能力，含容的精神。

最末我還有一句話就是：禮是社會學上一件大問題，我們今天的研究，不過引一個頭，還要大家盡力纔可以弄明白。我們相信我們的結論可以是錯誤的，我們的方法却沒有大錯誤。換一句話說，無論何人想有結果的研究這個問題，狠可以不承認我們所下的定義，但是在研究之先，一定需要下一個比較明確的定義。如果不然，那是萬不會有結果的。

民國十一年十月七日於北京

科學與道德之關係^①

　　這是我夏期在陝西講演的一個題目，現在又把我的意見寫出來同大家研究。雖然現在所寫同當時所説，前後狠有移置的地方，可是我的思想在對這個問題這幾月裏面完全沒有變動，所以這一篇根本的意思同當時所説完全是相同的。

炳昶附識

　　科學與道德對於人生是兩件頂重要的事情。我們中國數千年中的教育，差不多全限於道德問題，它的重要不言可喻；自歐化東漸，科學萬能的聲浪，時時達到我們的耳鼓，它的勢力大有"凌道德而上之"的樣子。可是它的勢力雖然狠大，道德也絕沒有讓步的表示，所以這兩件事情就不免有點衝突，——這種衝突不管是實在的或外面的。這兩個問題對於人生全有狠密切的關係，我們就是不去研究它們，却不得不天天遇着它們。拿這樣重要的問

---

① 編者注：本文原刊哲學 1923 年第 8 期。

題,如果不仔細去研究,却模模糊糊去作,那豈不是我們念書人的一件大恥辱麼?

這個問題既然如此的重要,想研究它,當然不是這狠短的時候所能作得到的。我今天不過把我個人對於這個問題的意見略說一説罷了。

我的意見共分三層:第一科學與道德的根源;第二科學與道德衝突的起因;第三科學與道德的實在關係。

要講科學與道德的起源,先要問人生端的是機械的呢,或是有目的的呢。主張機械論(Mecanisme)的人説世界上萬物的動作全是照着機械律,除了機械律就没有其他的定律。不但物質的方面如是,就是心靈一方面的現象也是如是。心靈的機械比物質方面的機械繁複,除了機械的動作,絶無其他的目的。

主張目的論(Finalisme)的人説世界上一切的現象,尤其是人生的動作,心靈的動作,全有一定的方向。這種方向或是狠明白的,或是不狠容易看出,却總是照着一個共同的目的向前進行。這個目的就好像一種吸力,無論我們願意不願意,總是要向它那裏走。

我們狠承認從前主張目的論的人有狠多可笑的議論,尤其是拿人生解釋宇宙的人。比方説,柏拉圖和斯多噶派所主張的目的論,并且這種目的論於中世紀在知識界流行,對於學術的進步有狠大的障礙。我們也承認機械論在近世學術裏面,有非常大的功績,十七世紀得了特嘉爾(Deseartes)的極端機械論,學術纔一日千里的進步,并且就是心靈的現象大部分的全受機械律的支配,比方説習慣律、記憶律、聯想律等類。

可是我們是否因此就應該把目的論全體抹殺,除了機械律絶不承認其他的原則? 這却是另外的問題。近世哲學的特徵不是無論那一派,多多少少全帶點經驗的色彩麽? 説他們帶經驗的色彩就是説他們不能完全用由先的(A priori)方法去推理。他們無論願意不願意,總得拿經驗作根基,然後從那裏面尋求萬象變化的原則。每一門科學自有它特殊的領域,自有它特殊的方法。注重經驗的科學家,必須直接捉住他所要研究的對象,用同它相宜的方法去研究它,萬不能從另外的科學借來方法,去推演他所應該從經驗紬釋出來的定律。

從前柏拉圖和斯多噶派以及各種神學的錯誤就是用人生的方法解自然界。我們如果不直接去問心理全體的現象却間接從物理或生理推論到心理的絶對的機械論,豈不是犯到同類的錯誤麽?

我們如果把全部哲學史打開一看,一定可以感到一種狠奇怪的現象,就是錯誤的衆多。但是這種錯誤雖然多,并不是没有人看出它們的根源,并且我們可以説有狠多的思想家看出來,大聲疾呼的對大家説,千萬不要再蹈前車的覆轍。可是無論他們怎麽樣説得狠清楚,狠有證據,人類的思想總是狠執拗的向着一定的方向去走。這種錯誤的根源就是求宇宙間萬象中間的統一性,作很大的綜合;這種清楚并且不染幻覺的思想家就是極端的經驗派或懷疑派。——無論什麽樣的經驗派學者總多少帶有一點懷疑的色彩。——經驗派無論怎麽樣告訴我們説,本體論是一種幻想,永遠不能得到一個確定的解決,萬象的統一性也許不見得有,我們用已知以求未知的方法不見得就能用,因爲它們中間的同一性是很可疑的,可是我們人類的思想家,尤其是世界公認的大思想家,雖然不能不承認極端經驗派所說的話很有道理,却總是或很明白的或暗地的尋求那萬尋求不到的事情:宇宙萬象的統一性。不錯,你們很可以説這種尋求是人類知識進步的一個頂重要的原因。可是這種尋求的結果没有一次不錯誤,也是一件不能磨滅的事實。這種固定的方向,前仆後繼的精神,豈是可忽視的一件事情?

以上所説是理智的現象。至於感情方面的事實,也有同類的傾向。我們人類的感情也有一定的方向。它的發現就成了好善惡惡的公例。善是什麽? 就是與此方向相合的事實;惡是什麽? 就是與此方向相反的事實。世界上的人無論古今中外全有好善惡惡的心思,已竟足以證明人類的感情有一定的方向了。

這個時候,一定有人説:你們所説的善惡,不過是一個空洞的名詞。甲地所説的善,乙地或把它當作惡;此時所説的善,異時或説它是惡。你們把某時某地公衆所好的事實叫作善,所惡的事實叫作惡,自然可以説"好善惡惡人之常情"。可是你們如果把歷史上一切時期,世界上各民族的實用道德,約略比較一下,就可以知道人類好惡的無定。道德既是如韓愈所説,是一種"虛位",那人類的感情那還有一定的方向呢?

這些話固然不錯,道德的事實果然有狠多的差異。可是我們如果再逼近一步來看,道德的事實是一件複雜的東西。約略説起,它可以分成兩大部:一部①屬於行爲,是從知識方面來的;一

---

① 編者注:"部",原誤作"步",據前後文改。

部屬於動機,是從感情方面來的。行爲既與知識有關,知識的進步既有一定的趨向,那行爲也要跟着有一定的傾向,自不待言。至於動機一方面却屬道德的本身。如果人類在那些地方,有公同的趨向,那感情自然有一定的方向了。

我們現在把愚夫愚婦所作可感動人的小事情同大聖賢、大豪傑所作可歌可泣的事業比較起來,雖説分量不同,事迹不同,那裏面却總有一種公同的性質。這種公同的性質端的是什麽? 就是爲他人而犧牲自己。常人所爲者小,他所作的道德範圍也小,豪傑所爲者大,他所作的道德範圍也大。爲他人而犧牲自己,就是通常之所謂愛,就是忘小我以成就大我,就是解除個體(Désindividualiser)使個體與大我變成一體。愛家的人,心與家爲一體;愛國的人,心與國爲一體;愛人類的人,心與人類爲一體;愛衆生的人,心與衆生爲一體。這種愛情,佛家叫它作慈悲,儒家叫它作仁,耶教叫它作愛情。在各宗教裏面,自然範圍不同,方法不同,色彩不同,但是在它們的根原上面,却狠有大同的地方,不惟有名的宗教和道德學如是,一切的宗教和道德學全如是。——儘少説,我們一直到現在還沒有看見破例。不惟宗教家和道德學家主張如是,就是通常人的覺得,也差不多如是。比方説有一個人做了頂荒謬的事體,如果我們知道他的動機,不是自利,却是爲他,我們總覺他①有可寬恕的地方;反過來,一個人做頂好的事情,如果我們知道他有自私自利的目的,畏服的感情或者能有,可是總不能覺得他有可感的地方。人類全體這樣喜歡解除個體、投

①編者注:"他",原誤作"牠"。

身總體的人，又豈是一件可忽視的事情？

　　如果我們在上面所説的話不狠大錯，那歸極性(La finalité)在科學裏面或尚不無相當的價值。物理的現象裏面歸極性也許絶不存在——如果照 Lalande 在 *La dissolution* 書内的研究，歸極性在物理學裏面，也還未能完全被趕出去，——可是在心理的現象裏面，它還占一部分的位置；初等的心理現象，也許全爲機械律所支配，可是到一定的限度以後，歸極性實在有狠大的勢力。括總説起，我們相信人類的生活有一定的目的。這種目的的方向，在理智裏面表現①出來，就叫作真，在感情方面表現出來，就叫作善。真與善與其説是客觀上的性質，不如説是主觀的方向。它兩個雖然發現出來的時候，性質有異，可是它們的起原，却是一個相同的點，并不是從相反的方向發生出來的。

　　科學與道德既然有同一的起原，它們在表面上又爲什麽好像有衝突呢？簡單説起，衝突的起因約有二端：

　　一領域不同　道德的本身是愛情。愛情是精神裏面自有的東西，并不是"外鑠"的。所以道德的領域全在内面，如果專注意於外面的形式，那道德就要變成絶無生氣的空殼子。科學就是知識。知識總要同外面的實在相合纔算真實的。如果閉着眼睛，塞着耳朵，想要"不出户而知天下"，這個時候，無論他的思想怎麽樣發達，他頂好也不過得到詩歌一類的東西，絶没有客觀上的價值。科學與道德的領域既不相同，自然要引起其他的異點，就是：

　　二盡力時候所用的方法不同　科學因爲領域在外，所以永没

---

①編者注："現"，原誤作"理"。

有完成的時候。我的①人類最初的盡力，不過是畫一種輪廓，得
一種粗淺的知識，必須要以後的人常常用解析的方法，懷疑的精
神，把前人所得的真理一刀一刀的解剖開。解剖的愈精細，知識
即愈進步。如果懷疑的精神一消失，知識就要陷於停頓的狀態。
至於道德却是實用方面的實情，無論知識所得的結果是否精密，
當實用的時候，却需要大膽的綜合起來，鼓勇前進，懷疑的精神一
點也不能有。——大家總要認清，研究道德學是知識一方面的事
情，所以它所用的方法也應該是解析的，它的精神也應該是懷疑
的。可是研究道德學的人沒有篤信的精神，他對於道德的深處一
定不能有完全的諒解。——人類的精神偏用一方面，常有忘却他
方面的危險，所以偏重知識的人總疑惑他人的盲信，偏重道德的
人因爲知識不能直接達到實用的目的，常起一種蔑視的態度，兩
方面的誤會和衝突因此就開始了。

　　科學與道德雖然表面上好像有衝突，可是這一個是否能離開
那一個單獨前進？我們狠容易看見，這是萬不可能的。

　　科學進步的必要條件須要有不求利益（Désintéressement）的
精神。這種精神却就是道德的主要性質。科學離開這種精神就
要有停頓的危險，然則知識又豈能離道德而獨立呢？

　　至於道德對於知識，尤其是完全分離不開的事情。道德的本
體是愛。可是凡愛必有所愛。如果對於愛的對象無明確的觀念，
愛也沒有發生的餘地。鄉下不讀書、不遠游的人，狠有感情濃厚
的。可是無論他的本質怎麼樣好，他的愛情所及，不過達到一家，

———————————

①編者注：“的”，疑作“們”。

頂多也不過達到一村、一鎮，至於一地方、一國家的觀念，他的意識裏面全没有，你怎麼能使他對於它們起一種愛情？地方、國家尚且如此，人類、衆生，更不要説了。以後你如果能使他游歷少多，見聞少廣，他對於他附近地方的興衰，自不能漠然無動。如果他的見聞愈廣，觀念愈明，他對於地方、國家，自然要有一種“不期然而然”的愛情發生出來。知識愈高，愛情所及的範圍也愈廣，道德也跟着愈進步，這實在是自然界裏面的一種定律。科學使人對於無論什麼事情，可以得到一種比較清楚的觀念，對於道德的發生，實在是一件最大的助力了。

愛情發生以後，是否直接就可以達到目的，這又是一件極重要的事情。鄉下有些知識單純的人，到他父母病危的時候，心中非常着急，就把他自己腿上的肉割下一塊煮好給他的父母吃。這件事情，如果他的動機不是假的，——我想這一類事情的動機没有假的，——就道德本體上説，絕没有可以非議的地方。可是他父母的病好不好，那就是另外一個問題了。如果他的知識高些，能有力去請一個好醫生給他父母看看，那個時候雖然不敢説他父母的病一定能好，好的希望，比他割股的時候大的多，那却是一定的。括總説起，愛情想達到他的目的，必要有若干的歷程，這歷程上照路的惟一明燈，止有知識，止有科學。大家如果不信，可以把基督教的歷史搬出來看一看。基督教是一種純粹感情的宗教。最初的神父受羅馬皇帝的虐待，屠殺，還能發出他們那無限的愛情，引起大家的信仰，事情的可詫異，到了什麼步田地？十字軍又是一件極純潔的衝動。可是這件事的結果，就是相似的人類互相殘殺。中世紀教會裏面窮凶極惡的事情，全是用愛情的名義作出來。盲目的感情①離了理智,一定走到反對的定向,也是自然界裏面一條萬不能動搖的定律。可是想發達知識,除了研究科學絕沒有第二條途徑。所謂宗教,所謂玄學,在人事上固然有相當的價值,可是想單用它,得到正確的知識,却是一件萬不可能的事情,——詳細下次再説。科學離了道德,固然無發達的希望,道德離開科②學,真正是"盲人騎瞎馬,夜半臨深池"了。

　　括總説起,科學與道德對於人生好像鳥的兩翼、車的兩輪,合起來,就可以互相幫助,分起來,那一個也前進不遠;它們兩個表面上的衝突,實在是從誤會生出,并不是實在的。它們既然沒有實在的衝突,我們也無所用其調和。止要認清每個的特殊精神,每個的特殊領域,消除誤會,分別盡力,自然不致釀成畸形的文明。可是這件事情狠繁難,絕不是幾個人隨便的盡力,就可以成功的。我狠希望有狠多的人同我們一塊兒研究這個問題,或者將來可以得着一點結果,人生也可以得些幫助,向着同一的目的的路綫上不住的進行。

　　　　　　　　　　民國十二年十月三十日,北京。

---

①編者注:"情",原誤作"惰"。
②編者注:"科",原誤作"牠"。

保存例案議①

　　凡想研究人類進化的陳迹寫出各種文明歷史的人必須預先
搜集和鑒別史料(documents)，這現在在學術界中，已經是無疑義
的了。但是史料的範圍如何？却還是一個問題。不懂歷史學的
人，一聽言及史料，不過想到各種野史及私家著述中傳記及考論
典章的各種文字，少具歷史學知識的人，纔留神到各種檔案的重
要；近來歷史學及各種科學同時進步，纔把歷史學和其他科學中
間的"鴻溝"填平；研究歷史學的人，不惟留神到遺留的文字，並
且盡心去咨詢遺留的古迹、古物；不惟注意於有意識的流傳品，並
且不敢忽視無意識的殘剩品。就清楚的觀察點看起，文字和有意
識的流傳品，比古迹古物和無意識的殘剩品高的多；就誠實的觀
察點看起，前者常不及後者的足信。可是現在中國有一種東西，
雖然是文字和有意識的作品，可是它的誠實程度幾可與古迹古物

---

① 編者注：本文原刊社會科學季刊 1924 年第 2 卷第 3 號。

和無意識的殘留物相比，無奈民國以來，很損失燒毀了一大部分，一直到現在，還沒有幾個人知道它的重要，這豈不是一件很痛心的事？這種東西是什麼？就是我今天所要提議保存的例案。

例案也叫作案卷，凡各衙門所藏的册藉訴訟稿件、往來的公文全包括在裏面。前清時候，各衙門的辦事，幾乎全靠住這些東西，所以它有根本的重要。當時很有人説：政治之壞壞於利、吏、例三個字。他們所説的例就是這些例案了。民國以後百務草創，它的根本重要已經失去。並且集這許多汗牛充棟的故紙實在也有點討厭，所以有不少半新不舊的人就把它拿來一燒。就我聞見所及的，已竟是不止一處。實在這些破紙如果真想拿它來處理萬事，那可止值一燒。但是從另外一方面看起，如果歷史家真曉得搜集它、批評它、利用它，它那裏面材料的豐富，紀錄的翔實，遠不是什麼奏議、什麼檔案、什麼紅本所能比擬。我們現在且把它重要的用途撮要説一説。

第一，例案與文字史的關係。文字這件東西，實在是社會進化的一種自然結果，並不是某天才的創造品。某一個字、某幾個字可以爲某科學家、某哲學家所製造，文字的全體或某部分却萬不能爲某聖人的發明。並且文化愈進的民族，文字爲智識界所特造者愈多，文化愈淺，其文字當愈多出於群衆；文字進化之大較不過如是。所以倉頡、沮誦的有無，我們現在完全無從知道，就是説有，他們儘多也不過把社會上已經通行的表明具體觀念的若干文字加以整齊畫一以便應用。他們的功績也不能比李斯大，這是可以斷言的。然則我們大部分的文字，端的是什麼樣人創造的呢？我們可以大膽地説：一部分爲通俗文學家的作品；另外一部分——並且是極重要的一部分——就是書辦和代書一流人的作品了。這樣情形，秦漢以後如是，秦漢以上也是如是。説秦漢以前，造字之權操於學士大夫，所以字全合於六書，秦漢以後，操於吏胥，所以不合六書者多，實在是一種不通的話（我好像記得章太炎先生訄書裏面就有這種論調。但現在我沒有訄書的原文，遍檢檢論，又没有這一類的話，或者章先生已經覺得這種議論不能成立，把它删去了）。六書也就像現在所講的文法，全是文字成立以後，文人學士從那裏面抽出來的法則，絶不是先有法則以後纔按格子去填文字。並且從廣義看，我國無論何種粗俗的字，全離不了六書的法則；如果嚴正地説，就是説文上所有的字，何嘗全合乎六書的法則呢？現在想研究某文字發生時期的人，如果專從文人學士的著作上去找，不過可以得到他們不得不承認的略近時期。其實在這個時期以前，此字一定已竟通行很久，他們纔不得不承認。我們如果有這兩三千年的例案，對於文字的進化，一定有很重要的發現。我們現在"既往不咎"，從前毁棄過的東西，已經是無可挽回，這近二三百年的一點剩餘，又豈可以不趕緊去珍重保存它呢？

　　第二，例案與器物史的關係。各種器物的發明，實在是進化史上的一件大事情。可是在我們中國，想考究這件事情，實在有非常的困難。第一因爲我國的文人素常總是不留神這件事情；第二，他們不惟不談這件事，就是有時候不得不談這件新器物，他們因爲這個名字不古，總是要用較古的相類的字替代它。比方桌椅的發明，總算是我國文化史上一件有關係的事情，可是想知道發明的確期，以至於略近時期，也全不是一件容易的事。我們知道宋朝一定有桌椅(因爲在張橫渠書裏面,曾談到過這個問題),又知道漢朝還不見得有。可是在這當中千餘年間,發明端的在什麼時候,我們很難知道。求之文人學士的著作,那是全沒有用,因爲當時就是有桌椅,他們一定覺得這兩個字不古,必要用几案等似是而非的字替代它們。設想我們現在保有唐朝的例案,我們可以一定可以知道那個時候是不是已竟有桌椅。因爲當時的吏胥萬不能拿几案代桌,席坐代椅,並且人家也不能允許它們那樣子的混用。社會上有一個新器物,必有一個新名字來代表它。文人泥古不敢用;書辦代書限於社會的需要,却不能不用。例案與器物史關係的密切即此已可想見。

　第三,例案與風俗史的關係。風俗爲人類社會裏面一件頂重要的事情。可是我國自稱有四五千年的文化,一直到現在,還沒有很多的人留神到它,真是一件大不幸。近來北京大學對於這件事情,纔開始的注意,有歌謠研究會、風俗研究會的成立,實在是一件好現像。但是風俗的研究不能專留神於橫的方面,也要留神到縱的方面;不能專留神於靜的方面(statique),也要留神到動的方面(dynamique)。換一句話説,就是如果想研究風俗學,一方面應該搜集各地方的材料,參伍錯綜,求其會通,另外一方面,更需要搜集歷史上的材料,觀其新舊遞嬗之迹,求其變遷之故。可是我們中國歷史上的風俗材料到什麼地方去找呢? 地方志裏面雖多有風俗一門,大多數總是拿幾句抽象的話包括一切。這些抽象的材料——是否可以説是材料——對於風俗學,實在沒有很大的用處。就是少有具體一點的東西,總是因爲泥古的緣故,他們所用的字是"雅馴的",並非真確的。研究風俗的人,對於這些材

料,又需要很大一番刷洗的功夫①。所以想搜求風俗學上的歷史
材料,在這一方面,可以説是没有大希望。至於人民的訴訟稿件
裏面,常具有各地方的特别風俗,雖屬斷片的,却是具體的、真實
的。如果能搜集、批評、選擇,它的價值自然要比各地方志上面幾
句抽象的話高的多。

　　第四,例案與經濟史的關係。物價爲經濟史上一件大問題。
可是在正史上面,除了極低極高之穀價外,幾乎全無所有。古人
想知道唐時的酒價,不得不去問唐詩上的"新豐美酒斗十千"。
可是詩人的話何足爲典要? 梁任公留神到這個問題,就想把同仁
堂、都一處各老鋪的陳帳調來看一看。他這種解決的方法,要比
問古詩的方法高得無數倍。但是同仁堂、都一處爲數百年的老店
是一個問題,它們是否保存這些汗牛充棟的陳帳,又是一個問題。
就是説它們完全保存,可以調來看,可是所得的仍不過是"帝京"
一隅的物價,與全國人民之生計程度,仍不發生關係。比方説,清
初康雍時代的人民豐豫,成了故老的一種不可動摇的確信。可是
唐甄是那個時候的人,却説人民生計非常艱虞(我現在没有唐氏
的潛書在手下,不能記述原文,但大意我想是不會錯的)。我們
現在自然是相信唐氏,因爲他是當時的人,所説的也是有意識的
話,至於相反的説,不過是群衆無意識的一種迷信。所可惜的唐
氏也不過説幾句抽象的話,並没有把當時具體的情形告訴我們。
我們想揣想當日的實在情形,一定是很困難的。設想我們現在把
當日的訴訟稿件調來一部分。它那裏面的大部分一定是關於米

①編者注:"夫",原誤作"失",據文意改。

鹽瑣碎的事情。可是這些米鹽瑣碎,正是我們在別處到處搜求不到的寶藏。我們據此,小之可以得當時一部分的物價,大之即可以知道人民生活的狀態。梁任公忘了這樣的寶庫,却去擬用老店的陳帳,豈不是舍本逐末麼?

　　這以上也不過舉其犖犖大者,實在例案就是一時人民生活的反射,並且是一種比較忠實的反射,我們如果想知道那個時候人民的實在生活,又還有什麼東西能比它再好的呢?它所講的特殊的事故,張三、李四的爭端,很許有靠不住的地方。但是就是僞造,也一定是當時社會可有的情形。好在科學所求的是普通,并不是特殊。張三、李四的果否如何,科學并不需要知道它。所以它那裏面的情形就有小部分的僞造,仍無傷大體的真實。總而言之,如果要真正的歷史,則不惟這些亂紙不算歷史,就是二十五家的正史,以至於體大思精的三通、資治通鑑,全不能算;如果當作史料看,則這種寶庫實在比所謂正史野史全富的多。如果專修"廟堂史",則檔案中的史料或者比例案中的史料好的多;如果民衆還有它根本的重要,則與民衆情形較切的例案,遠非藏在政府的檔案所能比。我總覺得整理檔案,很像在都會裏面,終天掘地,想發外財,也許真有一天,掘到某大亂時某人的金窖,發到一注天外飛來的橫財;可是大多數的時候總是什麼也得不到;至於整理例案,則像砂裏淘金,每天總止能得極少極少的東西,可是每天總有點收穫,不大容易白空着。真正的民衆歷史家,你們對於這樣可寶貴的史料,能任它隨便消滅了麼?

　　我們現在第一步應作的事情,自然是引起大家的注意;或由私人多作幾篇文章,或由研究歷史的各團體,如史學會、整理檔案會等類用公同的名義發表宣言，或由各團體呈請教育部，請其令知各機關，使其從今以後不得再加損壞。第二步自然是收歸圖書館，第三步是編目，第四步是研究。我本來對於後三步，也想説一些話。但是第一因爲我對於後三步的意思現在還没有全成系統；第二因爲雖然如此，我所要説的話已竟很多，需要比較長的時候纔能整理出來；第三因爲我們現在纔起首作第一步，離後三步還遠，我將來總有説的時候；天氣又很熱，所以今天的話且止於此，剩下的，等下次有工夫的時候再説罷。

　　　　　　　　　　民國十三年五月三十一日，北京。

西游記作者的思想①

　　我們在談西游記作者的思想以前,先要説幾句話,講明思想批評在批評中的位置。

　　我們覺得對於文藝,應該有三種的批評:第一,歷史的批評,比方説,作者是何時代人? 身世如何? 書中所談的事實,那些是在歷史上有根據的? 那些是作者的想像? 這一類全是歷史的批評。第二,藝術的批評,比方説,某書的描寫有何特點? 某書的結構有何優劣? 全是這一類。第三,思想的批評,比方説,某作者之思想如何? 某作者之思想與現代思想有何關係? 或與現代思想潮流有無衝突? 等類。這三類的批評全是很重要的。但是每一個批評家却不需要兼作三種批評。如果能分功而治,批評的進步纔能迅速。近來胡適之先生及其友人對於歷史的批評成績很好。藝術的批評比較不大進步,然而也還有些。至於思想的批評,除了蔡孑民先生半

①編者注:本文原刊太平洋 1924 年第 4 卷第 9 期。

歷史半思想的石頭記索隱外，幾乎還没有看見什麽東西。我將來很想對於第三類的批評盡點力，開宗明義第一章，就是這一篇西游記作者的思想。

一

　　我們想作思想批評是要用什麽方法呢？我們要用哲學家和科學家最通用的一個詞來表明它，就是説，用客觀的方法，萬不可用主觀的方法。

　　但是客觀一辭，雖説很通用，却是很有歧義，必需要加幾句解釋，纔可以不致誤會。我們現在用客觀方法去尋求作者的思想，就是説我們所找出來的思想，是從他所著的書裏面找出來的。這句話還有兩方面的意思：第一，思想一定是從書裏面所找出來的。比方從前信丹經的人，讀了西游記，就説他是講金丹大道的。信儒教的人，讀了西游記，就説它是講止至善的。現在喜歡改革的人，讀了西游記，就説孫悟空大閙天宫數回，是恭維失敗的英雄的。其實這些思想全是他們自己的思想。書中固然有可附會的地方，可是書中還有不少同這一類説法有矛盾的去處，他們就完全丢開，一概不理。我們的批評，這一類的主觀方法，是萬不准用的。第二，我們所找出的思想，止是從書裏面找出來的，却不一定是作者原有的。這句話驟然看來，似乎仍有主觀的嫌疑，實在同它大有分别，其中有兩個緣故：第一，凡一個有文學天才的人，無論他的思想若何，他對於當時的社會情形，一定有一部分極真實的觀察。因之他所想表現的思想，並不見得是他所表現出來的思想。比方説，<u>兒女英雄傳</u>作者——<u>文康</u>——的思想，從現在看來，可以説是頂腐敗的了。可是他書中的理想人物，<u>安老爺</u>的性情，却仍是真實的。因爲<u>安老爺</u>固然有許多的好處，但是他的熱中、酸味，全被這位<u>文先生</u>繪聲描影的寫出來。如果我們批評兒女英雄傳，説用八股取士，所得的好人，頂多也不過得到熱中、酸氣如<u>安老爺</u>的一流人物，這絶不犯主觀的嫌疑的。第二，作者的原動機，在寫書的時間，是否能永久的保存着，也是一個疑問。比方説 Cervantes 的 *Don Quichote*——<u>林琴南譯爲魔俠傳</u>——著書的原動機不過因爲當時講武士的小説太多，特別著一本書來反對他們。換句話説，他不過想出當時武士的像罷了。但是不久他對於他"智慧的兒子"起了同情。他所要説的話，常常由 Don Quichote 的口中説出來。所以 Don Quichote 的面孔雖然很可笑，却是很能引起人的同情，——尤其是這部書的第二部分。<u>托爾斯泰</u>批評這本書，説 Don Quichote 是代表理想，Sancho Panza 是代表經驗，雖與 Cervantes 著書的原動機不合，却仍不能算作主觀的批評。

因爲有這兩個緣故，所以我們的批評，確守着"由書中找出"的界限。我們所找出的思想，雖然不見得是<u>西游記</u>作者腦中很清楚的思想，却與從前的批評大有不同，犯不着主觀的嫌疑。

二

<u>西游記</u>有兩種：一爲<u>四游記</u>中之一，爲<u>齊雲楊致和</u>所編，共四卷，四十回（<u>周魯迅</u>先生之<u>中國小説史略</u>，第十六編謂爲<u>齊雲楊致和</u>編，四卷，四十一回。我所有的<u>四游記</u>，係一新印本，内有錯

字,且似有缺略。然與中國小説史略所引之數段對校,字句略有不同,且各有短長。周先生所引用之回數,比我的本子皆早一回。我疑惑我的本子同周先生的本子固非一本,但回數則係周先生誤數,因爲我的本子上回目上並無回數,真君收捉猴王在我的本子上係第六回,周先生則注第七回。我的書雖有缺略,而第六回前似不容有缺略)。一爲通行之百回本,據近人考訂,爲明山陽縣歲貢吳承恩所作。我這一篇文章,主要是要批評吳氏的思想(用亞東圖書館所印之古本西游記,因爲這個本子比通行本較完備一點)。因爲四游記本爲百回本的藍本,拿兩本相比較,更可以看出吳氏特別的思想,所以我對於四游記本先少説幾句話,以後再來批評百回本。四游記本後簡稱楊書,百回本簡稱吳書。凡批評吳書的時候,也間或附注楊書有或楊書無以資參考。

我最初看楊書的時候,疑惑是吳書的一種笨拙的節本。因爲吳書所有的事迹,楊書裏面大約全有,不過簡單一點罷了。以後仔細看來,纔知道頭一個印像完全不對。第一,兩書中的事迹雖大略相同,可是長短太不成比例。比方説:吳書至收沙僧,不過二十二回,還不足原書四分之一;楊書至收沙僧,已二十回,恰得其半。又獅駝國段,在吳書中占四回之多(七十四回至七十七回),爲書中一大事;楊書則不過寥寥一百六十一字即完(三十七回末)。第二則事迹字句亦略有不同。比方説:吳書中的九頭鳥係被二郎的細犬傷了一頭,負痛逃生(六十三回);楊書中的九頭鳥,則被二郎一弓射死(三十六回顯聖郎彌勒佛收妖)。吳書中袁守誠係袁天罡的叔父(第十回),如意真仙係牛魔王的兄弟(第五十三回);楊書中則袁守誠係袁天罡的父親(第九回魏徵夢斬老龍),如意真人係牛魔王的哥子(第三十四回昴日星官收蝎精)。楊書第十七回唐三藏收伏豬八戒後,高老要酬謝唐僧,行者就説:"金銀之物,師父分文不受,具齋飯點心,'長者賜,少者不敢辭'。"這句"長者賜,少者不敢辭",萬不能出於吳書中的孫悟空的口中,吳書中也實在没有這句話。第三尤其重要,就是楊書中的孫悟空、豬八戒、沙和尚,止有本領的不同,幾乎没有個性上的差異。比方説:五莊觀偷果一段,在吳書中(第二十四回),豬八戒在厨房裏聽見清風、明月二道童吃人參果,口裏忍不着流涎,在那鍋門前無心燒火,不時伸頭探腦的找孫行者。好容易孫行者來了,八戒就給他説,他答道:"這個容易,老孫去,手到擒來。"以後孫悟空偷果,果子落在地下,寂然不見,他疑惑被土神收了去,把土神找出,纔知道人參果遇土而入。以後他用他的錦衣直綴的襟子做兜子纔敲了三個果,拿回厨房。他又不肯背着沙僧,招手把他叫來,沙僧要着嘗嘗,他們弟兄們纔一家吃一個。這一段,豬八戒的口饞,孫悟空的正直、淘氣,沙和尚的老實,無不鬚眉畢現。現在我再把楊書中的這一段(第二十二回孫行者五莊觀偷果)引來相比較:

> ……二童亦不能强,拿轉房内自食。那行者弟兄在旁,真個思量童子又不與他二(疑係三字之誤)人,意欲偷去,又怕師父,各設計脱身。行者曰:"我去掃净寢房。"八戒道:"我去炊些飯吃。"沙僧曰:"我去放馬。"三人脱了師父,走去後園中偷吃三個。……

這樣一來,他們三個人簡直成了一樣的了。總而言之,他們聚會後五六回中,性情還算有點分别,再以後全成了"一邱之貉"。有吴書以後，無論怎麽樣笨拙的删節人，萬不能把它删成這個樣子。然則楊氏不過把民間的傳記采集起來，匯成一書，他個人所加的，大約也不很多。到吳承恩纔取材楊書，又給它一種新精神，新形貌，把神奇的傳説化作不遠人情的故事。所以要找特別的思想，在吳書裏面尚屬可能，至於楊書不過一種故事集，在那裏面實在找不出什麽出來。

可是要説楊一點思想全没有，那也不然。如第一回中須菩提祖師及靈臺方寸山、斜月三星洞之名，很不像民間傳説所能有。"須菩提"梵語，譯爲善業。"靈臺方寸"當然是指心。就是"斜月三星"四字，四游記本中有一小注説"斜月是心勾，三星是三點"，它也是指心的。我疑惑這些地方全是楊氏的意想，以明長生之道不待遠求，止要反求諸心，勤修善業，就可以得着。至於全體則謝肇淛所説（五雜組十五，引見中國小説史略第十七篇）："西游記曼衍虛誕，而其縱橫變化，以猿爲心之神，以猪爲意之馳，其始之放縱，上天下地，莫能禁制，而歸於緊箍一咒，能使心猿馴服，至死靡他，蓋亦求放心之喻，非浪作也。"對於吳書，雖或未達深處，對於楊書，却是很恰切的了。

三

自從佛教入中國以後，中國的道士就把它吸收了一大部分。至於民間的信仰，尤其是把釋道合爲一種，混攪不清。楊致和采民間的傳説，匯成一書，所以對於二者也並没大加分辨。他雖説叙佛教中的事情，仍有"月藏玉兔日藏烏，自有龍蛇相盤結。相盤結,性命堅,却能火裏種金蓮。攢簇五行顛倒用,功完隨作佛和仙"的句子(第二回<u>悟空得仙傳道</u>),又有"六識袪降丹自成"的話頭(三十五回<u>孫行者被獼猴紊亂</u>末)。<u>吳承恩</u>取材<u>楊</u>書,尤好用丹經的辭語,舉目皆是,無庸繁引。可是少仔細一看,很容易看出他不過隨筆成趣,並沒有把它認作真實。丹分内外:烹煉金石爲外丹;龍虎胎息,吐故納新爲内丹。看<u>老君</u>煉丹的話(第五回、三十九回),很像<u>吳氏</u>相信外丹。但是他不惟説過"爐中久煉非鉛汞"(第七回,<u>楊</u>書無),"點金煉汞成何濟"(四十六回末,<u>楊</u>書無),並且很明白的説:"有作有爲,采陰補陽,攀弓踏弩,摩臍過氣,用方炮製,燒茅打鼎,進紅鉛,煉秋石,并服婦乳之類"爲"水中撈月"(第二回,<u>楊</u>書第二回雖有"教你動字門中之道,這如水中撈月"的話,却没有明説動字門中是什麽東西)。然則<u>吳氏</u>不惟不信任外丹,並且是反對外丹的。至於内丹的話,比較容易附會。道家的吐故納新,本來爲一部分的真理。<u>吳氏</u>大約也相信這種辦法可以養生,少前進一步,就述信它可以致長生。所以不惟<u>孫悟空</u>在<u>須菩提祖師</u>那裏所作的是那一類的功夫,就是據<u>豬八戒</u>、<u>沙和尚</u>的自述(第九十四回<u>楊</u>書無)他們出身的時候,也曾作過這些。可是他所相信的不過是這些,他對於這種養生法,也並没有什麽景仰、頂禮,所以説他著這部書是完全講金丹大道,是講不通的。你想"養精煉氣存神,調和龍虎,捉坎填離,不知費多少工夫",還敵不上吃一個人參果(二十六回,<u>楊</u>書無),人參果樹靈根既折,什麽神仙也没法子,得了<u>觀世音菩薩</u>瓶中的甘露即能起死回生,他雖然信内丹的説,却把它抑到什麽步田地! 總之<u>吳氏</u>把<u>玉皇</u>寫得那樣菜包(參看第七、第五十一諸回),<u>老君</u>那樣無用

（參看第七、第三十九、第五十二諸回），三清那樣的倒楣（第四十六回），在這些地方，總要注意到楊書上一點没有，這全是吳氏增加的。他對於道家，實在不能有什麽信仰，這是絶無疑義的。如果説他談禪，那更容易説。但是吳氏對於佛學知道的很淺。并且他實在不過想借玄奘的傳説講他自己的話頭，并没有真正的意思去寫玄奘——文學家大約是借題發揮。不然，他何至於拿那樣一篇亂七八糟的佛經目録來敷衍呢？至於儒家正心誠意説尤其荒謬。如果他可以那樣説，我并不難用同樣的方法證明西游記是講房中術！玩話少説，言該歸正傳了。但是我對於陳獨秀、胡適之兩先生所説還不能不再加幾句話。

陳先生説：" '……乃是佛與仙與神聖，三者躲過輪迴，不生不滅。' '一心裏訪問佛仙神聖之道，覓個長生不老之方。'這就是西游記作者之旨。這種南北朝以來三教合一的昏亂思想，我們是無所取的了。"如果這幾句話真是作者的本旨，那我們真是絶無所取。可是這樣讀書，那書就大遭了劫。這樣講法同説它是講金丹大道的一樣不通。所不同的，就是陳士斌相信金丹大道，陳獨秀不相信它罷了。我且問陳獨秀先生：孫悟空出了須菩提祖師洞門的時候，已經得了長生不老之方，輪迴簿子已竟勾消（第三回），入火不燒，雷打不壞，八卦爐中不死（第七回），孫悟空豈不是已經達了目的了麽？後面九十三回，不惟是强添蛇足，却是尾巴大似頭了。一個大文學家，能這樣的著書麽？

胡適之先生反對"這三四百年無數道士和尚秀才"的講法，指出吳氏的滑稽意味和現世精神，本是很對的。然而他又自添蛇足，説"花果山中一老猿"以下兩段"簡直是革命的檄文"，吳承恩

寫美猴王是要寫一位"雖敗猶榮的英雄"，那可就大錯了。如果
真是那樣，吳先生的文藝技術，未免太糟糕。因爲想作有革命精
神的小説止能有兩條路：或者慷慨淋漓地寫一位成功的英雄，歸
結是可以鼓勵人的志氣；或者是把對方寫得非常的黑暗，可
惡，——單寫它的飯桶、無人，是不彀的——間之以失敗的英雄，
就此戛然而止，那歸結也可以激發人的精神。現在吳氏所寫的天
宮雖然是腐敗、無人，玉帝雖然是大飯桶一個，可是黑暗、可惡，却
還没有，他如果有革命思想，這樣的描寫法，已竟是不高明的了。
并且想鼓吹革命，用第二法寫到英雄的失敗一定要戛然而止，纔
能使人對於將來有無限的希望。如果失敗以後，又引他到别的路
上成功，那所得的效果真要正得其反。所以就革命思想的觀察點
看起，與其説吳先生是鼓吹革命的，尚不如説他是反對革命的。
總之無論鼓吹革命、反對革命全不是吳先生的思想。胡先生醉心
革命，我非常地表同情。可是他到處找幫手，這一次却找錯了門，
我勸胡先生將來總是細心一點纔好。

四

"意馬心猿都失敗，金母木公吳書全作金公木母，不知是四游記本刊
誤，或係吳書後改。盡凋零。黄婆傷損通分别，道義消疏怎得成？"
（楊書二十五回猪八戒請行者救師末，吳書第三十回）

意馬心猿，在楊書中止此一見。金母木公及黄婆也止此一
見。至於金木黄婆果何所指，也無明文。我疑惑楊氏不過拿丹經
的話頭，隨便説一説，他腦子裏面也實在没有一定要指那一位。

吳書裏面却大不相同：金公木母及黃婆之説，到處遇見，不勝枚舉。并且金公是指孫悟空，木母是指豬八戒，黃婆是指沙和尚，觀八十六回回目"木母助威征怪物，金公施法滅妖邪"，五十三回回目"黃婆運水解邪胎"，及其他各處，也是毫無疑義的。沙和尚又配五行中之土，觀八十八回回目"心猿木土授門人"及其他各處可見。這樣在唐僧的同行裏面止缺水火二行。我最初疑惑小龍指水，火或係指唐三藏自身。以後在原文裏面仔細考察，絶不見一點痕迹，可是在降妖各段裏面，如第三十二、三十三、三十四、三十五回之金角、銀角段，第四十、四十一、四十二回之紅孩兒段，第五十、五十一、五十二回之老君青牛段，第五十九、六十、六十一回之牛魔王段，談到水火的地方很多，纔曉得吳氏并没有想在四衆裏面配足五行。可是他所説的金木土，端的是要指什麼東西呢？在舊醫書中，肝屬木，心屬火，脾屬土，肺屬金，腎屬水。吳書中也有"肝木能生心火旺，心火致令脾土平"（四十一回）之説。可見孫悟空、豬八戒、沙和尚，并不是要指某一個體，却是要指某個體之某一部分的。吳氏雖借助於醫書，他前後又不甚一致：孫悟空雖爲金公，却并不屬肺而屬心。觀五十八回回目"二心攪亂大乾坤"及如來所説"汝等俱是一心，且看二心競鬥而來也"的話，孫悟空是指心，可謂絶無疑義。這大約也因爲心猿之説，流傳已久，所以金公之説也殊不必認真。可是心字歧義極多，吳氏所要説的心，又是指什麼東西呢？觀吳氏所叙的孫悟空，冷酷無情，察隱知微，我們很可以絶無疑惑的説，他是要指我們心中理性的一部分。并且這是吳老先生增加的，并不是楊書原有的。楊書中的孫悟空不過有"降龍伏虎的手段，翻江攪海的神通"（楊書第十四回唐三藏收伏孫行者，吳書也是第十四回），吳老先生在下面却添上"見貌辨色，聆音察理；大之則量於宇宙，小之則攝於毫毛"。至於"火眼金睛，白日裏常看千里，凶吉曉得。是夜裏也還看四五百里"（吳書第四十七回，楊書中火眼金睛字只於二十六回孫行者收妖救師中一見，與吳書中所用意思亦不相同），及孫悟空所說"不必問他，問我便了"（第十九回）及相類的各話頭，全是吳老先生增加的。總之說吳先生把大神通的猴子縮成狹義的理性，是絕沒有一點附會的。不惟如是，就是豬八戒、沙和尚，因爲那個時候心理生理的關係不明，所以把他們指肝指脾，如果仔細一看，也很容易看出他們也是指心理中的某作用，所以說取經之道不離乎一身務本之道（第二十三回），也就是這個道理。若用心理學中的術語，則豬八戒所指，略當現在所說的感受（sensibilité）。一方面包括智慧中的感覺，另外一方面包括苦樂的感受。如果用通用的語言，可以俗情或人情（用這個辭不很好一方面的意思）一詞括之。沙和尚所指，比較的難看出一點。我起初疑惑他代表心理學裏面所說的意志，吳書中也有"定志感黃婆"的話（六十五回）。我近來覺得這有點牽強，實在現在我們所說的感情和意志止能由唐三藏一個人的人格代表。沙和尚所代表，止是一種健康的知覺（bonsens）。吳先生的說法，雖然帶着丹經的外皮，他的分類法雖然很奇怪，然而他想把心理上的各種能力這樣分別開描寫，已經是非常特別，很有可注意的價值了。

　　再進一步說，靈山大雷音寺是代表一個理想，如來是代表理想的人格，觀音是"具體而微的如來"，也是代表理想人格，這些點也不難看出。至於道教一方面，比方說天宮、玉帝等類却代表現實的世界。"佛即心兮心即佛"（第十四回開頭），"只要你志誠念念,回首處即是靈山"(第二十四回),及"靈山只在汝心頭"(第八十五回)的話全可以證明靈山並不是現實的境界,却是心中的一個理想。至於道教方面代表現實世界,比較不大顯著。這一點我留待下節再講。大家如果明白道教的特別精神,就知道這句話並不是無端附會的了。

　　吴著西游記的間架,大約如此。我們以後就用這個間架,順著書的次序,看他是怎麼樣的講法。這些講法裏面,有些我們覺得是絕無疑義的,有些好像是還有問題的。我起初很打算把這兩項分成兩節來講,以醒眉目,但是以後覺得這樣於敘述上面很有不方便的地方,所以仍是合到一塊兒説,不過對於第二項的意見,上面加些"或者""好像""……"等類的疑問詞罷了。

　　自宋元以來,念書人總是説智慧本體,虛靈不昧,至於以後的昏瞶,全因爲物欲作了障蔽,孫悟空初生,"目運兩道金光,射冲斗府","如今服餌水食,金光將潛息"(第一回,關於這一點,我所有的四游記本有缺略),或者就是這個意思。理性必須要種種經驗,種種磨煉,纔可以堅定地成了一種特殊的能力,如果終日醉生夢死,就要把所能有的能力失掉。孫悟空游歷海外,至八九年之①久(第一回,楊書無八九年一句),以後在須菩提祖師處作很長的修煉(第二回),雖未必像近世所説先積經驗,後作演繹推理,然而總是内外交修之意。在這一點,我覺得吴氏雖大約沿襲楊書,然而實在意思確不相同:楊書意注重在修煉,獲得神通,以後種種全是神通的徵驗,就是金箍收放心,也不過是"去太去甚"

---

①編者注:原於"之"後衍一"之"字。

的意思；吳書則注重達到理想世界，確實地把孫悟空講作理性，他
在須菩提那裏的修煉，并不是達到善根，却是磨煉理性的自身。
理性無善無惡，可善可惡，所以孫悟空成道之後，還是"也能善，
也能惡，眼前善惡憑他作，善時成佛與成仙，惡處披毛并帶角"
（第七回，楊書無）也。理性非物體所能限制，無始無終，所以孫
悟空"超出三界之外，不在五行之中"，將輪迴簿子一筆勾除（第
三回，楊書有）。理性既成特殊能力，漸與實在世界相習，少試鋒
鋩，無往不利，就要漸漸地膽大起來，實在界雖能給它些困難，却
不能消滅它的意氣，并且經過一次困難；它的能力就要增加一次，
歸結必要達到夢想據自然界爲已有，獨立稱尊的地步。轟轟烈烈
的大鬧天宮（第三回末至第七回，楊書大略相同）實在就是這樣
的意思。李老君拿自然界的八卦爐煅煉孫悟空，自然要被他利
用，煉成"火眼金睛"來。可是自然世界雖不能壓伏理性，但理性
想征服全自然界，獨立稱尊，談何容易？ 自然界有悠遠的歷史，支
配一切，理性出世幾天，就想奪據它的位置！ 所以説"他自幼修
持，苦歷過一千七百五十劫，每劫該十二萬九千六百年，你算，他
該多少年數，方能享受此無極大道？ 你那個初世爲人的畜生，如
何出此大言！"理性長此與自然界相持，不能得一理想以爲標的，
理性是很苦惱的；必須要歸順一種最高的感情，用一種堅決的意
志，向着最高理想的一定方向，按步就班地走去，纔算得着正軌。
所以孫悟空必須扶助唐三藏，歸向靈山，纔能得到金身正果。理
性正當桀驁不馴的時候，驟然給它一個理想的羈軛，它豈肯俯首
帖耳地歸伏？ 必須要示之以理想的廣大無所不包，使它知道無論
如何的跳梁，總沒有法跳出它的範圍，遲之又久，纔可以馴化它原

有的野心。凡理性所能到的地方全在理想範圍之內，理想既不能到，理性又安能越出去？所以孫悟空雖能一筋斗打十萬八千里，總不能逃出如來的手中(第七回，楊書無)，後在五行山下受盡苦難，纔甘心地降伏了。

　　唐三藏具熱烈的情感，堅決的意志，要上西天拜佛取經，以超度衆生的沈淪，雖知"水遠山高"，"路多虎豹"，"峻嶺陡崖難度"，"毒魔惡怪難降"，而仍決心西往，絕無退縮；既而從者被熊虎吃了，止有"孤孤悽悽，向前苦進"。這個時候，除了靠住自己的理性，還有什麼可靠呢？幸而"心猿歸正，猛虎潛踪"(第十四回)，自然可以放懷無慮，策馬前進了。然而理性冷酷，感情慈悲，內心矛盾，自所難免。如非認準理想，捉定理性，那就要方向迷惑，進身不得。孫悟空戴上觀世音的緊箍，莫可奈何，纔能死心塌地，直往西天(第十四回末)，也就是這個道理。路遠山高，崎嶇難行，馬匹喪失，意志強決，足以代替，此時強健的身體，健康的知覺，也是少不了的輔助，所以豬八戒(感受性總與身體有關，所以豬八戒也代表體力)、沙和尚雖神通不及孫悟空，也成了西行必要的伴侶。既有身體，自難免俗情的纏繞，思食思衣，見色思淫，種種魔障，未易驅除，幸有理性晶瑩，意志堅決，始得不背初心，歸原本真，書中多次提明，詞旨顯豁，也可以不必再多說了。但是內心的矛盾，究難一旦消除，俗情又假慈悲的面目以間其中，感情少爲所熒惑，理性感情，又將不能調和而分離。分離的結果，理性"一日行惡，惡自有餘"(第二十八回)；感情雖慈悲爲懷，而盲目以往，可以用慈悲的心腸造凶殘的罪孽。如果看歐洲中世紀的宗教史，就可以知道佛心的唐三藏變成斑斕猛虎(第三十回，楊書有)，并非西游記作者的妄説。再進一步，就是理性也知道想得正軌，離不開感情和意志，但是它臆想用它的自力可以强造出來一種冒牌的感情和意志。殊不知理性雖與情志有極密切的關係，却不能直接地創造出來情志。這種急造的情志，對於他事或者可以假冒過去，對於理想的自身，却就完全失掉勢力。假行者假造唐僧、八戒、沙僧，欲自往取經；鬧到天宫，鬧到地府，全不能辨别真僞，直闖到靈山，纔把假的捉着（第五十七回、五十八回，楊書無到天宫事），大約是要説這一類道理。總而言之，理性總要漸積玷①磨，與高尚的感情合爲一體，處處以慈悲爲心，纔能得到“金身正果”，感情也須要完全受理性的指導，纔能不惑於歧途。否則少有猶疑，錯認外面的形式，就要把假理想當作真理想，釀成極大的危險。唐三藏錯認小雷音寺的“香花艷麗，瑞氣繽紛”，雖有孫悟空的勸阻，却不肯信，當然要被妖魔捉住了（第六十五回，楊書有）。理想認錯，根源總是起於對現實世界還有尚未明了的地方。想使理性脱了假理想的牢籠，非從現實世界堅實地用力不可。孫行者不能自脱，必須要實在世界中之二十八宿的救護（楊本有），也或者是要講這個道理。想達到與心同源的理想，自然要完全憑着理性的引路，可是如果遇見實在的障礙，空洞的理性，也是無能爲力。必須要强固的體力纔能把障礙消除，開闢一條平蕩的坦途。荆棘嶺（第六十四回）、稀柿洞（第六十七回），雖有孫悟空的神通，必須猪八戒的笨力纔能過去，也正是這種道理（楊書無八戒開荆棘嶺之説，雖有稀屎洞却無柿子之説，吴書稀屎洞

_____

①編者注：“玷”，原誤作“沾”。

八百里，楊書則止三百里，且止穢污糞土，并無多大困難）。卒之心猿馴熟，即至滅法國的危險，也不傷一人，巧渡過去（第八十四回、八十五回）。在比邱國（七十八回、七十九回）、鳳仙郡（八十七回）并能大展法力，普濟衆生。唐僧也知道孫悟空的深解經意，就有豬八戒、沙和尚的笑話，也絕不爲動搖（九十三回，楊書無）。智慧感情合成一片，俗情體力完全馴伏，理想的目的地，自然不日達到，西游記的真意，大約就是這樣的。

所遇的各災難，吳氏承楊書的輪廓，引伸成篇，不完全有深微的意思。但是楊書特別簡略，吳氏擴充成重大的事變者，大約全有所指。我們據其意義顯著者略述如下，至於隱僻者略之，不敢妄爲附會。

狼最貪虐，故吳氏用爲暴戾的象徵（二十八至三十一回）。唐僧受其重染，亦變暴戾，前已具論，不再説。

吳氏對於牛魔王父子，特有善意。楊書並無七大聖之名，吳氏特作此説（第四回）以明悟空、牛魔本爲儕輩。行者亦説“牛王本是心猿變，今朝正好會源流”，云云。楊書中不過謂紅孩兒被觀音收伏，引歸落迦（第三十一回唐三藏收妖過黑河），吳氏却説他“做了善財童子，實受了菩薩正果，不生不滅，不垢不净，與天地同壽，日月同庚”。至於羅刹女爲牛魔王的妻室，“後來也得正果，經藏中萬古留名”（第六十一回末），全非楊書所有。總之他們有父子，有叔侄（第五十三回），有夫妻（第五十九回至六十一回），并有外家（第六十回），比無論那一個妖魔全近人情。但是他所指的是什麽，殊不容易找出。篇中多有水火和會之説，或吳氏特別張大牛魔王家不過欲完全五行，或者想指室家中正當的愛情，亦未可知。

　　老君青牛代表愛欲，所以第五十回回目說："情亂性從因愛欲。"但是他所說的愛欲，並不是我們所說的愛情，却是貪欲。八戒、沙僧因貪納錦的背心，致遭綁縛（第五十回，楊書有），意已明顯。所謂白森森的圈子無物不收，含貪欲可一網打盡之意。水火無功（第五十一回），則"有錢使得鬼推磨"，雖有水火，其奈我何？老君說："若偷去我的芭蕉扇兒，連我也不能奈他何矣。"芭蕉扇代表清凉，這句話恐怕要說貪欲之人如果又肯有節制，雖神仙也無奈他何也。

　　獼猴代表假理性，黄眉童子代表假理想，前已具說，不再論。

　　獅象鵬三魔異常重要（第七十四回至七十七回），大鵬，就是如來的神通，還不能完全制服，想吳氏必有所指。所指云何，却不很顯明。舊通家評謂大鵬指純陽之氣，理或有之。有强毅之德，又濟之以猛力、奸狡（獅象在佛書中代象勇力與智慧），奪了獅駝國的江山，已不算什麽奇怪事了。

　　九頭獅子（第八十九回、九十回）未知何指。看第九十回的回目"師獅授受同歸一，盜道纏禪静九靈"和"那厢因你欲爲①人師，所以惹出這一窩獅子來也"（同回）的話，吳老歲貢或者想借這個孽畜，挖苦好爲人師的人也未可知。

　　外如鎮元大仙（第二十四至第二十六回），金角、銀角二童子（第三十二至第三十五回），金毛犼（第七十至七十一回）等皆似有所指，因未能找出，不敢妄說。

　　括總説起，吳承恩的思想雖然受釋道兩家的影響，他對於釋

----

①編者注：原於"爲"後衍一"爲"字。

道兩家却全未達深處，并且他的意思也絕不是替他們兩家張目的。可是他對於人情細隱處，很有研究，并且很有獨見的地方，就借着<u>楊</u>書的輪廓發表他特殊的意見。他并且很有玩世的精神，滑稽的天才，睁着臉挖苦人，却使人不細想還不覺得，所以能成<u>中國</u>的一個絕大的小説家。

科學與玄學①

　　科學與玄學,起初爲同時興起的;並且從事研究的也都是同
一的人。所以二者起初並沒有衝突的可說。這從哲學史上看來,
是歷歷可徵,無容疑義的。但是後來不久,二者終以所求的性質
不甚相同,遂呈分裂的形勢。

　　按 Metaphysics 一字,創用於亞里斯多德,本爲"在物理學後"
的意思(meta＝after, physics＝science)。所以必須先研究物理學,
方纔可以研究的。亞氏的時候幾何學、物理學等都是發達;同時
并發見"聯想律"(Law of Association),開心理學的先聲。所以那
時科學與玄學,相處殊洽,毫無排斥和衝突的現象發生。到近世
紀以來——尤爲十九世紀——方纔以玄學爲詬病。原因却因爲

---

①編者注:本文原刊哲學 1926 年第 9 期,爲徐旭生講,丁長松記。後有附記:"前稿爲
徐先生於十三年十二月在中國大學哲學系讀書會講演,彼時"科玄論争"正熾,故先
生爲之講述此題,惜未得及時發表。兹逢哲學雜志重刊,乃將之整理登出,以供於
本題有興趣者參考。十五,三,十九。記者。"

科學的精神大形發達,它的結果和方法也很奏功效的緣故。前者張君勱在中國稍提到玄學的名,就遭各方面的抨擊:這也毫不足怪。今我對於這個問題,不敢擅説有什麼解決,不過略將這題的內容和性質稍爲講述,以供大家參酌。現在爲説明便利起見,可分作四步講:

一、玄學的内容和意義。

二、科學的性質和内容。

三、科學以外,還有可靠的知識否?

四、玄學在將來,是否還能够存在?

一、玄學的内容和意義

玄學的沿革,從哲學史上看來,已經數千年。它起始的目的就是於瞬息變遷的宇宙種種現象中找出不變的存在物。此所説不變的物,就指宇宙本體。是否有此一件東西;如果是有的,它是什麼? 是什麼樣子? 有什麼性質? 按照什麼規則進行? 這都是在所要問的,於是經許多哲人研尋的結果,有説宇宙的本體是"水"的,有説是"火"的,有説是"氣"的。種種主張,各有理由,莫衷一是。但是種種思想的發生,却就是玄學的起源。亞里斯多德下玄學的定義説:"從有的本身講有。"並説凡物都是現象(Phenomena)。現象是人自己主觀臆造的,所以變幻不定,難以捉摸。但是物的本體未必就是這樣。於是既承認外物有本體,而"本體存在的最高原理究竟是怎樣"? 這更是玄學的根本問題。

　　紀元後一千二三百年人民的知識大進，真理日日昌明起來，對於一切問題都求有具體的明瞭和瞭解。於是對於已往遺傳的知識，凡涉有神秘和模糊性質的，都不能使人滿意；甚至引起許多人的厭惡和攻擊。玄學和宗教，自是首先要受攻訐的。但因此確切的知識——所謂科學知識——乃得出現。如培根（Bacon）即爲最不信仰古代遺傳學識的人，他嘗説：“玄學不算什麼知識。”但同時笛卡兒（Descartes）則不具這樣的態度。他以爲玄學是很高尚的，然而他的玄學出發點，却又與古代的玄學不同，不可以一律看待。古人開頭是去觀察 Phusis（自然界）的。笛氏處在懷疑派以後，受他們的壓迫，不得不先問：思想的自身是什麼東西？思想端的靠得着麼？何種思想才靠得着？他那玄學開宗明義的第一句，就是：“我思，故我在（Cogito, ergo sum）。”也就因爲這個緣故。“我思，故我在”，在笛氏之後，成了近時玄學的公同出發點。所以近世的玄學同古代的玄學有大不相同的色彩。古代的玄學是素朴的本體論，近代的玄學却立於認識論基礎上面的本體論。到了十八世紀康德用了十二年的專精，著成純粹理性批評一書，説本體是純粹理性萬得不到的東西，可以説是給玄學一種致命傷。自這本著作出來以後，玄學的勢力遂一落千丈，幾乎不可復振。雖然如此，玄學是否就要以此就一蹶永不復振，這却是一個極不容易解決的問題。丁在君謂“玄學爲已死的物”，實太早計。這個問題後面再講。

　　總括起來，二千年裏大致玄學的意義，不外：

　　（a）量的方面——爲欲求全體的知識。

　　（b）質的方面——爲要問本體的真象究竟是怎樣。

二、科學的性質和內容

　　人說科學爲"正確的知識"（Exact knowledge），但是怎樣纔可以叫做正確呢？甚可懷疑我常說科學爲"插標"的辦法：如同測量河流的深淺，乃在上下流各插立許多標桿，而量其間的距離，然後平均比較起來，方可以測定內中的深淺度數。這樣如立的標桿越多，則所測定的也越準確。但是無論立多少標桿，而所測定的仍不能說爲十分準確，因爲標桿與標桿的中間，總是有距離的，終不能完全密接；所以測定的河流深淺度，終必須用平均的方法取得。這當然是不能完全準確的。科學所能得的知識，大致類此。仍可謂是相近或近似的（Approximate）知識而已。

　　又有說科學爲"實用的規則"的，這說法也不能成立。因爲"不求利益的精神"（Disinterestedness）實爲科學發生的時候必不可少的要素。科學如果專求實用，一定逐漸衰落下去。近有稱他爲方法的，說法較好。但方法是一種工具（instrument），可以隨時變換的。仍不如稱爲某種特別的精神，爲更適當。現在將科學的內容分析如下：

　　（a）科學是懷疑的精神——非經過正當理性的承認，無論對於那等事物的情形，決不輕易置信。

　　（b）科學是分析的精神——對於無論什麼事物皆先分析它內容的組織，然後研究它的性質和理法。

　　（c）科學是試驗的精神——科學的方法，最注重實驗（test or experiment）。凡是有的對象，必經過屢次的試驗，都呈相同的效果,然後方認爲真實,有知識的價值。

此外還有開拓的精神——研究事物的對象,非研至盡頭,認爲圓滿不止,這也是科學進步的特徵。總結科學可以説是純任理性不任感情的精神。

三、科學以外,還有可靠的知識没有?

現代思想界,對於科學頗有極端相反的兩傾向:一方面迷信科學的萬能,其他一方面則欲宣布科學的破産。實在科學既不是萬能的,亦並無破産的朕兆。因爲我們人的經驗有限,而宇宙的現象無窮。以有限推無限,而説是萬能,豈不是痴人説夢? 至於説科學的將要破産,乃因庸俗對於科學無精確的觀念,遂有過奢的要求。要求不得,因失望而激成詖詞。實在科學在今日不但無破産的朕兆,而且前程遠大,有一日千重的趨勢,更進一步説,科學實爲指導人類的明燈。別的如玄學,如宗教,雖亦對於人類間有相當的輔助,而指導人類向無限廣遠前途進行的責任,除去科學實無他物可以擔負。這問題甚是困難,欲知詳細,可參考社會科學周刊第三卷第一號我所作底解釋對於科學的誤會,這裏不再述。

四、玄學在將來還能不能够存在?

這可分做(A)(B)兩段來説明:

(A)玄學的存在似乎有兩種好處:

(Ⅰ)將知識逐漸整理成爲有系統的。

（Ⅱ）將知識陸續擴充範圍，使它漸漸開展而得有進步，爲圖如下：

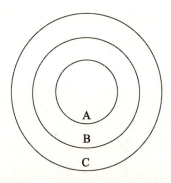

假如知識的範圍爲 A，玄學家一方面將 A 裏面各種的知識，逐漸整成完整的系統。另外一方面，則由已知以推未知，對於宇宙全體的現象，作一種廣大的綜合。此種綜合，由思想史上的先例看起，有一部份的錯誤是一定的。但因此却可以引起新研究的興趣。以後科學家對於它這一種太快的綜合，起一種劇烈的反動。歸結實在的知識增加，達到 B 圈，人類的文化亦得一種重要的進步。在這個時候，新的玄學家又出來作同樣的工作；一方面將已得的知識整成系統，另外一方面又用所已知的材料，對宇宙全體的現象作一體比較密切的綜合。它的結果，仍是輔助新研究的興味，激起科學的反動。歸結人類的知識又要得一種重要的進步，如 C 圈。依此類推，以至無窮。由小處看，玄學與科學好像是一種互相衝突的東西；由大處看，則玄學正是科學的探路隊，必不可少的先導。它的錯誤，正是它的功績，它的不正確，愈見它的偉大。中國的思想界，較比歐洲，可稱爲較少玄遠的議論。如歐洲爭論最劇烈的一元、二元、多元、唯心、唯物等問題，在我國則若明若昧，無人作積極的主張，厭棄玄遠，錯誤較少，自屬當然。但研究的興趣未濃，知識的進步遂少。由此以觀，則玄學、科學非但不相反，實正是相成：這話並不是沒有根據的。

（B）科學的最高原理，本不是科學的自身所能有，乃是玄學的產物。如"同一律"（Law of Identity）等類，乃都由理性發生。

總結：

（Ⅰ）玄學的傾向，乃爲求全體求本體的傾向。

（Ⅱ）就是科學亦因爲有這種傾向，方能有進步，以至現在。

二者的相反，正可說是相成。如果能在各自的範圍以內，努力進步，互相矯正、提携、補充，以滿足人類知識的要求，而完成人類生活精神文化的向上，實在都是很有力量，不可缺少的。

論致用①

　　近數年來我們常常告訴大家説：求學問的人總要"爲知識而求知識"（Science Pour Science），不要太拘泥於致用，致使知識的自身不得自由發展，歸結致用的目的也没有法子達到。可是我們説者自説，不信的人仍是不信。這樣的思想同我國傳統的成見相差太遠。普通的人總覺得我們這一類的話毫無意義，簡直没有法子明白，不要説去相信他了。實在，求學萬不可拘泥於致用的意思，非常明白，絶没有什麼可奇怪的地方。普通的人因爲一點不肯思索，就覺得他是一種新奇可怪的議論。這一關打不破，我敢斷言我國的學術絶没有發達的希望。所以我今天趁着這個機會，對於這個問題再説幾句話。

　　我們開頭先隨便作一個比喻。比方説：我今天走到大舞臺，看見楊小樓同梅蘭芳合演霸王別姬。這一齣戲無論怎麼樣，原作

---

①編者注：本文原刊新生周刊 1927 年第 1 卷第 5 期。

的人總有他所要表現的意思。就是伶人們在那裏演那齣戲,也一定有他們的目的。可是他們如果想把這齣戲演好,在演唱的中間,不惟不能時時刻刻,想着他們爭錢的目的,就是編戲的主旨,也不能在那裏牽腸挂肚。他們必須聚精會神,忘掉他們自己的本身:演霸王的,自己就覺得是一位拔山蓋世的英雄,達到四面楚歌的窘境;演虞姬的,自己就覺得是一位容華絕代的美人,要永辭雄略蓋世的夫婿;歌唱的時候,差不多要唱此句若忘彼句;演作的時候,差不多要演此態若忘彼態,“用志不紛,乃凝於神”,然後可以演唱的淋漓盡致,博聽衆的喝采。如果不然,他們一方面演他們的戲,一方面又要挂念着是否唱得好,是否可以叫動座,是否戲園子開消以後還有若干剩餘;即使不然,一方面演唱,一方面又記挂着這樣作是否合編戲人的意思,這樣演出是否合所扮演的人的身分:如果這樣,也不管他們程度有同異,思想有高低,同要砸破飯碗,簡直是意中的事情。——宇宙是一個大戲場,人生是裏面隨便的一齣戲。想要這齣戲演得好,必須要每一個角色專精勵志,意無旁注的演唱。不惟專牽挂着戲份的人一定演不好,就是對於人生全體意義的關合,也是導演人的職務,不是每個演員必須要顧到的事情。如果導演人同演員不能分工,一定要“合之兩傷”,這齣戲的全體歸結也要受了很壞的影響。並且人生這一齣戲非常地延長;一作態就要的幾世紀的距離,一句唱就够許多學者思想家的鑽研。在這個當兒裏,如果各派的人物,不去專心致志,作他們應盡的職務,却去分心於另外的事情,還想這齣戲能唱好,豈不是一件不可能的事嗎?爲知識而求知識,爲美術而研究美術,爲⋯⋯而⋯⋯這一類的話,同是一類的道理,並沒有什麼奇怪的意思。

　　再清楚一點地説：宇宙之間各個事變的因果關係，可比作一個遍天徹地的大網羅。可以説没有一件事變不與從前以後其他的一切事變有因果的關係。梅葉生（Meyerson）説的好，他説：

　　"我今天早晨耽①誤了火車，這是什麽原因呢？這因爲我的錶遲了。

　　"的確地，如果我的錶不遲，我或者起的較早，或者衣裳穿的較快，我就可以按時候到。但是如果我要不是住的離車站那樣遠，我也可以走到；並且如果巴黎的馬車有比較好的馬，或者火車晚開幾分鐘……我差不多可以接續着説到無限。

　　"然則我最初用原因（Cause）這個字要指示什麽呢？這是限定現象的條件中的一個。但是我是否要肯定説只有它一獨個？絶不會的。我不過在這個時候覺得它是頂可留神的（Remarquable）。大家隨後就可以看見，對於這些，能有多數的理由：因爲這是同我對話的人頂不知道的條件，也因爲這是頂不固定的，並且我所覺得頂容易變化的條件。對於火車的開行、巴黎的馬車我一點没有主動，至於移居近火車站却成了一件大事情；但是只要我有一個走較好的錶，或者只要前一天把他對一對，已經可以使我所悔恨的事便不發生。雖然如此，我永遠没有不深信：限定現象的條件有很大的數目，並且他們中的每一個又要受另外一群條件的限定，可以上溯到極遠的時候，因爲，歸結，想要我可以由於我的錶耽②誤我的火車，最先就要鐵路和有用發條的或擺動機

━━━━━━━━━━

①編者注："耽"，原誤作"眈"。
②編者注：同注①。

的鐘錶；這兩種近世的發明一定是這個精神大運動，大家所叫作文藝復興的直接的結果；文藝復興又是重興和接續二十餘世紀以前希臘精神所作成的可讚歎的事業。然則，把解析推到極點，我可以確信：如果我今天早晨耽誤我的火車，馬拉頓（Marathon）和沙拉明（Sa Lamine）兩次大戰很有點關係，因爲它們止住波斯的暴政，使他不致於剗除希臘文化的根芽。歸結就是穆勒（Mill）所説：‘實在的原因就是前面現象的全體。’”

　　像這樣一個繁複絕倫、廣莫無邊的因果交互的大網羅，想要把它條分縷析的整理出來，不曉得需要若干長的歲月，若干人的精力。專就一件事而言，不惟所得不償所失，並且得失的數目，也相差的太遠。如果不是興趣極高，爲知識而求知識的人，誰還有耐性去理這樣一輩弄不清的纏繞？並且以上所説，差不多還是實質上的因果關係。可是在人類裏面，還有第二種因果關係的攪攪。我們對於外物或對於我們自己的觀念，不關它是真的是假的，它對於我們的行爲，全要發生很大的影響。專就物質上講，近世的天文學算是頂沒有用的了！氣象學自然比較的有用。但是近世的學説，那一種對於現代的文化能超過哥白尼（Copernic[①]）太陽中心論的影響。這兩種因果的關係交互錯綜，紛然雜亂，非有爲知識而求知識的人，對於這些簡直不能有開始整理的勇氣。復次，這無限的具體的原因結果，如果抽象來看可以分作若干的大組，每組裏面各有特殊的因果關係。比方説：專講數目的學問，自有它的特殊定律，自然要有一種特殊的因果關係；專講形體的

————————

①編者注：“Copernic”，原誤作“Coprenic”。

學問——如幾何學——也有它的特殊定律,歸結也要有另外一種因果的關係。推之專講力和專講物質的學問,無不皆然。可是宇宙中間是否有專有一種而無其他各種的實在,一定不會有的。專講一種關係,不過是抽象方便的辦法;專就這種學術的自身講,同具體的實在絕無相當。歸結,如果這幾種學問不是全有相當的發展,並且聯合起來,幾乎可以説:沒有實在的用途。但是想教這幾種學問同時發展,幾乎是一件不可能的事情。數學、幾何學實用到工業上面,實在止是近一二百年物理學、化學也有相當發展以後的事情,可是兩千多年以前的希臘人已經在那裏孜孜不倦的研究數學和幾何學。如果他們不是興趣極高,爲知識而求知識,這一類的學問也不會得到相當的發展,結果大約是近世的文化沒有源泉,就是有人盡力,也不能達到這樣的盛大,專求致用而致用的目的也無法達到。又次,我們人類生活的内容,非常繁富有很多的東西,比方説,音樂及其他各種美術,精神的練習,身體的練習等類,專由它自身來看,幾乎看不出有什麼樣顯著的利益,可是就全體來講,它們的用途全是非常的大,這一類的事情,已經得到相當的發展以後,看出它們的用途不很難,可是開始的人,如果專有致用的目的懸在心目中間,那就不會有什麼藝術的發生。——括總講起,致用爲人類對於知識藝術等類各種盡力的天然結果。但是各種盡力並不因有此結果而價值增加,反過來説,各種盡力並不因爲偶然,暫時没有這種結果而價值遂爲減少。興趣濃厚的人,不拘拘於致用,自然達到致用的目的,興趣淺薄的人,日以致用爲揭橥,而致用的目的反愈趨而愈遠,這也可以説是自然界(La Nature)對於我們人類的故意開玩笑了。

　　我們現在再舉點歷史的證據：希臘於西曆紀元前六百年附近，這一百多年裏面思想家全是興趣極高，有高掌遠蹠的勇氣。他們對於宇宙的根源、萬物變化的法則，全很熱心去探討。此時期上下不及二百年而歐美哲學二千年中的大派別全不能出他們的範圍，良非無因。四百五十年以後，受哲人派(Les Sophistes)的反動，乃拋卻自然界而歸本於人事。但是他們探討的興趣還是非常的高，柏拉圖(Plato)、亞里士多德(Aristoteles)的廣大精深，可以說已經建樹了近世哲學科學的根基。等到亞里士多德死了以後，哲學研究的興趣，遠不及前人的高遠，他們雖說對於物理、論理還竭力去探討，可是他們的目的，不過是要得到精神上的安寧，歸結希臘哲學就一天天地萎下去，這幾百年裏面哲學發達衰落的陳迹，豈不是可以證明興趣爲思想發展的泉源，而急於致用者有時反失了致用的結果嗎？幸而當時雅典哲學的高潮雖日漸低落，而亞力山大城(Alexandria)的科學家如歐幾里(Euclides)諸人還是很鮮明的標明爲知識而求知識的旗幟，他們探討的決心也還是很熱烈，所以西曆紀元前二三世紀，哲學雖不振，而科學反有很重要的進步，也就是這個原因了，至於歐洲近世文藝的復興，與其說是研究希臘文化的影響，毋寧謂爲研究亞里士多德而注意歸到大自然界的結果。因爲如果他們專去研究希臘的文化，歸結所得到底一定是一種古代的具體而微的東西，可是文藝復興時代的文人學者，一方面雖說很熱烈的研究古代的作品，但另外一方面，對於大自然界也有一種極高的興趣。所以他們不惟可以繼承古代的知識，並且能給它一種新鮮的精神，發揮光大，致成近世盛大的文化。考歐洲兩千多年思想發達歷史，全可以證明，"爲知識而求知識"爲哲學科學發展的主要原因了。

　　反觀我國,則當西曆紀元前五六世紀,亦我國文化大發展的時期。但我國第一期的思想,如<u>老子</u>、<u>孔子</u>、<u>墨子</u>諸賢哲,全是憂天憫人,急於救世,他們研究的對象限於政治、教育及其他關於人生之各事業,至於宇宙的根源,萬物變化的法則,則還没有大留神到。及至三四世紀三家的門人弟子作很重要的努力,他們全相信必須要窮神知化才能達到致用目的,所以<u>惠施</u>、<u>莊周</u>以及<u>墨辯</u>、<u>繫辭</u>的作者,全比較地有獨立治學的精神,他們所得的結果,也絶不是第一期思想家所能企及。<u>秦漢</u>以後,當時的儒者雖説拘守着致用的成見,但治曆數和天文的學者,興趣還算不弱,所以<u>郄萌</u>、<u>張衡</u>、<u>虞喜</u>、<u>何乘天</u>、<u>祖冲之</u>諸人還有可觀的成績。降及<u>宋代</u>——紀元後十一世紀十二世紀——第一等的思想家全急着得一種道德的基礎以謀人生的改善,但是他們全相信必須要"知化"才能"善述其事","窮神"才能"善繼其志",所以他們對於理氣的辨別、變化的源流,全竭力去探尋。歸結,他們對於自然界的知識雖未能達到近世科學的境域,而在我國思想發達史上總算放一異彩。<u>明代</u>心學極盛,對於道德的理論頗有進步,而對於自然界的知識則荒陋萬分。<u>清代</u>學者懲心學疏漏,而一返於考古。他們對於古代的興趣非常的高,矻矻畢生,不憚煩瑣的研求,所以他們雖對於純粹的思想無大發展,而考古學却已達到近世科學的界域。綜觀<u>中國</u>二千餘年思想發展的歷史,可以説<u>戰國</u>和<u>宋代</u>兩個思想最發達的時期。這兩個時期有相同的信仰,就是必須要窮神知化才能達到致用的目的。因爲他們有這樣的信仰,所以他們盡力探討,得到相當的成績;因爲他們還不能擺脱致用的範圍,所以還受種種的束縛，不能同古代的希臘、近代的歐洲比長而絜短。然則吾國人士，如果想急起直追，不爲時代之落伍者，又將何去而何從呢？

斯文赫定先生小傳[①]

今年春天，中國學術團體協會受瑞典國斯文赫定博士的協助，組織西北科學考查團，對於我國西北部作科學上的研究，大約海內人士，差不多全知道了。赫定先生爲世界的有名學者，到中央亞西亞作科學上精密的考查，有五次之多，時間合計有十一二年之久，著作達二萬二千餘頁，對於中央亞西亞的知識有巨大的貢獻。此次擔任西北科學考查團外國團長，我們不惟物質上得很大的幫助，並且精神上也得了很多的教益。我現在在這很短的篇幅裏面，把先生的家世、行誼、學問的大略，介紹給我國人（大部分得於先生的自述，小部分采諸平日的見聞），使國人對於先生的人格、事業，更加明白，則對於我國學術的前途，也要有點裨益了。

斯文赫定先生（Dr. Sven Hedin）在一千八百六十五年二月十

---

①編者注：本文原刊地學雜志 1929 年第 1、2 期合刊。

九日生於瑞典首都斯透高爾穆（Stockholm）。他的上世爲瑞典中
部農人。他的曾祖父亦名斯文赫定，研究醫學，爲植物學大家黎
迺（Linne）的弟子及良友；後爲王家醫生。他的祖父也爲國家服
務。他的外祖父爲教士兼爲議員，在瑞典議院中頗著聲望。先生
的父親爲都城的官建築師，酷愛文學，兼喜作簡易畫（Le cro-
quis）。他的母親信教甚篤，對於文學、歷史，知識頗高，後來先生
每次有新計畫，常商之於其太夫人，著作未出版前，皆曾經其太夫
人訂正一次。先生有一姊，一弟，四妹；止一姊結婚，餘皆未婚同
居。先生一生事業幾全在旅行中，出行時，父母感傷自所難免，但
據先生言，其父母未嘗一次阻撓，且加鼓勵。他的父親没時年九
十一歲，距今十年；母親没時，年八十七歲，距今不過二年。先生
言：“吾六十歲時，母親康健如恒，尚自覺如兒童。但正當此時，
最親愛的母親又去世矣！”

　　先生承庭訓，幼年亦酷愛文學，且對於游記、地理各書，興趣
甚高。

　　瑞典有一位耨檀斯開爾得先生（Nordenskivld），爲世界著名
的探險家。他曾乘一個不很大的船自瑞典出發，出大西洋，轉北，
盡探北冰洋沿岸。在那裏爲冰所阻，走了二年，纔走到日本，受日
本地理學會熱烈的歡迎，得銀質大獎章。從日本過新加坡、蘇彝
士運河歸國。他抵瑞典都城的時候，赫定先生年十五，得與此種
全國歡迎的盛會，非常感動。耨檀斯開爾得長先生三十歲，後與
先生成忘年交。先生盡讀老友書，助老友畫地圖，將來要成耨檀
斯開爾得更超出的繼續人。

　　一千八百八十五年先生在學校畢業，爲一青年教師。時此青

年的父親在巴古(Bakou)爲訥伯爾公司之總工程師,青年往省
父,先生隨之同往,爲先生生平第一次旅行。在巴古半年,習波斯
及韃靼語(土耳其土語之一)。此時得脩金三百盧布,即以此款
賃得一馬,獨游波斯。次年,至波斯,訪波斯舊都波爾塞波里斯
(Persepolis,此都爲亞歷山大王所焚,現存遺址)。過波斯灣,至
巴斯拉(Basra)。又過底格里斯河(Tigres),至巴格達得(Bag-
dad)。返波斯,至乞爾滿沙(Kirman-chah)。時先生旅費已盡,
囊無一錢。遇一阿拉伯富商名阿迦摩哈木哈散(AgaMahomet-
Hassan),與之談,他並不知瑞典何在。先生同他説,爲沙爾十二
王(Charles)的鄉人,他非常高興,請先生居其家,供給一切,任先
生所願。先生從此游比素屯(Bisoutoun),觀楔形文大流士(Dari-
us)的摩崖紀功銘。又游大吉勃斯坦(Takibostan),觀波斯沙布爾
王(Chapoul)威服東羅馬瓦來連帝(Valerien)刻像。先生在老商
家住數日,去時老商贈以銀幣一袋,先生遂返波斯都城德黑蘭
(Teheran)。此時先生接到家款,償還老商所借債,遂由底夫里斯
(Tiflis,高加索部一城名)、君士坦丁堡、維也納歸國。游約一年。

　　先生歸後,肆業於斯透高爾穆大學、吳坡撒(Upsal)大學,後
轉柏林大學。時曾游中國四年之地理學及地質學大家李希荷芬
先生(Richthofen)爲教授,先生從之受學,後與先生遂成摯友。又
轉哈爾(Halle)大學,得哲學博士學位(先生所專研爲地理、地質、
氣候[①]及氣象各學),時一千八百九十年,先生年二十五。

　　先生在此時期,曾著波斯美索布達米亞高加索追憶記一本

---

①編者注:"候",原誤作"侯"。

（*Through Persia, Mesopotamia and Caucasus, Remembrance of a Journey*），原本爲瑞典文。又將俄國大旅行家普時瓦爾斯基將軍的著作，摘譯成瑞典文（*The Travels of General Pushewalsky in Central Asia 1870–1885*）一本。

在這個時候，波斯已遣使修聘於瑞典，瑞典歐斯加王（Oscar）派人報聘。使節共四人，先生爲翻譯。使節返時，先生請於瑞典王，繼續中央亞西亞的旅行，王許，並加津助。先生遂游麥乞海地（Mechhed，波斯人巡禮的中心）及帖木兒蘭（Tamerlan）舊都的薩馬兒罕城（Samarkand）。時俄國西土耳其斯坦總督爲烏猶斯基（Wrewsky），先生得其介紹，遂過布哈爾，於一千八百九十年十二月至喀什噶爾。此城駐一道臺姓單（譯音），接待先生甚周。次年一月先生遂過天山，至俄屬之伊塞庫爾湖（Issikul），謁普時瓦爾斯基之墓。過塔什干城（Tashkent，西土耳其斯坦的首都）、裏①海、巴古、墨斯科，遂返國。

先生歸國後著瑞典波斯使節記（*The Embassy of King Oscar to the Shah of Persia*，原本爲瑞典文）一本，呼羅珊及土耳其斯坦游記（*Through Khorasan and Turkestan*，原本爲瑞典文）二本，並計畫下次旅行。

先生最重要的旅行共有三次：第一次於一千八百九十三年十月啟行，九十七年五月返國；第二次於一千八百九十九年六月啟行，一千九百零二年六月返國；第三次於一千九百零五年十月啟行，九年一月返國。

---

①編者注："裏"，原誤作"裹"。

　　先生於一千八百九十三年得國王及訥伯爾的贊助，重經俄國，過疴倫堡（Orenbourg，烏拉山附近一城），購一四輪馬車（Tarantass），經二千公里，至塔什干城。九十四年至帕米爾高原。此高原於冬月全被雪封，乘氂牛（Yack，西藏產的一種長毛黑牛），開小路或穿洞以行。五月至喀什噶爾，復見單道臺。後又返帕米爾過夏，登六千餘公尺的高山。秋又至喀什噶爾，是時先生病，稽留三月。九十五年二月騎馬至葉爾羌河。在河畔組一旅行團，共回僕四，駱駝六①，犬二，兼帶羊及食物，備穿沙漠。走了十三天（途中掘井以飲），至一湖畔，休息駱駝，命人載十日飲料，橫貫大沙漠，向和闐河而行。

　　此後十餘日途中，因缺飲料，不能食，如非先生強健的體格和毅力，恐已葬身於大沙漠裏面，因事頗重要，故詳記之如下：

　　四月廿三日自湖畔起行。但走了兩天，先生覺載水筒的聲音不對，查考一次，纔知道僕人止載四日飲料，已經消費一半。一僕人名伊斯拉穆白（Isram Bay），自稱識途，謂四日可到，先生過信其言，遂命前行。一犬不願前，自返湖畔；他犬隨往，後死於沙漠中。途中曾遇二次颶風，白日天黑，一駝在後失去，無法尋覓。二十六日，又棄二駝，止餘五駝隨行。二十八日止餘水二銅瓶。是日過一沙嶺，沙土甚固，似可得水；掘一公尺半，沙土極濕，可用洗濯，人畜皆以爲可得水。但達三公尺一寸後，掘井者忽大叫，掀墜井底。先生以爲中惡，急問之，則答以沙復乾矣，遂大失望，然駝畜等仍環待井側終夜。二十九日早尚餘水半瓶，伊斯拉穆白又行

———————

①編者注：依下文所述"一駝在後失去……又棄二駝，止餘五駝隨行"，則有駱駝八。

偷飲，餘三人看見，就想殺他，爲先生所禁止。是時止餘水一杯，先生命人飲一口，餘傾手巾上令濕，命各人摩唇以防乾燥。自此以後，無水，遂不能進食，所能食者不過油漬魚數條。次日復行，沿途將不必要的衣物書籍全行棄去。五月一日晨，先生見厨中所用火酒一小瓶，以爲水也，飲之，大醉，不能起；然仍命人前行，直至全團不見，鈴聲不聞，先生乃復振勇氣，緩步後追。後止於沙嶺上，時天氣極熱，回僕皆跪下，祈阿拉的憐救。上午十點鐘，先生疲極，不能復行，遂登駝，駝堅不肯起，乃復支帳，赤身橫臥，以爲不能復起。下午一點鐘，有和風吹來，先生覺氣力漸復，命盡棄諸物，只餘儀器、筆記、地圖、銀錢、大槍一、手槍一、表二、掀一、取水鐵筒一、燈籠一、刀一、洋火一盒、手捲一條，並袋中偶留烟捲十支而已。此時有三僕以杯承駝尿，和以油糖，飲之，然不能下咽。二人將死，止有棄之而去。日落後復行，先生徒步率衆前進。夜半時少息，先生提一燈籠一人獨前；至一沙嶺上，睡下，將燈籠置側，不能再起。全團由足跡尋至；伊斯拉穆白跪於先生前，謂萬不能復行。他僕名加西木（Kasim），氣力較壯，先生乃與之同帶鐵掀一、取水筒一，將燈籠置下，直向前進。次日九點鐘，日光極熱，不能再進，二人乃赤身臥於沙中，以沙覆身，外止餘面，以衣及掀置于頭側，覆蔽日光。如是者九點鐘，不能睡然亦不語。夜復終夜前行。三日，上午九點鐘見一株檉柳（Tamarisk，漠中一種灌木，高一公尺許），尚生，知沙漠將盡，然需三點鐘，始能至，終日息於蔭下。此樹葉酸，不可食，乃用葉遍擦皮膚。日落後復行，夜半在二沙嶺間，遇楊樹三株，尚生。試掘井，然因無力，不能至水。少食葉，又用葉遍擦皮膚，並采乾枝燃於嶺上，使後行者知前行者尚生。復行終夜。四日又自葬於沙中。日落後復行。夜半時加西木大叫，問之，言有二人迹，以爲牧羊人也，細尋之，始知己迹，大失望，乃復行。五日日出時，望見東方青色一綫，知爲樹林，然行極緩。至林後，知距河不遠，然不能前行。令僕掘沙蓋身，僕不答，先生乃自掘。日落後，命僕前進，僕言將死於此地，萬不能復行。先生乃持掀柄，拄之以進。楊樹密且暗，乃四足行。夜半出林，見一平原，有岸，高三四尺，爲和闐河河身，躍下則净沙無水（和闐河每年六月始有水，七月底即復乾）。河身寬里餘，先生乃奮勇前行；至河東岸，忽聞二野鳥，以翼擊水有聲；又行數分鐘，則見有一小湫，長二十公尺許，寬三公尺許。先生首謝上帝，次察脉搏；時脉極弱，幾不可接，每分時止餘四十九跳（平人七十二跳）。乃痛飲。一點鐘後，脉搏跳至五十四次。先生乃脱二長皮靴，滿貯水，以掀柄挑之，返尋加西木。天極暗，不能得迹，乃然火，使僕得見。睡數小時，六日，日未出，見迹，乃得僕所在，僕人盡飲二靴中水，不餘點滴。命之到池側，則仍不能進，先生乃獨往復飲。此後先生一人隨河身前進，時得飲料，間采樹葉、草花、蘆草，食之。如是者三日。八日晚，忽聞羊鳴，後始復見人。牧羊人見大漠中有人來，甚懼，繼漸熟悉，遂止彼帳中，休息十六日。飲羊乳，食玉蜀黍麵餅。此時二僕人追至，駝僅餘一，止有筆記、地圖、銀錢，尚未失去。

然先生既無儀器，不得已，仍回喀什噶爾，致電歐洲重購。第三次至帕米爾，過夏。秋又到噶什噶爾。南行，過葉爾羌，九十六年正月至和闐。從此僱僕人四，駱駝三，復渡沙漠，隨克里雅河前進。有一星期無水，但因携冰，飲料無缺。此次發現二古城。二城爲沙所埋，時見地上，内有佛像各物。後十年，斯坦因依先生書圖的指導，游此，大行發掘，考定爲第四世紀古城。

先生後隨塔里木河，至羅布泊，從此返和闐。夏在和闐，八月從和闐出發，九月過崑崙山（經過處高度達六千二百公尺，最高峰達七千公尺），至絶無人烟的西藏北部。此區域橫約千英里，縱三百英里，人迹之所難至。動物有野驢、犛牛、野羊、狼。植物止有小草，且不常有。所帶之馬多餓死（此高原普通高度逾五千公尺）。先生在此行兩個半月，始遇蒙古人。十一月至青海。東行過西寧、涼州。九十七年東北過王爺府、定遠營、寧夏、包頭、張家口，三月至北京。留兩星期，遂從庫倫、西伯里亞、俄國歸國。五月十日至家。

先生留國二年，著有亞洲經過記（*Through Asia*，原本瑞典文，有十二種文字譯本）二本，羅布泊地域志（*The Region of Lob-nor*）一本，中亞旅行科學觀察記（*Wissenschaftliche Beobachtungen auf cinener Reise in Centralasien 1894–1897*）一本，帶圖六大張。

自此以後，先生的聲譽漸等於世界，要成爲世界的學者了。

先生此時預備繼續研究，乃於一千八百九十九年六月二十四日，再從斯透高爾穆出發。過墨斯科、巴古、塔什干①，到喀什噶爾，復遇單道臺。買一舟，八公尺長，二公尺半寬；前置住帳；中置黑室，可洗照片；後爲住僕人及置什物的地方。從葉爾羌河（河甚大，可泛舟，但並無舟楫通行），泛舟向羅布泊東行。先是先生過俄國時，俄皇贈以哥薩克騎兵四；先生此時命之先從陸路東下，

①編者注："干"，原誤作"千"。

止於塔里木河轉南處,置一大隊住所。先生至後,少息,復渡沙漠,行二十餘日,千九百年一月至車爾成。從此復轉回大隊住所。三月買駱駝、馬,隨天山,渡羅布沙漠,在漠中發現古樓蘭城。城依大湖已乾,爲古羅布泊,去今泊八十公里。此處無水草,天甚熱,止住一日一夜,去過今羅布泊,復返大隊住所。又從此乘舟至羅布泊。此時先生先派哥薩克及回回,帶三十九駱駝及馬騾驢等往西藏北部,先生自羅布泊歸,從後追上。——先生在羅布泊時,有一蒙古喇嘛將往拉薩巡禮,過羅布泊,知先生名。——先生到西藏北部,置一大隊住所。從此游西藏東部,發現湖泊甚多,轉南,轉西,轉北,共游四月。十一月復回原處。少息又向東行,過阿那姆巴爾山(Anambar)(此地有蒙古人)。從此北行,至燉煌正西沙漠,又轉向古樓蘭,千九百零一年三月五日至樓蘭,住八日,發掘得第三世紀之竹簡,手抄及器物多種。從此又至羅布泊南部,作南游拉薩的預備。得一從庫倫來的喇嘛,携以俱行。南行四十餘日,至西藏中部將近有居民地時,仍置一大隊住所。自此改裝蒙古喇嘛,偕喇嘛一,哥薩克騎兵一,帶騾馬什物前向拉薩作巡禮。行二日即遇藏人,夜中二善馬被偷,追之不及。前進購買什物,至天湖(蒙古名騰格里泊 Tengri-nor,西藏名南木錯 Nam-tso)北,爲本地官吏所止。盡取先生牲畜,令之守候。夜間周圍見火三十餘處,皆以監守先生者。留一星期,官吏言區大吏到,始能放行。又五六日,大吏帶五十七騎士至,全體武裝,軍衣武器皆佳。此大吏名堪巴班布(Kanbabanbo),一見,即知先生名,説:"你是赫定博士,何爲欺我?"因爲蒙古巡禮者到拉薩時,預先告知,所以先生未出發前,彼已預防。此大吏待先生甚厚,但止不令前進。先生説二善馬被偷，無糧不能返，彼乃任先生在彼馬群中擇二善馬，並送多羊，派人送先生出境。先生返大隊住所，少息，又從偏西再向南行。遇居民又被阻止。區大吏拉基澤爾凌（Lak-ietsering）有兵五百，待先生甚優，但不得復進。留二星期，乃向西行。千九百零二年至拉達克（Ladak）。前行至克什米爾。時印度總督寇仁（Curzon）爲先生舊交，致電先生，請至孟加拉晤面，先生乃留全團於拉達克，獨往孟加拉。從此游印度各名城後，復返拉達克。從此又經過曠無人迹的西藏西部，至喀什噶爾，遂首途返國，六月廿七日至國。

先生此次旅行後，著中央亞西亞及西藏記（*Central Asia and Tibet*，原本係瑞典文）二本，中亞旅行時科學結果録（*Scientific Results of a Journey in Central Asia 1899–1992*）六鉅册，附地圖兩本；印度陸行記（*Overland to India*）一本。並到各國講演，受熱烈的歡迎。

一千九百零五年先生復出發，過君士坦丁堡，脱里比曾德（Trebizonde），遂至德黑蘭。六年，過波斯、俾路芝、西木拉（Sim-la），復至拉達克。然英政府不願其入西藏，阻撓甚久。後言入新疆，始得前進。此次共帶僕人廿六，馬騾百三十。從西北向東南入後藏。七年二月至扎什倫布，爲班禪喇嘛所優禮。留一個半月，饋遺甚多。從此西入阿里界，探雅魯藏布江源。此江源爲從前人所未到。又從扎什倫布至聖湖（蒙古名曼那撒爾羅瓦爾 Ma-nassarovar，西藏名錯瑪旺（Tsomavang）。此湖從來不許人泛舟，先生則泛舟各處，測其大小淺深（深處至八十三公尺）。藏人雖不喜，然知爲班禪之客，亦無可奈何。先生又向西，探印度河源（在聖湖北七日路程）。十二月返拉達克。從前地圖上於雅魯藏布江北，拉薩偏西處，因疆域不爲人知，遂留白地一片。先生從江源，即欲往探，但爲中國駐藏大臣及藏人所阻。返拉達克後，乃携四十馬畜，十二僕人，僑裝拉達克土人，復往探，往返八次，盡得其詳。此時又爲人阻，然先生已畢事。遂過喜馬拉雅山，九月底至西木拉。先生自稱此次爲平生的最大發現。先生至印度時，接到日本的歡迎電，遂於十一月至日本。前二十八年贈樨檀斯開爾得先生銀獎章之地理學會，又贈先生金質大獎章。先生覲見天皇，日受數團體熱烈的歡迎；先生自言此時疲乏欲死。住一月餘，歸過朝鮮、奉天。一千九百零九年乘西伯利亞火車，過俄都回國。一月十七日至國。

先生此後用十二年的精力，著成喜馬拉雅經過記三本（*Trans-Himalaya*，原本用瑞典文，有十四國文字譯本），西藏南部記九鉅册（*Southern Tibet*），附圖三本。

先生當歐戰時，得德皇特別的允可，到歐亞各處前綫，研究戰事。

一千九百二十三年先生著作已畢，乃游美國，返過日本、上海、漢口、北京，從庫倫歸國，故此次實爲先生之第六次到中國。

一千九百二十六年，先生又著一書名吾平生探險的事業（*My Life as an Explorer*）一本。

先生性喜談論，娓娓不倦。著作時，每日正午始起，閲信報後，下午三四點鐘時，即起工作，直至上午四點鐘始寝，因夜中較静，無人擾亂的緣故。

先生信教篤，且愛文學，所以新舊約及 *Faust*，未嘗一日離側。

先生生平的大略如此，想知道詳細的人，可閱先生幼妹梅蕾阿爾瑪赫定（Melle Alma Hedin）所著底吾兄斯文（*Mein Bruder Sven*）。至於此次鉅大的旅行後，又當有重大的貢獻，這些叙述，止好俟諸異日了。

民國十六年七月十一日稿。

女師大學術季刊卷頭語[1]

　　大學爲教職員率領學生研究高深學術的地方。因爲要研究高深學術，不得不訓練助手及將來的繼續人，所以附帶着教給學生以必需要的知識，使他們開始研究的時候，不至於感受重大的困難。所以在大學裏面，授課是要達到目的的一種方法，絕不是最後的目的。如果一個大學裏面，圖書館、實驗室異常的完備，教職員奮屬的工作，即使暫時無學生，仍不害其爲大學；反過來説，一個大學中設備毫無，不知研究爲何物，即使學生滿堂，日孳孳於授課，其爲大學也幾希矣。我們中國籌辦大學，已經二三十年，各大學之所以自詡者多爲畢業若干班，畢業生幾千百人。如果要問它在知識界中有若干成績可以呈獻於世界的學術界，恐怕全國大學能答這個問題的，不見得有幾個。如果不急起直追，即使再辦學百年，我們中國僬野的程度仍舊，也是可以的。

---

①編者注：本文原刊女師大學術季刊 1930 年第 1 卷第 1 期，原標題作“卷頭語”。

　　我們女子師範學院自民國十三年從女子高等師範學校改成
女子師範大學以後，雖屢次改易名目而大學之實無改。但因這幾
年裏面，國家多難，學校也跟着受影響，就是訓練學生的附屬事
業，已經是不容易維持，時作時輟；至於主要的研究事業，更壓根
兒談不到了。我自從去年春天接着辦這個學校，雖時局總是不
靖，而一年之中，教育經費無大積欠，因之學校一年中亦未停課，
已經是這幾年裏面不容易多得的事情了。加以教職員的公同努
力，所以雖説學校裏面，不滿人意的地方尚多，而已漸漸有起色。
去年年底又設立出版委員會，籌備出季刊和叢書，想將研究或翻
譯比較零星的在季刊上發表，比較長篇的由叢書內發表。籌畫數
月，季刊第一期現已付印。預計今年年底，叢書大約可以有三四
種付印，季刊也希望能按期印出。這在浩瀚汪洋的學海裏面，還
説不到怎麼樣像樣的成績，不過在研究學術的大路上，已經開了
頭。如果沒有意外的變故，總希望我們學院在作十年(民國二十
三年)、二十年(民國三十三年)紀念的時候，可以有比較像樣的
成績貢獻於世界的學術界。

　　研究的範圍，大體是對於我國舊有的文化，就我們力之所能
及，分門別類的研究；對於工具一方面的工作，尤要特別的努力。
因爲工具不完備，一切工作全要感異常困難的緣故。至於新輸進
的學術，我們要努力於介紹、翻譯、批評，以進於高深的研究。我
們的人不多，能力也很薄弱，不敢預期過高。可是就我們能力之
所及，堅決地、不顧險阻地向前進行，那却是我們所不敢不自勉
勵的。

　　我們季刊的頭一兩期，比較多整理國故的工作，也是現在學

術界普通的、無可奈何的一種現象。我們學院現在只有教育、中國文學、外國文學、史地四系。我希望最近的幾期中,各學系得平均的發展。如果全國的聰明材智,全萃於整理國故之一途,那也不是可樂觀的情形呀!

最後,我們學校自從民國十三年改成女子師範大學以後,社會上通名之曰"女師大"。以後學院的名字,雖説在行政上有幾次變改,而社會的沿稱,總是仍舊。我們學校現在在行政上叫作國立北平大學女子師範學院。我們商議季刊名稱的時候,最初想叫它作女子師範學院季刊,有人説,河北也有一女子師範學院,我們那樣叫,要容易給人家混淆。如果再冠上國立北平大學字樣,那就太累墜,恐怕社會上難記憶。好在名字不過是一個"約定俗成"的東西,一個名字,説出來後,只要大家全明白,絶無混淆,已經達到它的效用。所以我們也就沒有作別種的推敲,徑直把它叫作女師大學術季刊:這也是我們應當聲明的。

十九年一月三十一日

阻卜非韃靼辨^①

　　我於民國十六年冬，因爲科學的考査，走到額濟納河的西方，走了四十八天，不見居民。在那樣廣莫寂寥的大戈壁中間，駐帳之後，偶然翻閱王靜安先生所著底韃靼考。我對於遼金元三朝的知識非常淺薄，當日看見，王先生徵引的閎富，論斷的精嚴，覺得他所主張底韃靼即阻卜論，當已鐵案不移。十七年夏，迪化閑居，翻閱遼史太祖本紀，偶然看見神冊三年"二月達旦國來聘"一條；相隔一行，同月中又有"晋、吴越、勃海、高麗、回鶻、阻卜、黨項及幽、鎮、定、魏、潞各遣使來貢"一條，心大詫異。意謂：王先生已見此條耶，則將如何解釋？如尚未見此條耶，則其斷案亦殊危險。急檢王先生書一看，乃王先生竟未見此條！因此乃將遼金二史中所記底關於韃靼及阻卜各事，詳加考證，乃知靜安先生的疏漏大出我意料之外！除内有極重要三條萬不容結論阻卜即韃靼，而彼

①編者注：本文原刊女師大學術季刊1930年第1卷第1期。後所附阻卜年表刊於該季刊1930年第1卷第2期。

皆未見外,疏漏之處,尚有多端:遼史中叙阻卜事最詳者爲各帝紀,屬國表次之,部族表中也還有不少的條。王先生所檢查者,只有一屬國表;他雖然也知道"紀傳所載尚有溢出表外者",可是他對於帝紀并未詳細檢查,至於部族表,他始終没有翻閱到,所以韃靼年表所列阻卜事,缺漏至三十餘條之多! 疏忽缺略,此其一。王先生引"屬國表開泰五年三月叛命阻卜酉長魁可來降"而聖宗紀稱魁可爲黨項以與册府元龜所引之折文通或稱達怛、或稱黨項相比,謂爲阻卜即韃靼之一旁證(韃靼考二頁後面),實則屬國表於開泰五年明書"叛命黨項酉長魁可來降",絶無"阻卜酉長"之説,幻覺妄引,此其二。王先生所引書中字句亦復任便改易。例如引蕭圖玉傳"開泰中"云云(韃靼考二頁前面),實則圖玉傳中只有"開泰元年"及"明年"字樣,并無"開泰中"字樣。其餘字句删改,頗有數處,雖説有些頗無關宏旨,然終非引書時應遵守的體例,此其三。王先生引蕭奪剌傳"北阻卜耶覩刮率鄰部來侵"條(韃靼考二十五頁後面),續引二年奪剌對耶覩刮戰功,似以耶覩刮爲北阻卜酉長名;否則二年中爲對耶覩刮戰事,與阻卜毫無關涉,揆之是書體例當不徵引。然耶覩刮實部名,非人名。兵衛志屬國軍條,有阻卜,又有耶覩刮。百官志有阻卜各大王府,又有耶覩刮部,足證阻卜與耶覩刮完全兩部。誤合其所不當合,此其四。最令我詫異的一點,則爲王先生繫耶律大石力諫天祚帝於保大四年,却繫大石自立爲王於保大二年! 實則大石因力諫不從,始自立爲王,率精騎西走,本屬一事,事在保大四年。遼史雖於叙大石事時,忘載年月,而詳考事迹,實屬一事毫無疑義,王先生疏忽,遂將一事强分爲二,又誤將前因叙於後,後果例於前,此其五。當日發現此各種疏脫後即將所帶韃靼考，詳加簽注，以備東歸後與王先生商榷，然未幾時，閱報知王先生已殉清逝世，宿儒凋謝，良用慨然。十八年返北平後，讀清華大學國學論叢中所出之王靜安先生專號，知王先生最後定稿之韃靼考對於史料頗有增加，論點亦少有改易。但彼此時雖已見阻卜與韃靼萬非一部之重要證據兩條，而對於其結論，却仍不肯抛棄，學者態度，殊爲欠缺。後又讀定本觀堂集林中韃靼年表，知彼於阻卜事亦有增加，然較之我所得者仍少十餘事，錯誤亦均仍舊。乃强尋閑暇，草成是篇，以就正於世之治此學者。

　　想考證中國西北方同北方的地理人種，必須先認清三事：第一須認清這些地方是行國，非居國。因爲比方像中國的居國，人民移徙較難。至若亞洲北方，東從東蒙古起，西至阿剌伯大沙漠止，延袤數萬里，人盡游牧，居逐水草，好像一種飄泊人類的大海，少有風浪，人民住地即起很大的變化。數百年不起變化者頗不常見。所以想研究這一帶歷史的人，必須將地理及種族分別清楚，才有辦法。我國學者多未注意到這一點，所以鬧了不少的笑話。第二須要認清這一帶的人民，即在同一的時候，也常有兩個不同的民族，在同一地方游牧。例如新疆天山南路爲纏回的居地，而焉耆（喀喇沙爾）附近同時有土爾扈特部游牧。在中國的哈薩克族，大約不下四五十萬，——在新疆的漢人并不到這個數目。——而并無固定的牧地，全是同土爾扈特旗同牧。第三須要認清在這一帶，也同在內地一樣，——或者比內地還要利害。——同名字的地方很多。例如“噶順淖爾”（微鹹的湖）、“哈喇郭爾”（黑河）、“西林胡圖克”（黃水泉子）一類的名字，到處全可以遇見。所以遇見這一類的普通名字的時候，必先考其地理，然後可以斷定同名之是否爲一地。否則要鬧出很奇怪的錯誤了。

遼史中達旦共三見，白達旦一見，白達達一見，實則白達達即白達旦毫無疑義。一即上所述神册三年之“達旦國來聘”事。二爲“統和二十三年”“六月”“己亥（二十三日）達旦國九部遣使來聘”。然此條上即爲“甲午（十八日）阻卜酋鐵剌里遣使賀與宋和”。事情相隔不過五日，文字緊接。如果王先生第一次作他那韃靼考的時候，少一翻閲帝紀，萬不至於看不見這一條。三爲“開泰二年”“正月”“達旦國兵圍鎮州，州軍堅守，尋引去”事。王先生於兩次韃靼年表中所引雖皆不誤（韃考，十七頁，後面；觀十四，十五頁，後面），而兩次之韃靼考（韃考，二頁，前面；觀十四，六頁，前面）全誤引爲“開泰元年”事。四爲部族表末所列耶律大石西走時所歷諸部名目，第二爲“白達旦部”，下面第十四即又爲“阻卜部”。王先生對於此條始終未見。五爲保大四年，（耶律大石）“自立爲王，率鐵騎二百宵遁，北行三日，過黑水，見白達達詳穩牀古兒，牀古兒獻馬四百，駝二十，羊若干”。此事與上條所言本爲一事，下叙大石會“大黄室韋、敵剌、王紀剌、茶赤剌、也喜、鼻古德、尼剌、達剌乖、達密里、密兒紀、合主、烏古里、阻卜、普速完、唐古、忽母思、奚的、紇而畢十八部王衆”，除鼻古德與鼻骨德，紇而畢與紀而畢字略有不同外，與部族表全合。韃靼在遼史中前後五見，竟有四次與阻卜分別互出，如果王先生早注意此點，當不致主張此無法主張的怪論。不錯，來貢、來聘，實質上恐無大異。“達旦國”與“萌古國”及“遠萌古國”同書法，不過因爲這些史書全是蒙古人監修的緣故。但是這些地方只足以證明蒙古人認韃旦人爲近支,絕不足以證明當時史臣之有"微辭"。元代修史諸臣,是否"已不知韃靼與蒙古之分",是否"誤以遼史料中之韃靼爲蒙古之先",這些問題今日雖未能明知,而對於韃旦同阻卜則頗辨析清楚。雖有王先生"極武斷,極穿鑿"的假説,終不足以服持反對論者之心。

據王先生韃旦考最後定稿,阻卜即韃靼之證有三:一引遼史聖宗紀"開泰元年正月達旦國兵圍鎮州,州軍堅守,尋引去"而蕭圖玉傳中云:"開泰中,阻卜復叛,圍圖玉於可敦城,勢甚張。圖玉使諸軍齊射却之,屯於窩魯朵城。"又引聖宗紀及地理志,證明可敦城即鎮州,結論爲"地名既合,年歲又同",阻卜當即韃靼。實則蕭圖玉傳中所記爲開泰元年事,聖宗紀爲開泰二年正月事,年歲自已不同。即使地域盡同,而唐之涇渭等州,此月爲回紇圍,彼月爲吐蕃圍,事所常有,不能因此謂回紇即吐蕃。至可敦音當作 khatun,或書作哈屯,亦或偶作河董,義爲夫人,今日蒙古尚仍此語。夫人城在此方頗屬一普通名辭。日本某氏可敦城考,考得可敦城,共有四處之多。蕭圖玉傳中所説底可敦城,當在額濟納河附近(理由詳下節),即耶律大石西行時所過或即我們所經過的黑城(Karakhoto)亦未可知。年月地域全不相同,自不能相混。且達旦於正月"圍鎮州,州軍堅守,尋引去";三月朔日耶律化哥已因"西北路略平,留兵戍鎮州,赴行在",可見事情頗小,容易解決。至蕭圖玉之被圍於可敦城,則直至次年七月耶律化哥破阻卜,圖玉始能誘降諸部,軍事綿延九十月之久,邊患大小,亦大不相同。聖宗紀於耶律化哥之歸,書"西北路略平",復出則曰"西討",一曰"西",一曰"西北",分別頗爲明白,故此二役絕非一事。

二引續資治通鑑長編卷五十五内有"真宗咸平六年"（遼統和二十一年，西一〇〇三）"七月契丹供奉官李信來歸"言景宗后蕭氏"有姊二人。長適齊王。王死，自稱齊妃，領兵三萬，屯西鄙鱸駒兒河"。（蕭氏）"使西捍塔靼，盡降之"。又引聖宗紀及蕭撻凜傳中之"皇太妃""撫定西邊"及"蕭撻凜奏討阻卜捷"，"達凜""上表乞建三城"事，且據地理志謂三城即鎮、防、維三州，結論謂三城"皆在鱸駒河西南"，則此役即李信所説之"西捍塔靼"事，因而證明阻卜之即韃靼。考聖宗紀中之皇太妃，當名胡輦。統和二十四年"幽皇太妃胡輦於懷州"（聖宗紀），當即其人。以名稱度之，似係景宗妃，未必爲皇太后妹之齊妃。齊王名罨撒葛，太宗第二子，死於保寧四年（西九七二）（皇子表），爲聖宗之叔祖，其妻是否能稱皇太妃，很成疑問。（景宗第三子隆祐，亦封齊王，然彼死於開泰元年[西一〇一二]，當非其人。）契丹婦人能用兵者，或不止一齊妃，未便臆斷。且地理志雖言鎮州爲統和二十二年（西一〇〇四）皇太妃所奏置，而防、維二州是否爲皇太妃及蕭撻凜所奏置，文義頗不明了，則謂蕭撻凜所乞建之三城即爲鎮、防、維三州，或亦太過。蕭撻凜傳明言"夏人梗邊"，王先生據暗昧不明之地理志文以駁之，亦覺太嫌武斷。雖罨撒葛死後曾追册爲皇太叔，其妻或可稱皇太妃；蕭撻凜爲思溫之再從侄，與齊妃有親，戚誼隨征，頗可附會，然理由仍嫌太不充足。王先生主要的證據乃在其第三證。此證據元朝秘史"大金因塔塔兒篾古真薛兀勒圖等不從他命，教王京丞相領軍來剿捕，逆著浯泐札河將篾古真薛兀勒圖襲著來"（四）一條，又據聖武親征録、元史太祖紀證明王京丞相之即完顏襄，而金史内族襄傳則明言其所擊潰者爲阻轐，并未見韃靼字樣,則阻鞻之即韃靼可知。王先生之前,有高寶銓氏,同時又有日本箭內亙,全信阻卜之即韃靼,其出發點皆相同,可見此點的重要。如果我們對於此點不能加以相當的解釋,終無以服信阻卜即韃靼者之心。考王先生及箭內博士所考王京丞相之即完顏襄,元秘史所言浯泐札河即金史內族襄傳之斡里札河,皆絕無疑義。但是阻鞻與塔塔兒固可同牧浯泐札河附近,完顏襄、夾谷清臣等的戰役,兩族皆常參與,而塔塔兒與蒙古族類相近,且係世仇,所以蒙古人的紀錄,止言其關係較切者。至金人則與阻鞻關係較深,所以單記阻鞻,抑或金人曾兼記,果如王先生所言,當時元人諱言韃靼,故刪去之,亦殊可能。所以此條雖頗可亂真,然以與上述遼史之四條相比,殊難言彼皆非而此獨是,且此條自身,如上所言,尚易解說,并不與遼史之四條衝突;所以我們斷言阻卜并非韃靼。

　　王先生據闕特勒碑,入四夷道理記、會昌一品集、王延德使高昌記諸書,假定韃靼有三部:一東韃靼,居臚朐河(今克魯倫河)附近;二西韃靼,居喀魯哈河左右;三南韃靼,居陰山、賀蘭山附近。又由遼金二史證明阻卜所居之地與上三部無一不同。其所收史料的範圍,上自第八世紀,下訖十二世紀,五百年中,部族分合遷徙,當已不少,而王先生必繁引博證,以證明其無一不合,已覺可疑。又從箭內博士說,據闕特勒碑之隻字,定三十姓韃靼的位置,又據入四夷道里記所記隨便的一個地名,定九姓韃靼的位置,亦覺未爲審慎。實則據上述各種史料,僅足證明:(一)第八世紀漠北有韃靼;(二)自第九世紀中葉至十三世紀(元初)河套左右,陰山、賀蘭山附近,全有韃靼部住居;(三)十二世紀之末,十三世紀之初，現外蒙古及黑龍江交界處，有達達兒。除河套左右之韃靼住居頗久外，餘部的分合聚散，均未可考。至阻卜止見於遼金二史。最早所記爲西九一八；最後爲西一一九八；前後不及三世紀。遼史百官志中北面屬國官下，有阻卜之大王府四，而阻卜國大王府下，又有節度使司三。蕭韓家奴傳述家奴言：“阻卜諸部，自來有之。曩時北至臚朐河，南至邊境，人多散居，無所統壹，惟往來抄掠。”據上兩條，則阻卜部落散布頗廣。然除數條足證克魯倫河、額爾古納河附近有阻卜部族外，其餘所見，皆似在甘肅之西北，額濟納河附近。至外蒙古西部之有無阻卜部落，殊無證明。現試就遼史所記諸戰役，求其地理，或可大略明白；至金史所記一役，則王先生對於地域已考證明白，可無再論。考遼史所載戰役，第一爲天贊三年征阻卜事。是役始於三年六月，終於四年九月，本紀中所記地名甚多，惜多未識何在。王先生謂古回鶻城爲外蒙古額爾德尼昭西北之合喇八喇合孫，未知何據。我覺得回鶻盛時，屬地遍各處，古回鶻城爲頗普通的名詞，未必即專指回鶻建牙之所。此次開始書“大舉征吐渾、黨項、阻卜等部”，吐渾、黨項皆在近塞，阻卜當不甚遠。三年十月所逾流沙，或即阿拉善部之大沙漠。“十一月”獲甘州回鶻都督畢離遏，更足證此次之在近邊，不在漠北。第二爲乾亨四年，統和元年、二年，耶律速撒討阻卜事，前後二年。此役速撒傳未詳載，然上承保寧四年之伐黨項似速撒之“在邊二十年”，仍係在漠南西套蒙古附近。第三爲統和十二年至十五年，皇太妃西征“蕭撻凜督其軍事”。十八年阻卜叛酋鶻碾之被誅，當仍此役之餘波。此役撻凜傳中亦無可考。惟前有“夏人梗邊”

語,則皇太妃之出師,與西夏有關,似仍在西套蒙古附近。王先生
據撻凜傳之"乞建三城"謂三城爲鎮、防、維三州;因三州皆去西
夏絶遠,即斷定皇太妃之西征與西夏無關。然鎮州爲皇太妃所奏
立,地理志有明文,防、維二州則殊未詳。撻凜所乞建之三城未始
不可在漠南。自來論者多泥於鎮州之爲可敦城及長春真人西行
時所見之遼故城各文,妄謂耶律大石西行亦過漠北,實則大石自
河套西行,至唐之北庭都護府(今新疆濟木薩),絶不需要取道漠
北。他所過之可敦城,當離額濟納河不遠。我們此次從烏蘭察布
盟西行,過阿拉善額濟納河,途中頗見古城。又聞噶順諾爾(居
延海)北岸亦有古城,因時促未往考查,這些古城未必非蕭撻凜
所乞建之三城。第四爲自統和二十五年至開泰四年各役,與其事
者爲蕭圖玉、耶律化哥、蕭孝穆、耶律世良諸人。查四人本傳均無
明證,惟圖玉傳前載"以本路兵伐甘州",後"克肅州",接着就是
他上言"阻卜今已服化",足徵此時阻卜所居,與甘州、肅州不遠。
此役後尚有開泰七年"蕭普達遣敵烈騎卒取北阻卜名馬以獻"
事,此北阻卜當爲臚朐河附近之阻卜,非近甘州、肅州之阻卜。第
五爲太平六年、七年之阻卜邊患。此次主其事者爲蕭惠,聖宗紀
及蕭惠傳皆言因蕭惠攻甘州不克,阻卜始叛,足徵此次戰役,皆離
甘州不遠。第六爲重熙十八年耶律敵魯古率阻卜諸軍至賀蘭山
擊夏。第七爲咸雍五年耶律仁先討阻卜事,地理未明。第八爲咸
雍九年蕭迂魯防敵烈及阻卜事。此事上文有"耶律獨逑"屯"臚
朐河"事,敵烈亦在臚朐河附近,則此役自屬於北阻卜。第九次
邊患最劇,亦爲最後。至天慶九年之"阻卜補疎只等反",則已國
勢危殆,無關宏旨。第九次自大安八年耶律何魯掃古激叛磨古斯

起,直至壽隆六年磨古斯被磔死後才成一斷落,而乾統二年阻卜之入寇似仍爲此事的餘波。邊患綿延十一年之久,而大安十年實動大兵。此次主要叛酋之磨古斯,爲北阻卜,似爲臚朐河左右的叛亂。然此次戰事屢言倒塌嶺,雖未確知何在,而遼史百官志中,西路諸司有倒塌嶺節度使司,有倒塌嶺統軍司,均次於夏州管内蕃落使後,則似仍在漠南。王先生據蕭撻不也傳之"撻不也逆(磨古斯)於鎮州西南沙磧間"文,謂"可擬唐時之西韃靼",實則内外蒙古隔磧相望,鎮州西南沙磧,或即居延海(噶順淖爾)北之戈壁。我因此仍疑磨古斯爲額濟納河附近之阻卜酋長,遼史所記之北阻卜未必可靠。——綜上所言,足見漠北西部,是否有阻卜散牧實屬疑問也。

　　我對於阻卜假定二事:一、漠南阻卜并不與韃靼同牧。韃靼居陰山、賀蘭山附近,而阻卜則偏西,居額濟納河左右,此點頗有相當證據。二、阻卜係唐古特族,不若韃靼之係蒙古族。此點雖由他的居地同他和吐渾的關係頗可揣,想終苦於無確實的證據。我因此就想起一件事情來:我從前讀元秘史總是疑惑客列亦惕同乃蠻全是當時的大國,何以現在一點蹤迹没有。這一次我走到新疆,同哈薩克族有學問的人談,才曉得客列和乃蠻全是哈薩克的分族,至今尚存。我當時就想到我們歷史上很多的問題,必須用近世的方法將各族的人種、語言全考究清楚,才能有解決的希望。可是前幾年北大研究所國學門因爲所中導師俄人伊鳳閣爲西夏文專家,就布告如有學生願學西夏文字者可到所報名,以後布告出了很多時,報名的一個人也没有,止好作罷! 北大爲國内大學的翹楚,而學生的治學興趣不過如此! 雖然,從另外一方面説,我們的聰明材力却是有盡聚於整理國故一途的傾向了！噯！

民國十九年三月

附：阻卜年表

遼太祖神册三年(梁貞明四；西九一八)	"二月""阻卜""遣使來貢。"(遼史太祖紀；屬國表)
天贊三年(唐同光二；西九二四)	"六月乙酉(十八日)"，"大舉征吐渾、党項、阻卜等部。""九月""丙午(初十日)""遣騎攻阻卜。"(遼史太祖紀；屬國表)
遼太宗天顯七年(唐長興三，西九三二)	"九月庚子(二十一日)阻卜來貢。"(遼史太宗紀)"十一月""丁未(二十九日)""阻卜貢海東青鶻三十連。"(遼史太宗紀；屬國表)
天顯八年(唐長興四；西九三三)	"二月辛亥(初五日)""阻卜來貢。""六月甲寅(初九日)阻卜來貢。""七月""丁亥(十三日)""阻卜來貢。""十月乙巳(初二日)阻卜來貢。"(遼史太宗紀；屬國表)
會同二年(晋天福四；西九三九)	"九月甲戌(初六日)阻卜阿離底來貢。"(遼史太宗紀；屬國表作十月，然十月無甲戌。)
會同三年(晋天福五；西九四〇)	"八月""庚子(初七日)"阻卜來貢；"乙巳(十二日)阻卜、黑車子室韋、賃烈等國來貢"；"甲寅(二十一日)阻卜來貢。"(遼史太宗紀；屬國表)
會同四年(晋天福六；西九四一)	"十一月""庚午(十四日)""阻卜來貢。"(同上)
會同五年(晋天福七；西九四二)	"七月""辛卯(初九日)""阻卜、鼻古德、烏古來貢。""八月辛酉(初十日)女直、阻卜、烏古各貢方物。"(遼史太宗紀；屬國表在六、七兩月，然六月無辛卯，七月無辛酉。)

會同九年（晋開運三；西九四六）	"七月""乙卯（二十七日）以阻卜酋長曷剌爲本部夷離菫。"（遼史太宗紀）
遼景宗保寧十一年（宋太平興國四；西九七九）	"八月壬子（初五日）阻卜惕隱曷魯，夷離菫阿里覩等來朝。"（遼史景宗紀）
乾亨四年（宋太平興國七；西九八二）	"十二月戊午（初一日）耶律速撒討阻卜。"（遼史聖宗紀；屬國表）
遼聖宗統和元年（宋太平興國八；西九八三）	"正月""辛巳（二十四日）速撒獻阻卜俘"；"乙酉（二十八日）以速撒破阻卜，下詔褒美。"（同上）
統和二年（宋雍熙元；西九八四）	"十一月""速撒等討阻卜，殺其酋長撻剌干。"（遼史聖宗紀；屬國表在十二月。）
統和四年（宋雍熙三；西九八六）	"十月丙申朔，党項、阻卜遣使來貢。"（同上）
統和八年（宋淳化元；西九九〇）	"十月""己酉（初七日）阻卜等遣使來貢。"（同上）
統和十二年（宋淳化五；西九九四）	"九月""癸酉（二十四日）阻卜等來貢。"（同上）是年，"夏人梗邊，皇太妃受命總烏古及永興宮分軍討之。（蕭）撻凜爲阻卜都詳穩，凡軍中號令，太妃並委撻凜。"（遼史蕭撻凜傳）
統和十五年（宋至道三；西九九七）	"九月""戊子（二十六日）蕭撻凜奏討阻卜捷。"（遼史聖宗紀；屬國表）蕭撻凜傳："十五年敵烈部人殺詳穩而叛，遁於西北荒。撻凜將輕騎逐之，因討阻卜之未服者。諸蕃歲貢方物充於國，自後往來若一家焉。"
統和十八年（宋咸平三；西一〇〇〇）	"六月阻卜叛酋鶻碾之弟鐵勒不率部衆來附，鶻碾無所歸，遂降，詔誅之。"（遼史聖宗紀；屬國表作鐵剌不）

統和二十一年(宋咸平六;西一〇〇三)	"六月""乙酉(二十七日)阻卜、鐵剌里率諸部來降。"(遼史聖宗紀;屬國表)"七月庚戌(二十二日)阻卜、烏古來貢。"(遼史聖宗紀)"八月乙酉(二十八日)阻卜鐵剌里來朝。"(遼史聖宗紀;屬國表作七月,然七月無乙酉。)
統和二十二年(宋景德元;西一〇〇四)	"八月""庚申(初八日)阻卜酋鐵剌里來朝;戊辰(十六日)鐵剌里求婚,不許。"(遼史聖宗紀;屬國表作"許之"。)
統和二十三年(宋景德二;西一〇〇五)	"六月""甲午(十八日)阻卜酋鐵剌里遣使賀與宋和。"(遼史聖宗紀;屬國表)
統和二十五年(宋景德四;西一〇〇七)	"九月西北路招討使蕭圖玉討阻卜,破之。"(同上)
統和二十九年(宋大中祥符四;西一〇一一)	"六月""丁巳(十五日)詔西北路招討使駙馬都尉蕭圖玉安撫西鄙,置阻卜諸部節度使。"(同上) 蕭圖玉傳:(蕭圖玉)上言曰:"阻卜今已服化,宜各分部,治以節度使。""上從之。自後節度使往往非材,部民怨而思叛。"
開泰元年(宋大中祥符五;西一〇一二)	"十月""甲辰(聖宗紀作十月,然十月無甲辰。上文已有"冬十月",下"十月甲午朔"爲"十一月甲午朔"之誤。甲辰爲十一月之十一日)西北招討使蕭圖玉奏七部太師阿里底因其部民之怨,殺本部節度使霸暗,并屠其家以叛,阻卜執阿里底以獻而沿邊諸部皆叛。"(遼史聖宗紀) 蕭圖玉傳:"開泰元年七月,石烈太師阿里底殺其節度使,西奔窩魯朵城,蓋古所謂'龍庭單于城'也。已而阻卜復叛,圍圖玉於可敦城,勢甚張。圖玉使諸軍齊射却之,屯於窩魯朵城。" 蕭孝穆傳:"開泰元年""冬(蕭孝穆)進軍可敦城,阻卜結五群牧長查剌阿覩等謀中外相應。孝穆悉誅之。迺嚴備禦以待,餘黨遂潰。"

	耶律化哥傳："伐阻卜,阻卜棄輜重遁走,俘獲甚多。"
開泰二年(宋大中祥符六;西一〇一三)	"五月辛卯朔復命(耶律)化哥等西討"(聖宗紀);"七月""己酉(十九日)化哥等破阻卜酋長烏八之衆。"(聖宗紀;屬國表) 蕭圖玉傳："明年北院樞密使耶律化哥引兵來救,圖玉遣人誘諸部皆降。"
開泰三年(宋大中祥符七;西一〇一四)	"正月己丑(初二日)""阻卜酋長烏八來朝,封爲王。"(聖宗紀;屬國表)
開泰四年(宋大中祥符八;西一〇一五)	"四月""丙寅(十七日)耶律世良等上破阻卜俘獲數。"(聖宗紀;屬國表作三月,然三月無丙寅。)
開泰五年(宋大中祥符九;西一〇一六)	"二月己卯(初四日)阻卜酋長來朝。"(聖宗紀;屬國表)
開泰七年(宋天禧二;西一〇一八)	蕭普達傳："遣敵烈騎卒取北阻卜名馬以獻,賜詔褒獎。"
開泰八年(宋天禧三;西一〇一九)	"七月""癸亥(初八日)詔阻卜依舊歲貢馬千七百,駝四百四十,貂鼠皮萬,青鼠皮二萬五千。"(聖宗紀;屬國表)
太平元年(宋天禧五;西一〇二一)	六月"阻卜扎剌部來貢。"(屬國表)"七月""乙亥(初二日)""阻卜來貢。"(聖宗紀)
太平六年(宋天聖四;西一〇二六)	"三月""阻卜來侵,西北路招討使蕭惠破之。""八月,蕭惠攻甘州,不克,師還,自是阻卜諸部皆叛;遼軍與戰皆爲所敗。監軍涅里姑,國舅帳太保曷不呂死之。詔遣惕隱耶律洪古,林牙化哥等將兵討之。"(聖宗紀;屬國表) 蕭惠傳："太平六年,討回鶻阿薩蘭部,徵兵諸路,獨阻卜酋長直剌後期,立斬以徇。進至甘州。攻圍三日,不克而還。時直剌之子聚兵來襲,阻卜酋長烏八密以告,惠未之信。會西阻卜

	叛，襲三剋軍，都監涅魯古、突舉部節度使諧里、阿不呂等將兵三千來救，遇敵於可敦城西南，諧里、阿不呂戰殁，士卒潰散。惠倉卒列陣，敵出不意攻我營。衆請乘時奮擊，惠以我軍疲敝，未可用，弗聽。烏八請以夜斫營，惠又不許。阻卜歸，惠乃設伏兵擊之，前鋒始交，敵敗走。惠爲招討累年，屢遭侵掠，士馬疲困。"
太平七年（宋天聖五；西一〇二七）	"六月""癸巳（廿四日）詔蕭惠再討阻卜。"（聖宗紀；屬國表）
太平八年（宋天聖六；西一〇二八）	"九月""癸丑（廿二日）阻卜別部長胡懶來降；乙卯（廿四日）阻卜長春古來降。"（聖宗紀）
遼興宗重熙六年（宋景祐四；西一〇三七）	"十一月己亥朔，阻卜酋長來貢。"（遼史興宗紀；屬國表）
重熙七年（宋景祐五；西一〇三八）	"七月""乙巳（初十日）阻卜酋長屯禿古斯來朝。"（同上）
重熙十二年（宋慶曆三；西一〇四三）	"六月""辛亥（十六日）阻卜大王屯禿古斯弟大尉撒葛里來朝"；"八月""甲子（三十日）阻卜來貢。"（同上）
重熙十三年（宋慶曆四；西一〇四四）	"六月甲午（初四日）阻卜酋長烏八遣其子執元昊所遣來援使宬邑改，來乞以兵助戰，從之。"（同上）
重熙十四年（宋慶曆五；西一〇四五）	"閏五月""己卯阻卜大王屯禿古斯率諸酋長來朝。"（興宗紀；屬國表作六月。按興宗紀是年月分及干支多有訛誤。閏五月中，除此條外，尚有"丁卯謁慶陵"一事。然閏五月內，並無丁卯及己卯。丁卯爲六月十三，己卯爲六月二十五，似丁卯上脫"六月"二字。但下文所記尚有辛亥，而六月內又無辛亥。）
重熙十六年（宋慶曆七；西一〇四七）	"六月""丁巳（十四日）阻卜大王屯禿古斯來朝，獻方物。"（興宗紀；屬國表）

重熙十七年(宋慶曆八;西一〇四八)	"六月庚辰(十三日)阻卜獻馬駝二萬。"(同上)
重熙十八年(宋皇祐元;西一〇四九)	"六月""庚辰(十九日)阻卜來貢馬駝珍玩。"(同上)"十月北道行軍都統耶律敵魯古率阻卜諸軍至賀蘭山,獲李元昊妻及其官僚家屬。遇夏人三千來戰,殱之。"(興宗紀)
重熙十九年(宋皇祐二;西一〇五〇)	"正月""庚子(十二日)耶律敵魯古復封漆水郡王,諸將校及阻卜等部酋長各進爵有差。"(興宗紀)"七月""乙未(初十日)阻卜酋長豁得剌弟斡得來朝,加太尉,遣之。""八月丁卯(十三日)阻卜酋長喘只葛拔里斯來朝。""十一月甲午(十一日)阻卜酋長豁得剌遣使來貢。"(興宗紀;屬國表)
重熙廿二年(宋皇祐五;西一〇五三)	"七月己酉(十二日)阻卜大王屯禿古斯率諸部長獻馬駝。"(同上)
重熙廿三年(宋至和元;西一〇五四)	"十一月乙丑(初六日)阻卜部長來貢。"(同上)
遼道宗清寧二年(宋嘉祐元;西一〇五六)	"六月""辛酉(十一日)阻卜酋長來朝,貢方物。"(道宗紀;屬國表)
咸雍二年(宋治平三;西一〇六六)	"六月""甲辰(廿一日)阻卜來貢。"(同上)
咸雍五年(宋熙寧二;西一〇六九)	"正月阻卜叛,以晉王仁先爲西北路招討使領禁軍討之。"(道宗紀;屬國表在三月)"九月戊辰(初五日)仁先遣人奏阻卜捷。"(道宗紀;屬國表)耶律仁先傳:"阻卜塔里干叛,命仁先爲西北路招討使,錫鷹紐印及劍。上諭曰:'卿去朝廷遠,每俟奏行,恐失機會,可便宜從事。'仁先嚴斥堠,扼敵衝,懷柔服從,庶事整飭。塔里干復來寇,仁先逆擊,追殺八十餘里。大軍繼至,又敗之。別部把里斯禿沒等來救,見其屢挫,不敢

	戰而降,北邊遂安。" 蕭迂魯傳:"五年阻卜叛,(迂魯)爲行軍都監,擊敗之,俘獲甚衆。初軍出,止給五月糧,過期糧乏,士卒往往叛歸,迂魯坐失計免官。……"
咸雍六年(宋熙寧三;西一〇七〇)	"二月丙寅(初五日)阻卜來朝,貢方物。""四月癸未(廿三日)西北路招討司以所降阻卜酋長至行在"(道宗紀;屬國表)"六月辛巳(廿二日)阻卜來朝。"(道宗紀)七月"阻卜酋長來貢。"(屬國表)"十月""壬申(十五日)西北路招討司擒阻卜酋長來獻"(同上),"以所降阻卜酋長圖木同刮來。"(屬國表)"十一月乙卯(廿八日)禁鬻生熟鐵於回鶻、阻卜等界。"(道宗紀)
咸雍九年(宋熙寧六;西一〇七三)	蕭迂魯傳:"九年敵烈叛,都監耶律獨迭……屯臚朐河……迂魯率精騎四百力戰敗之。……自是敵烈勢阻。時敵烈方爲邊患,而阻卜相繼寇掠,邊人以故疲敝。朝廷以地遠,不能時益援軍,而使疆圉帖然者,皆迂魯力也。"
咸雍十年(宋熙寧七;西一〇七四)	"二月""戊子(廿日)阻卜諸酋長來貢。"(道宗紀;屬國表)
太康四年(宋元豐元;西一〇七八)	六月"阻卜酋長來貢。"(屬國表)"甲寅(十二日)阻卜諸酋長進良馬。"(道宗紀;屬國表)蕭迂魯傳:"太康初,阻卜叛,遷西北招討都監,從都統耶律趙三征討有功。"(此事紀表皆未見,耶律那也傳叙耶律趙三之西征止云太康中,皆不知何年。)
太康五年(宋元豐二;西一〇七九)	"六月辛亥(十四日)阻卜來貢。"(道宗紀;屬國表)
太康七年(宋元豐四;西一〇八一)	"六月""丙寅(十一日)阻卜余古赧來貢。"(道宗紀;屬國表作"阻卜與余古赧來貢"。)

續表

太康八年（宋元豐五；西一〇八二）	"六月""乙丑（十五日）<u>阻卜</u>酋長來貢。"（<u>道宗紀</u>；<u>屬國表</u>）
太康九年（宋元豐六；西一〇八三）	"閏"六"月""丁亥（十三日）<u>阻卜</u>來貢。"（同上）
太康十年（宋元豐七；西一〇八四）	"五月""乙丑（廿七日）<u>阻卜</u>諸酋長來貢。"（<u>屬國表</u>；<u>道宗紀</u>）
大安二年（宋元祐元；西一〇八六）	"六月""丙申（初十日）<u>阻卜</u>來朝。""乙巳（十九日）<u>阻卜</u>酋長<u>余古報</u>及愛的來朝，詔<u>燕國王延禧</u>相結爲友。"（<u>道宗紀</u>；<u>屬國表</u>作"<u>阻卜</u>諸酋長來朝"。）
大安五年（宋元祐四；西一〇八九）	"五月""己丑（廿日）以<u>阻卜磨古斯</u>爲諸部長。"（<u>道宗紀</u>）
大安八年（宋元祐七；西一〇九二）	"正月""乙未（十二日）<u>阻卜</u>諸酋長來降。""四月乙卯（初三日）<u>阻卜</u>酋長來貢。"（<u>道宗紀</u>；<u>屬國表</u>）"十月""辛酉（十二日）<u>阻卜磨古斯</u>殺金吾<u>吐古斯</u>以叛。遺奚六部禿里<u>耶律郭三</u>發諸蕃部兵討之。"（<u>道宗紀</u>；<u>部族表</u>；<u>屬國表</u>） <u>耶律何魯掃古</u>傳："八年，知西北路招討使事。時邊部<u>耶律覩刺</u>等來侵，<u>何魯掃古</u>誘<u>北阻卜</u>酋豪<u>磨古斯</u>攻之，俘獲甚衆。以功加左僕射。復討<u>耶律覩刺</u>等，誤擊<u>磨古斯</u>，<u>北阻卜</u>由是叛命。"
大安九年（宋元祐八；西一〇九三）	正月"<u>磨古斯</u>入寇"。（<u>屬國表</u>）"二月<u>磨古斯</u>來侵。"（<u>道宗紀</u>。此條似與上條係一事而<u>屬國表</u>誤。）"三月西北路<u>耶律阿魯掃古</u>追<u>磨古斯</u>還，都監<u>蕭張九</u>遇賊，與戰不利，二<u>室韋</u>、<u>拽刺</u>、北王府、<u>特滿群牧</u>、宮分等軍多陷没。"（<u>道宗紀</u>；<u>屬國表</u>在二月，<u>耶律何魯掃古</u>傳略同，末句作"二<u>室韋</u>與六院部、<u>特滿群牧宮</u>分等軍俱陷於敵"。）"十月庚戌（初六日）有司奏<u>磨古斯</u>詣西北路招討使<u>耶律撻不也</u>僞降，既而乘虛來襲，<u>撻不也</u>死之。<u>阻卜烏古扎</u>叛，<u>達里底</u>、<u>拔思母</u>並寇倒塌嶺。"

	"癸丑"(初九日)"命鄭家奴往援倒塌嶺。""丙辰(十二日)有司奏阻卜酋長轄底掠西路群牧。"(道宗紀;屬國表略同)"癸亥(十九日)烏古敵烈統軍使蕭朽哥奏討阻卜捷。"(道宗紀;部族表)"十一月辛巳(初七日)特抹等奏討阻卜捷。"(道宗紀) 耶律撻不也傳:(此撻不也乃耶律仁先子,非死於耶律乙辛讒之耶律撻不也)"阻卜酋長磨古斯來侵,西北路招討使何魯掃古戰不利,詔撻不也代之。磨古斯之爲酋長,由撻不也所薦,至是遣人誘致之。磨古斯詐降,撻不也逆於鎮州西南沙磧間,禁士卒勿得妄動。敵至,裨將耶律綰斯、徐烈見其勢銳,不及戰而走,遂被害。"
大安十年(宋紹聖元; 西一〇九四)	"正月""戊子(十六日)烏古扎等來降。達里底、拔思母二部來侵,四捷軍都監特抹死之。"(道宗紀;屬國表)"二月甲辰(初二日)以破阻卜賞有功者。"(道宗紀)"四月""庚戌(初九日)以知北院樞密使事耶律斡特剌爲都統,夷離畢耶律秃朵爲副統,龍虎衛上將軍耶律胡呂都監,討磨古斯,遣積慶宮使蕭糺里監戰。"(道宗紀;部族表)"七月""阻卜等寇倒塌嶺,盡掠西路群牧馬去。東北路統軍使耶律石柳以兵追及,盡獲所掠而還。"(道宗紀;屬國表)"九月""斡特剌破磨古斯。"(道宗紀)"十月""癸巳(廿五日)西北路統軍司獲阻卜長拍薩葛、蒲魯等來獻。"(道宗紀;屬國表)"十一月乙巳"(初七日)"阻卜酋的烈等來降。"(屬國表;道宗紀)"十二月""戊子(廿一日)西北路統軍司奏討磨古斯捷。"(同上) 耶律斡特剌傳:"北阻卜酋長磨古斯叛,斡特剌率兵進討。會天大雪,敗磨古斯四別部,斬首千餘級。" 耶律那也傳:"明年冬,以北阻卜長磨古斯叛,與招討都監耶律胡呂率精騎二千往討破之。"

壽隆元年（宋紹聖二；西一〇九五）	"六月己巳"（初五日）"撒八以討阻卜功，加鎮國大將軍。"（道宗紀）"癸巳（廿九日）阻卜酋長禿里底及圖木葛來朝貢。"（屬國表；道宗紀"禿"作"杳"。）"七月庚子（初七日）阻卜酋長猛達斯等來貢。"（屬國表；道宗紀）"甲寅（廿一日）斡特剌奏磨古斯捷。"（道宗紀；部族表）"十月""壬辰（三十日）録討阻卜有功將士。"（道宗紀）
壽隆二年（宋紹聖三；西一〇九六）	"七月甲午（初七日）阻卜來貢。"（道宗紀；屬國表在八月，然八月無甲午。）
壽隆三年（宋紹聖四；西一〇九七）	"二月""丙午（道宗紀作"二月甲辰朔"，則丙午爲初三日。然二月朔實爲丙辰，非甲辰，二月内亦無丙午）"阻卜酋長猛撒葛""等請復舊地，貢方物，從之。"（道宗紀；屬國表）"五月癸亥（初十日）斡特剌討阻卜，破之。"（同上）
壽隆四年（宋元符元；西一〇九八）	"正月""己巳（廿日）徙阻卜等貧民於山前。"（道宗紀）
壽隆五年（宋元符二；西一〇九九）	"六月""戊戌（廿七日）阻卜來貢。"（道宗紀；屬國表）
壽隆六年（宋元符三；西一一〇〇）	"正月""辛卯（廿四日）斡特剌執磨古斯來獻。"（道宗紀；部族表）"二月""己酉（十二日）磔磨古斯於市。"（道宗紀）"六月""癸丑阻卜酋長來貢。"（道宗紀；屬國表）
遼天祚帝乾統元年（宋建中靖國元；西一一〇一）	"七月癸亥（初二日）阻卜、鐵驪來貢。"（天祚帝紀；屬國表在六月，然六月無癸亥。）蕭奪剌傳："乾統元年，以久練邊事，復爲西北路招討使。北阻卜耶覩刮率鄰部來侵，奪剌逆擊，追奔數十里。"
乾統二年（宋崇寧元；西一一〇二）	"七月""阻卜來侵，斡特剌等戰敗之。"（天祚帝紀；屬國表在六月。）

乾統六年（宋崇寧五；西一一〇六）	"七月""癸巳（初四日）阻卜來貢。"（天祚帝紀；屬國表）
乾統十年（宋大觀四；西一一一〇）	"六月""甲午（廿七日）阻卜來貢。"（同上）
天慶二年（宋政和二；西一一一二）	"六月""甲辰（十九日）阻卜來貢。"（同上）
天慶九年（宋宣和元；西一一一九）	"五月"阻卜補疎只等叛，執招討使耶律斡里朵，都監蕭斜里得死之。（同上）
保大四年（宋宣和六；西一一二四）	"七月""（耶律）大石……自立爲王，率鐵騎二百宵遁。北行三日過黑水，見白達達詳穩牀古兒，牀古兒獻馬四百，駝二十，羊若干。西至可敦城，駐北庭都護府。會……七州及……阻卜……十八部王衆。……遂得精兵萬餘，置官吏，立排甲，具器仗。"（天祚帝紀）昶案遼史部族表末列舉耶律大石西去時所歷各部，第二爲白達旦部，第十四爲阻卜部。前十九部與天祚帝紀所記大石所會之十八部名完全相同，惟天祚帝紀中少白達旦部。
金世宗大定八年（宋乾道四；西一一六八）	"十二月戊子朔遣武定軍節度使移剌按等招諭阻䪁。"（金史世宗紀）
大定十二年（宋乾道八；西一一七二）	"四月""丁卯（二十九日）阻䪁來貢。"（世宗紀）
金章宗明昌元年（宋紹熙元；西一一九〇）	"會大石部長有乞修歲貢者，朝廷許其請，詔（完顏）安國往使之……時北阻䪁阻近塞垣，鄰部欲立功以誇耀上國，議邀安國俱行討之，安國"……"不可。"（金史完顏安國傳）
明昌五年（宋紹熙五；西一一九四）	"九月"甲申（二十七日）命上京等九路并諸抹及乣等處選軍三萬俟來春調發。仍命諸路并北阻䪁以六年夏會兵臨潢。（章宗紀）

明昌六年（宋慶元元；西一一九五）	金史夾谷清臣傳：“受命出師。……進至合勒河，(移剌)敏等於栲栳濼攻營十四，下之。(昶案章宗紀，清臣於是年五月庚戌(二十六日)受命出師，六月辛巳(二十八日)獻捷，則此役當在是年六月。王氏考此役爲對蒙古，我疑惑此役對蒙古及韃旦，至阻䪁在明昌、承安間各役，不過偶爾穿插，時彼時此而已。)回迎大軍。屬部斜出掩其所獲羊馬資物以歸。清臣遣人責其賕罰，北阻䪁由此叛去，大侵掠。”(昶案王表於此年前書“北阻䪁叛，遣右丞相完顏襄討之”云云，注出章宗紀；後始引夾谷清臣傳，然章宗紀中并無其所引各語；內族襄傳亦無此類語。實在此次戰役，邊患因阻䪁叛而增劇，阻䪁并非主要脚色，完顏襄之出師非專討阻䪁也。)“十二月”“右丞相襄率駙馬都尉僕散揆等進軍大鹽濼，分兵攻取諸營。”(章宗紀)
承安元年（宋慶元二；西一一九六）	內族襄傳：“(襄)遣西北路招討使完顏安國等趨多泉子。密詔進討。乃命支軍出東道，襄由西道而東。軍至龍駒河，爲阻䪁所圍，三日不得出，求援甚急。或請俟諸軍集乃發，襄曰：‘我軍被圍數日，馳救之猶恐不及，豈可後時！’即鳴鼓夜發。或請先遣人報圍中，使知援至，襄曰：‘所遣者倘爲敵得，使知我兵寡而糧在後，則吾事敗矣。’乃益疾馳。遲明，距敵近，眾請少憩，襄曰：‘吾所以乘夜疾馳者，欲掩其不備爾，緩則不及。’嚮晨壓敵，突擊之，圍中將士亦鼓噪出，大戰，獲輿帳牛羊，眾皆奔斡里札河，遣安國追躡之，眾散走。會大雨，凍死者十八九，降其部長，遂勒勳九峰石壁。”(昶案此役所破者，大約爲蒙古、韃旦、阻䪁之聯軍，而奇渥溫氏則乘間復對韃旦之仇元人不願多言蒙古及韃旦，故名幾全歸於阻䪁，實則阻䪁於此役并非金兵主要之敵人。)“十月”“阻䪁復叛。”(昶又案章宗紀載是年“二月”“丁卯[十七日]右丞相襄”

	"至自軍中","己巳[十九日]復命還軍";"九月""辛巳[初五日]"已還朝,然則軍事當在從三月至八月之半年中。"十月""庚戌[初五日]"復出師,則<u>阻韃</u>復叛,當在十月初。)
<u>承安二年</u>(宋<u>慶元</u>三;西一一九七)	<u>內族襄傳</u>:"北部復叛,奮戰失律,復命<u>襄</u>爲左副元帥,蒞師,尋拜樞密使,兼平章政事,屯<u>北京</u>。"(<u>章宗紀</u>載此事,在八月及九月。)"時議北討,<u>襄</u>奏遣同判大睦親府事<u>宗浩</u>出軍<u>泰州</u>,又請左丞<u>衡</u>於<u>撫州</u>行樞密院,出軍西北路以邀<u>阻韃</u>,而自率兵出<u>臨潢</u>,上從其策。"
<u>承安三年</u>(宋<u>慶元</u>四;西一一九八)	"二月""丙戌(十八日)<u>斜出</u>內附。""十月""癸未(十九日)樞密院言<u>斜出</u>等請開榷場於<u>轄里</u>曩,從之。"(<u>章宗紀</u>) <u>內族襄傳</u>:"其後<u>斜出</u>部族詣<u>撫州</u>降,上專使問<u>襄</u>,<u>襄</u>以爲受之便。" <u>內族宗浩傳</u>:"北部<u>廣吉剌</u>者,尤桀驁,屢脅諸部入塞,<u>宗浩</u>請乘其春暮馬弱擊之。時<u>阻韃</u>亦叛,<u>內族襄</u>行省事於<u>北京</u>,詔議其事。<u>襄</u>以謂若攻<u>廣吉剌</u>,則<u>阻韃</u>無東顧憂,不如留之以牽其勢。<u>宗浩</u>奏:'國家以堂堂之勢,不能掃滅小部,顧欲藉彼爲捍乎?臣請先破<u>廣吉剌</u>,然後提兵北滅<u>阻韃</u>。'章再上,從之。"……"<u>合底忻</u>者,與<u>山只昆</u>皆北方別部,恃強中立,無所羈屬,往來<u>阻韃</u>、<u>廣吉剌</u>間,連歲擾邊,皆二部爲之也。"(昶案金人此時邊患,當以<u>廣吉剌</u>及<u>阻韃</u>二部爲中堅,而<u>合底忻</u>、<u>山只昆</u>、<u>婆速火</u>諸部輔翼之。<u>廣吉剌</u>與<u>阻韃</u>亦互相猜忌牽掣。<u>完顏襄</u>出師,即請命左丞<u>衡</u>邀<u>阻韃</u>,截斷其與<u>廣吉剌</u>之交通以散其勢,故<u>斜出</u>於是年二月中旬即議內附。"專使問<u>襄</u>",當少在此後。<u>完顏宗浩</u>議乘春暮馬弱擊<u>廣吉剌</u>,議當在上年年底及是年年初,所以尚言"時<u>阻韃</u>亦叛"也。既而<u>廣吉剌</u>降,<u>合底忻</u>、<u>山只昆</u>、<u>婆速火</u>諸部均破敗,<u>完顏襄</u>亦贊成受

斜出之降,故阻轢內附,益無問題。十月斜出等請開榷場,則內附各事宜全已就緒,所以"北陲遂定",金人在此方又暫安一時矣。)

教育罪言(一)^①

　　看一國的現狀,須要看它的政治或經濟情形如何,看一國的將來,須要看它的教育狀況如何,大抵是一件顛撲不破的道理吧。我國現在的政治紊亂,經濟窘急,糟糕到十二萬分,已經成了人人不容否認的真實,可是"否極轉泰",不過是玄學上模糊不清楚,并且靠不住的觀念。它的將來如何,實在是一個無人能知的大謎。要看現在教育的實在狀況,却令人不寒而栗! 考民國二十年來,教育的情形可分爲三期:民國初年,承清末之頹習,教育界中無研究之空氣,學生照例上課,照例畢業,唯唯否否,無所短長,不足語於學術,就想恭維它,頂多也不過説此時期中風潮較少,學生的普通水平綫雖低,而能達到此水平綫者尚屬不少而已。是爲第一期。自民五蔡孑民先生到了北大以後,提倡研究,教育界之視聽爲之一變,至民八五四運動以後,而達於最高潮。新文化的呼

---

①編者注:本文原刊獨立評論 1932 年第 25 號,署名旭生。

聲遍於全國。大多數的青年均興高彩烈，以爲光明世界即在眼
前，大家對於他們也有無限的希望。雖説此期内的懶惰學生，成
績頗有在第一期懶惰學生下者，然大體講起，可以説這個時期是
教育界有自信力的時期。是爲第二期。近數年來，雖説教育界的
風潮并不比前一期多，教育界的經費情形還比前一期較好，而大
家對於教育界的信仰却已完全消失。教育破産之呼聲日有所聞，
尤其是在去年國難以後。在這個艱危的時候，大家對於教育界希
望頗奢，而教育界自身的弱點却是窮情盡相地暴露。不惟民衆對
於教育界懷極深的不滿意，就是教育界的自身，也何嘗不自慚形
穢。當學生大爺們同教職員先生或黨國的大人先生争權利的時
候，也未嘗不能抬出幾個大帽子同他們辯論，可是當他們回到齋
舍，群居放言的時候，他們也一定自己知道他們所説，毫無誠意，
一文不值。自信力消失，是爲第三期。感覺到自己的空虛無能，
也可能的成爲一種好現象，但是像這樣消極絶望的狀態，如果繼
續下去，已足以演成自殺而有餘。教育破産，將來無望，我們中華
民族一定要陷於萬劫不復的境地！然則詳細審察教育之是否即
如此糟糕，其糟糕的情形若何，程度若何，糟糕的原因何在，再進
一步看用什麽法子可以糾正它，恐怕是現在一個頂重要問題了。
談到這樣實在的問題，説話不免要有些得罪人的地方，并且有時
候不得不將我們自己的罪惡暴露出來，讓大家看。可是國難如此
緊急，如果大家還是互相欺蔽，互相蒙混，那就不如乾乾脆脆地承
認作亡國奴，還可以少些糾葛蘿藤；如果脉管裏面還有若干的血
液，還不甘心作仇敵的奴隸，那我們就需要赤裸裸地把我們的罪
惡表襮出來，披露出來，使大家全明明白白地曉得，然後可以找挽

救的方案。

　　在談一切以前，有一件淺陋錯誤的意見，却是一件頗普遍的意見，必須完全丟掉，才可以看出教育自身的真相。這個意見，就是：通常一談到教育腐敗的時候，總有不少的人說：這是由於教育經費的短少和困難。還有人說：這是由於教職員薪水的輕微。實在教育經費的不確定是教育辦不好的一個原因，却不是一個頂重要的原因。至於教育經費，如專就北平及其他大城來講，并不能算少。教職員的薪水實在過於豐厚了！我們先講教育經費問題：專就北平一城來講，由部發的院校經費，每月三十六萬元，除了北洋工學院的兩萬餘元以外，全屬於北平一城的高等教育經費。一年總計就有四百餘萬。以外清華大學每年經費也在百萬以上。然則單單北平的高等教育經費，國家每年即須用去五百餘萬。拿五百多萬的高等教育經費，却不能辦出一個像樣的大學，這豈不是咄咄怪事！我聽說東京帝國大學在不多年以前，每年的經費還只有百餘萬，可是人家所辦大學的成績是什麼樣子！我們北平各大學的成績是什麼樣子！如果“由今之道，勿變今之俗”，學校的經費盡於教職員薪水——實在教職員薪水總額超過預算總額者，在國立各大學中，也不是不常見的事——學生的精力盡於講堂聽講，那就再添一兩千萬元，我敢斷言，想得到什麼發明與發現，仍是沒有大用處的。國聯教育調查團中有一位 Falski 先生，係波蘭從前的教育總長。他因爲中國的教育改進，同波蘭有很多相仿的地方，所以特別注意。據他的估計，北平的小學教育經費，想全辦義務教育，已足敷用。他指摘我們的小學教室，用半天，閑半天，爲什麼不能盡量利用？又指摘我們小學校長的不擔任教課爲世界各國之所無有，均關緊要。從以上各條所説，已足見我國教育款項的浪費。在我國這樣民窮財困的時候而教育界猶這樣的不經濟，真令人無限痛心。至於説教職員薪水太低，不曉得他們所據的是什麼標準。當我歐戰前在法國的時候，法國大學教授的薪金，每年不過一萬六千餘佛郎，約合我國幣五六百元。其副教授半之。各副教授亦均著作等身，不過年限未到，尚未得教授的名義而已，拿北平普通的教授來講——除了極少數外——也不過可以當他們的學生，絕不能同他們度長量短也。并且他們以授課及著作爲他們的專門職業，不能同北平在別界據有職業而來教育界"玩票"之講師們所可比。在各大城大約只有一個大學，兼課的問題更無從發生。可是法國的生活程度比中國高。歐戰以後，生活程度大增，自然有很大的增加。但是就全體講起，北平大多數的教授，學問比法國的副教授差的多，而待遇則比他們優厚。這樣還吵着薪水低微，爲什麼不把自己的學問同人家也少比較一下子呢！再進一步説，教育爲社會中的一種專業，不能離社會而獨立，尤其是不能離社會經濟而獨立，是一件顛撲不破的道理。歐美各國，雖説是資本主義的國家，可是他們大學教授的年俸比一個工頭、一個優良農人的每年所得不能相差多少。加到一倍或兩倍，也就算頂多了。至於蘇俄，近幾年勞心界得與勞力界享同等的待遇，已經引爲非常幸事的更不必説。在我們中國，則最優良的工人農人，每年所得，也不過三五百元；一個大學教授的每年所得，則十倍十數倍而未有已！這樣的現象不説是病態不能。我敢斷言：設想有些人也能作工作農，也能在大學裏面教書，全國大學教員薪俸，一律減半或減三分之二那個時候，大家一定還是争着在大學教書,不願意作工作農! 由這以上所説,可見教育經費的不穩定與退休金等類制度之未制定實行,可以爲教育腐敗的原因,至於教育經費,現在雖不能説太充裕,却還不能説太短少;教職員薪額已經過優,絶無輕微的毛病。這樣的意見,一定有不少的人來罵我,可是事實如此,我也無法作另外的説法。

現在且將學生的受課情形及成績,學校的管理,功課的編制,學校經費的支配,各種情形,撮要一説。

想問學生成績的優良與否,必須先看他們受課的情形如何,是一件一定不可易的道理。終日上課的學生成績果然還未見得優良,可是終日不上課的學生却一定無從優良起。我們來看現在學生的上課情形是什麼樣子。遠者不論,姑專就北平説。我有一個朋友,他從前在保定育德中學教過學,今年春天他在平西温泉遇着他的一個舊學生。他這個學生現在北平一個頂有名的私立大學肄業,是一個東北軍閥的子弟。他同他説,你今年要在某學院畢業了,但是我覺得你在這四年裏面,并沒有上到一個月課呀。他的令高足,想了半晌,回答説:到學校倒不止一個月,瞧瞧朋友呢嗎呢,上課却的確不到一個月。某學院如此,其他私立各大學可知。至於國立各大學,不錯,辦理是比私立各學校較好一點。平心講起,國立各大學考取學生的時候,并沒有什麼大私弊,所以它裏面的學生比私立各學校學生的程度整齊的多。它所較好的不過如此。北平有一句話説國立學校,只要考進去,隨便住四年,就準可以畢業。這句話雖少有點過分,可是離事實相差并不很遠。我從前初辦師範大學的時候,師範大學學生上課的平均數,總不能到百分之四十。及至我緊辦了幾個月後,上課的平均率也不過到百分之七十。學校雖有曠課三分之一就要休學的規定，可是每年一批一批地畢業升級，并沒聽説有什麼休學的。我在那裏辦了大半年，説是管理較嚴，其實我們所能辦到者，不過此學期中絕對沒有來的學生讓他們休學而已。這已經成了這幾年裏面的破天荒，已經怨聲載道。師範大學也并不比其他的大學壞。一校如此，他校可知。所以專就北平一地而言，每年公私立大學畢業學生不下數千人，而能把自己所學的功課，學得清清楚楚，明明白白的，在總數中不能過百分之十。——這個比例，我開頭總還覺太小一點，以後問很多在教育界有經驗的人，他們全説：這個比例，止有過大的，沒有過小的。可是大學畢業生的使命，是否止要把功課弄明白，就算完成了呢？大學是教職員同學生研究高深學術的地方，高深學術增高的重大責任全落在他們的肩膀上面。這幾千畢業生裏面，能認清高深學術是什麼，并且對於它有特別興趣的，不能過百分之一二。可是對於高深學術的興趣，是研究學問的一種要而不足的條件。研究學問，不但需要具濃厚的興趣，并需要有特別的能力。在這每年數千的畢業生中間，不惟對於高深學術有興趣，并且具有能力者，不曉得有十個八個沒有。大學教育的成績大約如是。再看他們畢業後的服務情形。這三五個具有興趣又具有能力的人，爲國家社會的鴻寶，但是學校經費已盡於教職員薪水，圖書儀器異常缺少，雖想繼續研究，而機會大非易得，對於社會無大影響，暫置勿論。如果這百分之十的把功課弄明白的學生能安心地在教育界服務，也總還算差强人意。可是那百分之九十的功課還沒有弄清楚，却也在大學畢業的人，往那裏安插他們呢？他們覺得你們是大學畢業，我們也是大學畢業，你們每月能挣到一百或二百元的生活費,我們爲什麽不應該有同樣的收入? 并且這百分之九十的先生們,雖然不能說個個活動能力很大,可是活動能力大的也頗不少。至於那百分之十的書呆子們,精力盡於伏案,活動能力大的并不很多。歸結,這百分之九十的人們,一部分大舉地向教育界進攻。他們不得意的時候,興風作浪,使這一班功課還清楚的人不得安心服務,得意的時候,他們自己又毫無辦法。每次教育界的風潮,内容情形大約如是。另外一部分跑到政界裏面,軍界裏面,爲政客軍閥作簽片。他們有飯吃,什麽事情全不能作。如果飯碗感覺到有危險,就要興雲作霧,什麽事情全可以作出來。這幾年來各省的什麽獨立運動,分離運動,大部分全是念書人飯碗問題的作祟。當國難初起,人心憤激尚未降低,精誠團結的口號高唱入雲的時候,我在上海,遇着北大一位老同事,他對我說:"前兩天見着某君——某君的姓名我已經忘記,但一定是一位受過高等教育,在某機關作事的人——我問他怎麽樣好,他回答說:'有什麽好? 糟糕極了。'我問他什麽糟,他說:'好好的,又講什麽和的? 這和議一講成,廣東的人不全來了麽? 飯碗不又要打破了麽? 這還不糟。'"當時我們談及這些話,我們全非常地生氣。可是以後仔細一想,說這樣話的先生,不過比他人老實一點,所以把心中的話誠誠實實地說出。至於存同樣心的人,真是"滔滔者天下皆是也"。像這樣的國民,却說他們能同仇敵愾,這豈不是"滑天下之大稽"麽? 陶希聖先生說:中國在歷史上,無其他的階級,止有士大夫階級;士大夫當數目少的時候,也可以敦品勵行,比方說東漢;數目過多的時候,就要互相排擠,互相傾軋,蕩檢逾閑,無所不至,比方說唐宋之末季;

中國歷代對於異族的抗爭，全由此階級領導，可是他們作的并不很好（此引綜括陶先生的大意）。我覺得他這些話很有道理。現在大學所能養成者，并不是什麼了不得的人才，不過是一種士大夫階級。他們不上大學的時候，還可以工，可以農，可以商。現在上了大學，不能工，不能農，不能商，却對於士的本質是什麼還不了了，不要説他們能盡什麼責任了。這樣的教育如果長此繼續下去，中國不亡，是無天理！現在暫且退一步，設想這百分之十把功課弄清楚的學生能安心地服務，中國的學術是不是就有光明的前途？兹事體大，且聽下回分解。

教育罪言(二)①

　　我上一次已經説明現在的教育不大能養出真正的人才;其所養出的大部分是一班新剝削階級;雖説還有百分之十左右的用功學生,可是因爲他們的推蕩排擠,畢業後無法爲社會安心服務。現在姑且讓一步,設想國家能够想出一種法子,使這一班用功學生可以安心服務,那是不是不久就可以有重要的發明或發現,使我國的科學界可以同先進各國度長量短呢? 那仍是不能,并且差的很遠。因爲:學校中大部分的工作爲求知識,可是知識是件什麽東西? 應該到什麽地方去求? 宇宙中間一切的現象不住地在那裏變化;這種變化雖説是不住的,在這變化的現象中間却有一種恒定的關係。吾人對於這些關係,具一種觀察,得到一種觀念,就叫作常識,再加一種比較與研究,得着一種明瞭的觀念,就叫作知識或科學。然則知識的泉源是分散在宇宙中間的各處的;應該

①編者注:本文原刊獨立評論 1932 年第 27 號,署名旭生。

到宇宙中間的各處，自然界（Nature）的全體裏面去尋找的。幫助尋找的工具裏面，有一種叫作書籍。這書籍的本質是什麼呢？古人説得好：書籍不過是一種路程單子。古人辛辛苦苦到自然界裏面去求知識，把他所經過的路程寫出來，告訴我們：這便是書籍。詳細説一點，書籍不過是或簡陋或詳備的一種游記。看點游記，對於旅行的預備，也未始不無小補。可是求知識總要自己去旅行。就使能把頂好的游記從頭背誦到尾，對求知識的自身真是還隔了十萬八千里！現在學校的受課，差不多全是教學生去念教課書；這一班用功的學生也不過是念教課書，把念路程單當作旅行！我看見一個在國内坐第一把交椅的大學裏面肄業的學生，他爲生物系（并不是文法各系）第四年級學生（并不是初進此系），并且頗用功（不是荒唐學生），他走到天然博物院，并不能分辨桑與榆！他們這樣學生的精力，已盡於念路程單子。將來指導青年，還不就是這一班先生。指導學生求尋求知識，他們從什麼地方能得着知識！我上面所舉的例子，或者少嫌極端一點，可是在中等學校教授自然科學的先生們，對於他們所住在地方的物産、氣候、土宜等事絶不了了者，則"滔滔者天下皆是也"！

　　我聽説主張直接教育的衛中先生，在山西時曾爲閻錫山辦一模範學校，他同閻氏約：閻氏對於學生畢業時成績有權過問，至辦理中間時則無權過問。學開的很久了，學生還没有上課。他老先生終天領着學生們，到山顛水涯去游山玩景。這個時候，自然有人報告給閻氏，講他的閑話；閻氏問他，他便以成約相抵。這樣玩到很長的時候，他的學生開始上課了，拿出來課本一看，那裏面所説的事情，差不多全是他們所已經知道的。真正的教育大約應該走這一類的道路。因爲發明與發現，并不是一件什麽神奇的、了不得的事情。你如果把學生引到知識真正的根源，自然界裏面，告訴他們説：你們看，這一類的現象，是照着這樣的規則變化的。這就是古人所知道的某某現象，某某定律，你們可以自己觀察實驗，就可以知道它們并沒有錯誤。某某一類的現象變化，古人也曾研究到，也得到若干的知識，但是那裏面還有若干的困難，它的困難點在什麽地方，還有待於你們的研究。還有某某部分，古人尚沒有注意到，有待於你們和將來人的努力。這樣一來，已經明白的現象，半明白的現象，未明白的現象，均羅列於我們的前邊，我們立時向半明白或未明白的現象去進攻，真可以日有所發現，年有所發明。現在不這樣作，却終天在教課書裏面打圈圈，這種教課書，真正同詩賦、策括、八股、白摺大卷有同樣作敲門磚的功用，真是了不得的東西，可是距離學問自身，渺不知其幾千萬里也！所以我常説句笑話：自然界這本大書放在面前，我們却不肯讀，不能讀，却專去鑽研小書，摹擬小書！舉目一望，盡是些教小書、學小書的先生，那怎麽樣能行得了！我説自然界，也是廣義的，并不是要偏重自然科學，却忽略了歷史科學或社會科學。比方説：如果想研究歷史科學，不專在故紙堆中尋生活，却注意到地上或地下的各種遺物遺迹，以求得古人的生活狀況，那也是直接研究到它的 Nature。按着社會的實在調查，精密統計，參互之以歷史上的經過，求得社會變化的階段和定律，那也是直接研究到它的 Nature。可是這樣的辦法，絶不是我們現在中學或大學的一般先生所能作、所願作的。我常説出以下的比喻：我們現在要教西山，最好不過的方法是到西山去住些時。那邊住起來，每天出去,頂好是帶着科學的器械,觀察那邊的地質若何,地形若何,林木若何,水泉若何……住了一月四十天以後,雖不見得對於<u>西山</u>的情形完全知道,可是同他人談起,總是親身閱歷之談,不同隔靴搔癢,那才是正當的辦法。現在教書的人,比方起來,就是南方的人,不惟沒有到過<u>西山</u>,并且沒有來過<u>北平</u>。換句話説,就是他們對於<u>西山</u>是什麼樣子,連影子也沒有看見過。他們住在南方,搜集到十篇八篇關於<u>西山</u>的記載,聯絡起來,貫串起來,就要同人家談<u>西山</u>。也許有一小部分,聯絡貫串的還沒有大錯誤,可是已經是隔靴搔癢、道聽塗説的辦法。大部分雖然聯絡貫串的好像有點道理,可是實在講起,蠻不是那一回事! 沒有自己作過科學的工作,却去同學生談科學,那豈不是一件大笑話! 可是現在大部分教書的人全是這樣辦法。那想我國的學術界有前途,豈不是緣木求魚! 所以,即使這一班的用功學生得到安心服務的機會,我國學術的前途,仍是不能有大起色的。

　　要而言之,我國現在的教育情形,不是到民間去的,却是從民間出的。換句話説,是現在并沒有人把學者研究的所得,拿到民間去,幫助農人工人,改良他們的生活狀況。却是用教育的方式,把農人工人的子弟拔出來,使他們以後不能爲農,不能爲工,不願爲農,不願爲工。又因①種種的關係,使他們不能好好的上課,不願好好的上課。就有一小部分很用功的學生,也因教育的不合法,使他們徘徊於學術的門外。這樣的現象,如果不趕緊變更,<u>中國</u>的教育前途,是沒有什麼希望的。

---

① 編者注:原於"因"後衍一"因"字。

我們現在來談各學校功課的編制。

我們如果專就一小部分來觀察中外各大學的現狀，一定感覺到一種很矛盾的情形。問巴黎大學同北京大學那個大學辦的好？沒有人有疑義的，說這一定是前者。可是如果問巴黎大學理科各系畢業的學生同北京大學理科系畢業成績很好的學生（北京大學必取成績很好的爲比者，因爲我們的考試現在總是馬馬虎虎，好的同壞的成績可以差的很遠）。比較起來，是那些人學的多，知道的多？那却一定是後者。巴黎大學的理科，組織的很單簡，只分數學、理化、博物三組。每一門功課習畢後，考試及格，即得文憑（Certificat）一張。止要在一組中選習過三門功課，得文憑三張，就算大學畢業。後一組與前兩組不能通融，前兩組可互相通，很可以在此組中選一門，彼組中選兩門。學生聰慧者一年即可畢業，然二年三年者也頗不少。可是我們中國學生住大學一定要有四年之久，學分必須要修到一百三十二個之多，功課必須要修到幾十門。自然，法國得過 Baccalauréat 的學生，外國文程度比中國高中畢業學生好的多，無須在大學中補習。他們所要習的科門的基礎知識也要比我國高中畢業學生較好一點。并且，大學中所教的一門功課，頗爲繁重，也許我國課程表中把它分成兩三門。但是全體說起，仍是我國學生學的東西多的多。我問過不少理科的同事，他們全說當日在外國留學的時候，沒有習過那樣多的科目。可是人家的學生學的那樣少，却并不因此減少將來的發現與發明，我們的學生，學的知識那樣豐富，可是畢業後的發現已經不多，至發明幾乎無從談起。這裏面所含的道理不可以仔細想一想麼？理科各系功課的排列，雖不見得大合理，但是還相差不很遠。

至於文法各科的功課尤爲離奇。以選科爲名,功課可多至數十百種。英文如<u>莎士比亞</u>、<u>迭更斯</u>、<u>麥考萊</u>等等,中文如<u>李杜王孟高岑</u>等等,均無不可成獨立科門。問其對於所講授之作家有何特別著作? 毫無。有何特別研究,也不見得有。在中文中,其所特別講授之作家,或已將其全集,從頭翻閱至尾,至西文中大約并此亦不可得。每年開學時,各系主任的門即被擠破、無法應付,止好每人送一兩點:有三五學生偶然選習,即可成班。以後不論是否有人繼續上課,學校均當敬送薪水。人人不敷謀食,"點心店"的譃喻,喧騰人口。這一類的現象,尤以各校中無正式校長時爲尤甚。一無總攬全局和負責的人,各系均作無限度的廓張。及至預算超過,大家全吵着教育經費缺少。如果這樣情形繼續下去,即使每校每月再添數萬元,而粥少僧多,也絶没有法子養盡少讀過幾句書的灾官。中學情形少好,而高中裏面,因有選科的規定,如學校經費稍裕,則賢者有飯大家吃,不賢者有贓大家分,始能少安於位;如果想撙節一部分,爲擴充圖書及儀器的用途,那却比登天還難。習俗如此,即有賢者,也不過仰屋興嘆罷了! 至於學生,也絶少有自行研究的習慣。用功的不過希望終天受課。我還記得當我在<u>巴黎大學</u>上學的時候,開始選課達十餘點。一天同一個同學談及,他笑我選那樣多的功課,萬無法自修。可是我國大學的學生,每星期上課至二十餘點或及三十點者,并没有人覺得很怪。如果有人反其道而行之,使他們少上課多自修,他們却要茫茫然無所措手足。我所以嘗説一句笑話:説現在的學生并不像上山上不去的人,需要人推一把,却像一步不能走的人,總需要人家背着他上山。要而言之,今日的學校,教員無指導學生自修的習慣,學生無自修的習慣,學校無節儉經費、擴充圖書儀器的習慣。理科各系功課的排列,已染惡道,但還少有邊涯。其他則除了實在的經費狀況,竟至毫無限制——有時候連這些也限制不住他們。這樣的現狀,限制了學生的學業;學生這樣的習慣,又限制了授課的狀況。互相爲因,互相爲果;循環牽掣,循環限制。現在想打破這樣現成的狀態,殊非易易。可是這樣的狀態如不打破,那裏配得上談什麼高深學術呢?

至於學校經費的支配,最大的毛病,就是經費幾被教職員的薪水占盡,而設備的經費毫無所出。不少的學校,連預算上根本沒有儀器和圖書的經費;有些學校感覺到這樣太不合理,劃出來特別的經費,可是因爲學校經費不能按月收到,隨便動用,結果又等於零。在後一種的情形,自然經費不穩定,國家要負一大部分的責任,但是如果學校當局能真正負責,也未見得就沒有補救的辦法。民八九以後至十四五年,每年差不多總有七成餘的經費。已經年年如是,如果能在這小範圍裏面籌畫辦法,也未始不能較好一點。徐軼游先生嘗對我説:“當湯爾和先生長我們醫校的時候,對於財政扣的很緊,錙銖比較,我們大家全很討厭他。可是現在想起,湯先生是很有道理的。湯先生交卸的時候,學校存款數萬,湯先生對於學校是有一種發展計畫的。自他走後,不到一兩年,大家把他辛苦積存的款項隨便拉用完,學校此後一點辦法也沒有了。”從湯先生辦學的成績來看,可見我上面所説的不誤。自民十七以後,教育經費,少有增益,教育經費的情形也比從前較好一點,可是教職員獨立作事的精神日漸發展。已成的舊勢力萬不容易有所更動；未成的新勢力方日日有所擴張。不管學校的經費情形如何，止要我開了班次，招來學生，請來教職員，你教育部承認也得承認，不承認也得承認。教育界爲全國大混亂的一個縮影，到這一個時期也完全顯著出來。沒有法子往前辦，以至於把萬不能動用的款項——如學生入學之保證金等——也全行動用。商欠無限的積壓，商人自顧血本，遂不得不提高價額；學校想換商家，而積欠無法清還，也沒有權利換。重重搜刮，層層盤剥，而學校愈病！

對於這樣大不合理的事項，如果想有所改正裁併，那就要群起大鬧，說我們學校有特別的歷史，千萬不要挨着！殊不知道世界有現實與理想的兩端。漸漸離去現實，近於理想，才有進步之可言。歷史就是現實的自身，它本身就是不完備的，惡的。無論怎麼樣好的組織制度，如果貪戀着它，它一定要漸漸的變成一文不值的空殼子，以至於爲社會進化的障礙。并且，中國學校這樣的混亂，真是前無古人，中外歷史上那有前例呢？尤有甚者，却可以靦顏無恥，說我們學校有光榮的歷史！我們中國辦學三十年，不惟什麼大發明發現還談不到，以至於什麼少高等一點的科學書，還沒有能翻譯成中文，羞愧汗顏之不暇，還能談到什麼光榮的歷史！像這樣對於軍閥亦步亦趨的教育界，如果不及早回頭，我中國一定要萬劫不復。可是環顧四方，此作彼效，此倡彼和，這一校少好一點，那一校更利害一點；這一時少鬆一點，那一時更緊一點；浩浩蕩蕩，未知所極；障遏百川之橫流，尚未知何日也！萬一！

今天得罪人的話，説的已經不少。暫且打住，留待下次再談。

教育罪言(三)^①

我前一次本來是想把學生的受課情形及成績,學校的管理,學校經費的支配,功課的編制,各種情形,陸續撮要一説。現在學校經費支配及功課編制的大不合理,學生受課情形及成績的一團糟,已經簡單指明,止剩了學校管理的問題,其實也很可以不必説了。因爲學校設立的目的,是叫人研究學問的,并不是要把學生招來,排列整齊,教大家看着好玩的。真正的目的既達不到,其餘的又何必説。雖然如此,學校的管理,有些直接影響到受課和研究學問,有些對於這些雖無直接的影響,而對於學生心理和行爲却有很深的關係,所以我們也不得不説一説。

管理的事項大約可分三類:(一)查課及考試;(二)徵收費用;(三)普通管理。這些問題在中小學裏面,比較簡單。學生年齡小,容易管理,并且也必須管理,所以各學校的管理方法,雖良

---

①編者注:本文原刊獨立評論 1932 年第 30 號,署名旭生。

否不齊，大約總還可以説有管理。就我們耳目較親的<u>平津</u>來講，除了若干的野鷄中學，專以收學費爲目的，應該實行封閉外，大多數總還説得下去。<u>師大</u>、<u>女師大</u>的附中附小，尤爲良好。——這些附屬學校，如有不滿人意之處，却在教課方面，管理方面須要改善之處，并不甚多。至於大學方面，不管公私學校，幾乎可以説是全無管理。隨便上課、隨便考試的習慣，我前面已經説過。外國大學的上課是没有查考的，實在也很可以不必查考。可是我國無論何校，無不有點名簿，點名或由教員擔任，或由注册課擔任。由教員擔任的，點名後學生仍可陸陸續續的來；等到下堂的時候，大家圍着教員，補行簽到，甚且很高誼的爲未上課的朋友簽到。由注册課擔任的，學生更隨時可以到那裏查考改正，可憐的小課員，那裏敢説一聲不允許！像這樣點名的結果，是：教員耽誤工夫，注册課多養不必要的職員，浪費紙張——大半是從外國買來的——而頂大的壞處，却是獎進學生欺騙不誠實的心理。至於好處，我却一直到現在，還没有看出有那一點。考試制度，雖説前幾年因爲它太偏重機械記憶，大家對它作一種嚴重的攻擊，但是它的自身却并不是怎麽樣的要不得。并且它這一種社會制度，頗關重要。如果找不出來另外一種比它好的制度來替代它，絶没有廢棄它的理由。尤其是畢業的考試：學校既須要給他們一種憑證，向社會證明他們已經取得充足的學力，而學校自身却没有一種考核的方法，那豈不是對社會行欺騙麽？我國現在各大學考試的實在情形，也不必詳説。只要看各大學無不有曠課超過三分之一，不得參與考試，即當休學的規定，而學生仍可以隨便不上課，隨便不讀書，并且可以隨便不到堂，却是升級的仍是照樣的升級，畢業的

仍是一批一批的畢業，就很可以明白了。徵收費用的自身，實在
是很有問題的——我們理想中的學校，并不徵收費用，這個問題
等將來再説。可是現在的各大學，對於這些全有很詳細的規定；
單就學生的經濟能力説，無疑義的，我國現在上大學的學生，差不
多全是些小資産階級的子弟，沒有拿不出這幾塊錢的道理。現在
除了私立大學，恃學費爲生命，非交納不能上學外，大多數國立學
校的學生，無論學校催的怎麼樣嚴緊，他們可以大部分的有錢穿
西裝，却沒有一小部分人拿錢交學費。這件事情，學校給學生一
種極壞的印象。因爲入學時候的費用必須要交，入學以後就可以
隨便不遵守學校的軌則，那無異乎告訴他們説：你們未入學以前，
學校無論怎麼樣苛刻，你們無奈學校何；你們既入學以後，學校已
經無奈你們何了！至於普通的管理，好在有“大學生均已有自治
能力”的一句話作護符，就完全談不到。大多數的教職員，對於
學生夙具戒心。以不引起風潮爲目的，以敷衍爲手段。即使眼看
學生行動的大不合理，未嘗敢加以糾正。學生未嘗以師長待之，
彼等亦未敢以師長自居也。甚且揣摩學生的心理，而謬爲之説以
便利之。詼諧以取容，曲學以求悦，與學生酒食徵逐以聯歡。青
年何知，對於此等大便私圖的“師長”，雖無敬意，却含憐心。他
們的受課作事，無論如何聊草，風潮亦可徵倖不起。學風日漸頽
壞，而教育界之綱紀愈不可問矣！因爲社會的麻木，無制裁，政府
的顛顢，無保障，使這一班寄食於教育界的先生們，不得不仰承學
生的意旨以爲容悦，勢誠可悲；而這些先生們，忝居師長的重任，
却不惜降身辱志，作學生的篾片以求糊口，品誠足羞！并且，近數
年來，政治不就軌道，“上無道揆，下無法守”，青年鬱悶，充滿革

命的情緒,同民十三四年時青年的情緒大約相仿。可是也頗有不同的地方。現在全國人民,對於國民黨,情感惡劣,實不亞於當時人民之對於北洋系。對於共産黨的原則,全表示若干的同情,也有同當時對國民黨相似之處。但是,温熱的程度,僅可與民九十之間相仿。雖亦知其爲真正政黨,并非洪水猛獸,却尚不致懷很高的希望,與民十三四五年間對國民黨的情緒大不相同。并且,民國十三四年在北方的革命活動,大多數的教職員與幾乎全體的學生是參加的。現在革命的情緒雖顯濃厚,而今日之教職員與學生自身,其生活情形均仍屬於小資産階級,對於其過去,雖有些人明知其不合理,却也不能無若干的留戀。所以此次活動,教職員幾於全體不參加,學生參加者亦極少數。即在這些實際參加活動的學生裏面,對於共産理想有真正信仰的,還不能算很多,所以更引起外界的疑慮及不同情。這一班參加實在活動的學生,因爲政治的動機,惟恐學校無事。稍遇機會,即張皇幽渺,興風作浪;又有百分之一二十的懶惰學生,利用機會,擂鼓呐喊,而學校事遂愈不易處理。其餘之大多數學生,也知道他們別有用意,不肯出來附和。但因爲事情的發展,充滿革命的情緒,所以他們雖因有所疑慮,不肯爲共産黨作前鋒,而在他方面,又因有所厭棄,不願爲國民黨作後盾。在這大多數學生猶豫觀望,徘徊歧路的時候,共産活動不易成功,學校風潮不易息止,風潮的漲退,遂與政府實在的勢力和決心互爲消長。此時有熱心的教育家,想引導他們暫時捨棄實際活動,專心研究學問,也幾乎勢不可能。最近學校幾陷於無治狀態,而學生中仍有打倒教育界法西斯蒂的呼聲,其實在的背景大約如此。我們確信:如果法西斯蒂執政,自然不能任學校這樣的一團亂糟;即使共産黨真正當國,也一定要竭力整頓,不能任學生這樣的任意胡爲。可是在這個時候,學校管理雖然也有相當的重要,却不知道應該從何處説起也!　歹l!

要之,青年的不誠實爲今日最大的灾禍。舉凡學校風潮,以至於大規模的匪患、内戰,全無法同它比擬。因爲那些全是有邊際的,可以量度的灾禍。至於青年的不誠實,乍一看覺得没有甚麼了不得,而散遍各處,無縫不鑽,爲一切灾禍的派出所。如果這樣的心理不能逐漸改良,不惟國民黨的黨治没有法子成功,就是什麼共産黨,什麼法西斯蒂黨,什麼……黨……黨,即令它們一日上臺,也全不能有法子。無論什麼學問也全談不到。可是,現在的社會環境,學校中的授課,尤其是學校中的管理,全是獎進他們不誠實的好辦法也!　嗚呼!

以上數節,我已經把我們教育界大不景氣的現狀,約略説過。看見這篇文章的,不免有人跳得八丈高,大駡:傻子!　瘋狂!　那些也全不要緊。也許有人説:談的痛快,大快人心。那我就回答説:我説這些話的時候很痛心,并不是要駡人來快意。或許有人看罷,就覺得教育界這樣黑暗,異常悲哀,以至於絶望。那我却很抱歉,并趕緊安慰這些位先生説:千萬不要絶望,還不至於那步田地,要而言之,我説了這許多不順耳朶的話,不是使人快意,也并不要使人憂悶。所希望大家的,是大家看罷以後,仔細考慮一番,看我這幾次所説的話,是否是真實的,是否是過分的。如果這些話還不大錯,那就希望大家嚴重的考慮,時時的考慮,想出來一種什麼補救的法子。千萬不要説:我們人微言輕,萬找不出辦法,得過一日且過一日。我們堅決的相信:無論一個社會怎麼樣的繁榮,如果大家全玩愒度日,存"遑恤我後"的念頭,那個社會一定要頹敗下去,反過來,無論一個社會怎麼樣的緊迫不安,只要大家能鼓起勇氣,奮勵的向前走,那一定可以找出一種辦法。我今日說話暫止於此,下次再將我們所找出中國教育糟糕的原因,詳細寫出來,請大家的指正吧。

教育罪言(四)①

　　我前幾次已經把我國現在教育界裏面的情形大約説了一説。所舉的例子,雖説差不多全是耳目較近,聞見較切的<u>平津</u>的情形,可是"<u>平津</u>爲我國文化的中心",其他地方,不能比<u>平津</u>好,殆可斷言。像這樣一團亂糟的教育,前途還能有什麼希望! 新舊人物的代謝,非常迅速。國家各界的主要角色,轉瞬就要爲這一班青年學子所代替。你想從這樣教育訓練出來的不學無術,暗昧無識,虛詐油滑的"人材",他們登臺後,能作出什麼好事情! 對於國家能有什麼好影響! 我國前途的命運,不就被現在的教育所斷定了麼? 我前面説:<u>民八五四</u>運動前後爲教育界有自信力的時期,直到近幾年來,才爲教育界自信力消失的時期。難道説,這幾年的工夫,教育界的品質,就能這樣的一落千丈麼? ——唯唯,否否,不然。"非一朝一夕之故也,其所由來者漸矣!"如果我國的

---

① 編者注:本文原刊<u>獨立評論</u> 1933 年第 33 號,署名<u>旭生</u>。

教育,受病淺,容易療治,民六七時的養護,已經差不多元氣恢復,那無論什麼人,也不容易在這幾年之間,就把它鬧的糟到這步田地。現在的情形,我們在教育界的同人,全要負一部分的責任,可是一定要找出幾個罪魁禍首,那却是不可能的。我國士大夫思想的荒謬,發源於數千年前,蔓延植根於全國人心靈的最深處。想把它摧陷廓清,真不是一件容易的事。五四前後,教育界的名流,對於它的病源,雖屬稍有所知,却并未能診斷清楚,也未能作根本改革,救正。不過打了一嗎啡針,一時稍現活氣。思想一部分的解放,整理國故的方法逐漸精密,遂令它感覺到自身的活動力,尚未完全消失,社會因之對於它,也就生出一種無限度的希望。實在它的病根,不惟説還没有拔掉,并且可以説簡直没有拔。講學問的人應該念書,念書人應該特別安富尊榮的觀念,仍爲一般人所認定的天經地義。加以民十六七革命以後,政治至今未就軌道;農村破産,人心皇皇,教育界亦未能獨外;教育破産的呼聲遂因之瀰漫於全國。現在必須要將它腐爛的主要原因,一一推定出來,指明出來,然後才能開始商量療治的方案。主要的原因,據我們研尋的結果,略如下述:

一、士大夫在我國成一種特別安富尊榮的階級。這件事情,在兩千餘年前,大聖人孔二先生的時候,已經成功。孔二先生在封建時代,教育僅及貴族,不下平民的時候,獨能不顧一切,"有教無類"。不管什麼市儈屠沽,止要他們自己能誠心誠意,拿一塊乾肉作贄見,請求教訓,全要一點不厭煩的教誨他們。他這樣精神實在是了不得的。但是因爲他希望人求學的心太盛,説話不甚小心,就生出來很大的毛病。他對於請學稼的樊遲,就痛罵他

“小人哉”；可是對於好利干禄的子張，不過安慰他一頓，説你止
要如何如何的作，你自然得到俸禄了。他又説什麼“耕也餒在其
中矣”，“學也禄在其中矣”，好像辛苦生產的農夫活該餓着肚子，
而讀幾句書的大老官們，總應該吃的飽飽的，舒舒服服的過日子。
從此以後，貴族階級雖然破壞，而念書的人却成了一種新貴族階
級。以後經過老社會黨許行、陳相、陳辛、彭更諸人的嚴重攻擊，
孟老先生沒有法子，才勉強宣布了“通功易事，以羨補不足”的原
則。可是他總覺得“勞力者”應該“食人”，“勞心者”應該“食於
人”，“食於人者”就是“後車數十乘，從者數百人”，也不算什麼奢
侈。自他們這幾位大聖賢把念書人抬得這樣高以後，念書人應該
特別的安富尊榮，不要同泥腿赤腳的農夫同受困苦飢寒，成了不
可移易的大原則。小孩自從進了學堂門，充滿了什麼“萬般皆下
品，惟有讀書高”啦，什麼“問道誰家子，讀書作高官”啦，心内終
日憧憬着的，不過是些吃好的，穿好的，高坐堂皇，打人屁股一類
的事情。幸而得志，自然可以大過其作官癮；即使不成，也還可以
魚肉鄰里，武霸鄉曲，成他們那一種特別好吃好喝的游閑階級。
科舉變而學校，換湯又何嘗換藥。他們爭着上中學大學，心目中
何嘗有什麼高深學術的問題。不過是同從前考舉人考進士一樣，
想達到享受比別人高的目的而已。記得蔡孑民先生曾對北大法
律政治經濟各學系的學生説：你們來這裏要認清楚，是研究高深
學術的，并不是要作官的；如果想作官，止要到法政專門學校已經
够了，用不着來到這裏云云。這些話是很對的，但是幾千年根深
柢固的病痛，這樣的輕描淡寫，怎麼樣就能拔除掉？又加之以
物質文明的進步，個人生活的需要一天比一天高，而全國人民的

生產力，一點也不能幫助他們增加，除了積極的剝削，加緊的壓
榨，還能有什麼好辦法。現在這樣教育制度底下的學生，如果不
讓他們上中學上大學，他們還可以農，可以工，可以商；他們一上
了中學大學，他們便不能農，不能工，不能商，百分之九十幾，也不
曉得士是怎麼一回事，應該作什麼。他們所知道的，就是已經踏
進了這一階級，生活就應該提高。每月至少非得着一百八十塊
錢，就不能够生活。他們也不管一般的社會是怎麼樣的生活，他
們的親戚鄰居，以至於他們的父母是怎麼樣的生活，他們總是要
"居是官，行是禮"的，舒舒服服的生活。大家全知道軍閥是禍國
的，是要不得的，可是因爲要舒舒服服的生活，就是當軍閥的小嘍
囉，大家也要争着幹。大家全嘆息於軍閥的難除，其實有什麼難
除？如果所謂知識階級也者，全體不給他們合作，他們一天也幹
不下去。民十四五後的北洋軍閥，止因爲一大部分的知識份子不
同他們合作，他們立時倒下，足證軍閥没有知識份子助桀爲虐，是
没有什麼了不起的。可是大家雖然全説軍閥禍國，大家却全不肯
不同他們合作，因爲什麼呢？因爲他們必須要舒舒服服的生活，
不依附軍閥就無法達到此目的。因爲有這樣重大原因，所以止好
讓軍閥牽着鼻子走。想舒舒服服的生活，他們的目的與軍閥同。
自己毫不能生產，又不能幫助人家生產，想達到目的，惟有剝削民
衆，他們的方法亦與軍閥無異。所不同的，就是軍閥模模糊糊的
禍國，受過高等教育的人却是心中比較清楚的禍國。他們受社會
的特惠，得過比較完備的教育，而忘却責任，專圖享受，其罪殆有
大於軍閥者。并且打開窗户説亮話，今日中國最大的問題，并不
是什麼國民黨，共產黨，……黨，誰得最後勝利的問題。作民權運

動的和平派——立憲黨——既没辦法,激烈派——老同盟會——自然會成功;如果主張民生主義的和平派——國民黨——對於民生最近找不出來辦法,那激烈派——共產黨及其它向左各派——也自然會取而代之。政權從這一派落到那一派手裏,即使變更之際,有所犧牲,也并不是大不了的問題。可是這一班不管全國大多數情形如何,却一定要舒舒服服過日子的先生們,在專制時代他們要做官,在立憲時代仍要做官,在共和時代仍可以做官;在北洋軍閥手下可以做官,在國民政府仍可以做官,就是到共產黨,……黨統治之下還是要做他們的官;在<u>中華民國</u>可以做官,在"<u>滿洲國</u>",<u>日本國</u>,……國,也未始不可以做官!止要你給他官做,使他舒舒服服的過日子,他就可以不顧一切俯首戢耳的盡聽你的號令;如其不然,不管你是什麼人,他也要同你鬧的天翻地覆!現在國民黨中的黨官,固然太多。像這樣的政黨,是否有多大的希望,實在也太成疑問。這一班無處不需要做官的先生們,真足以把我們國家、民族,送入萬劫不復境地而有餘!却是做官教育,遠承數千年,直至今日,還是頂時髦的教育也!嗚呼!

二、書本教育的留毒。我前邊已經談過:求學問好像要自己旅行,讀書却不過是念游記。游記念得無論怎麼樣熟,總不能得到什麼新知識。可是我國數千年來,總是書本教育,偶然跑到自然界裏面作若干觀察的,已經是很少很少,不要説近代的實驗方法了。原因就是我國士大夫求知識的興趣并不很發達。他們所注意到的,不過是切己的現象,這就是説:人事間相互關係。他們把經驗過的人事的變化,全寫在書本子上面。求實用的學問,就是到那裏面求找。這個方法本來有相當的價值。可是書本教育因此就形成了。殊不知道人類爲自然界中間的一小部分，不把我們的周圍環境，與我們有關係的自然界弄清楚，却方隅自限，把範圍内的現象弄明白，是不可能的。并且宇宙中間，不惟同我們人類接近的自然現象，同我們有關係，就是離我們極遠極遠的自然現象，也常常在我們中間生很大的影響。所以學問的對象是不應該有範圍的，而我國却永遠是故步自封。歐西的科學家、哲學家，注意到自然界的全體，而自然科學逐漸發展，歷史科學、社會科學也受它的幫助，更加明了；我國的學術界，注全力於人類社會間的現象，而歷史科學、社會科學反倒比較落後：也就是這個道理。復次，宇宙中間的實在現象，異常複雜。非用極鋭利的眼光，把各種現象，分離開，抽象的把觀念和觀念中間相互的簡單及複雜關係，全整理的清清楚楚，然後再把它們用到實在上面，沒有其他的辦法。可是這樣半抽象，尤其是全抽象的科學，開始研究的時候，總是與實在不完全符合的，沒有用處的。純粹數學、幾何學、論理學，全是這樣。專務致用，不大會抽象思想的中國人，對於這一類的知識，很難有相當的成功。我國在玄奘、窺基輸入因明以前，不能有已發展的論理學；在利瑪竇、徐光啟輸入幾何以前，不能有真正的幾何學；就是在他們辛辛苦苦，把這些輸進來以後，這些科學經數千百年，還不能有像樣的進步：也就是這個道理。我國的士大夫，一方面興趣不够發展，不肯到自然界裏面去求知識；一方面思理不够鋭敏，不能在抽象知識境域内作出什麽貢獻；所以數理科學、自然科學，在我國全未發達，大家的精神全集中於歷史及社會的知識。又因抽象科學太無根基，所以即在歷史及社會知識方面，與抽象科學有密切關係的方法的一部分，也未能儘量研精，因此這些方面的知識,雖儲集的不少,而終未能造成真正的歷史科學和社會科學。歷史方面,也是敘述的方面多,比較研究的方面少。這一部分的知識,大約全在書卷裏面;能在書本子裏面常打圈圈,本來差不多也就行了,所以我國數千年來,求學問的惟一方法,就是讀書。科學廢了,改成學校,仍是讀書。八股策論廢了,換成科學,也止是讀書。專讀書的習慣,施之於數理科學、自然科學,不過成一種笑話,如我從前所說,讀遍生物學書,却不能辨桑榆;對於科學自身,永遠是隔靴搔癢,不能有任何發展而已。用到社會科學上面,那可就大不相同了。因爲,各科學的性質,其抽象具體的程度,大有差異;它們的對象,其現象繁簡的程度也大有差異;治它們的方法精粗的程度也大有差異;其結果確定的程度也大有差異;所帶地方性的多寡也大有差異。比方說:純粹的數學論理學,它們的對象,現象是極簡單的,方法是抽象的、精密的,所得的結果是確定的、毫無地方性的。你如果在英國學這一類科學,你就可以一點不變的拿到日本去用,非洲去教。半抽象的物理化學,對象的現象,稍爲複雜,方法精密,結果確定的程度,也就稍差一點。所帶的地方性雖很少,却有一點。因爲將來很可以在中國找出來一種新原質,從前的方法一概用不上。再進到具體的科學,如地質生物諸科,現象愈繁,方法亦愈難精密,確定的程度亦愈減少,所帶的地方性亦愈增加。如果在外國學習農業,跑回中國,不精細研究本地方氣候若何,土壤若何,附近的水泉若何,林木若何,人民的經濟狀況若何,而貿貿然想拿到在外國所學的法子實用於中國,未有不鬧出大笑話者。又況由生物進至於人類的生理、心理,現象的複雜,一級一級的增加,方法精密,結果確定的程度,一級一級的減少,所帶的地方性,一級一級的添多。直至最後的、最複雜的、最不確定的社會現象,其所帶的地方色彩,蓋有異常濃厚者。所以我們跑到外國去學社會科學,所真能學到的,不過是些方法。至於其結果,所真能實用於中國的,頂多也不過百分之四五十。并且這一部分可用的同不可用的全混在一起,非先對於中國的社會,作一種詳細的調查,精密的統計,確實的研究,絕沒有法子把它們分離開。進一步説,不惟結論而已,就是方法,所能用的,也不過百分之八九十,并不是全體。因爲,很可以有一部分的現象,外國有,中國却沒有,那治它的方法,在中國就全沒有用;反過來,另外一部分,中國有,外國却沒有,那就不能不創造一套新方法去應付它。所以在外國學數學論理學的先生們,跑回中國,立時拿他所學的教,還可以説得下去;至於學社會科學的先生們,回到中國,不作調查,不作研究,就想把他所學的原封不動,照樣教授或實用於中國,那簡直是一場大笑話!可是我們中國的人,跑到日本,學到一些對於社會的知識,就趕緊跑回來,告訴國人説:社會科學是這樣的;社會是應該照這樣改革的。以至於跑到美國、法國、俄國以及其他各國的人,學到一些,無不趕緊跑回來,告訴國人説:社會科學是這樣的;社會是應該照這樣改革的。他們有時候因爲爭奪飯碗的關係,就驢唇不對馬嘴的亂吵吵。吵的利害,如果有機會,還要鼓動軍閥,不惜草菅人命的互相殺戮!所以中國這二十多年的內亂,雖説原因複雜,而這一班學社會科學的先生們,實在要負不小一部分的責任。近來關心於教育的人,如陳果夫諸先生,痛心於文法各科學生的冒濫,急想有所整頓,意思是很對的。但是他們所擬的辦法,或想將文法各科停止招生數年，或想將公私立大學中文法各科停辦，止讓國立大學辦，我却是不贊成的。因爲他們諸位先生没有找出來文法各科真正受病的癥結，并且他所提的辦法，是枝節的，没有很大的補益。可是我雖然反對他們那縮减的辦法，我却是要發憤説一句話：如果現在不把任何大學——國立、公立、私立——中的法學院，一律完全停辦，另起爐竈再來，那社會科學在中國可以説毫無希望！因爲幾乎全體的教授，把社會科學的性質鬧錯，他們就不知道社會科學應該怎麽研究，怎麽樣會希望他們能指導學生！——中國現在至多可以辦幾個法政專門學校，訓練幾個實用人材，作法官律師文官等等。另外把全國人材集中，不曉得够辦一兩個研究社會科學的學院不够。——可是在社會科學方面，鬧這樣大的笑話！簡直是一齣悲劇——仍是止知道讀書的流毒也！噫！

　　有上面所説兩個重要的原因，教育的受病已經够嚴重了。可是這些病的來源已經綿延數千年，我們的先民應該負責任的。然則，難道説我們就不負什麽大責任麽？否否！絶對不然！如果没有現在環境上和教育界自身上的各種原因，那病雖嚴重，還不至於危急到這步田地。想知道這些原因是什麽，大家仔細想想，并没有什麽難找出。至於我們對於這些原因的意見，且等我下次慢慢説來。

教育罪言(五)①

　　上一次我談及教育腐敗而應該由古人負責的兩個重要原因，那情形已經很夠嚴重了。由於書本的流毒，好像把人關在不見天日的繡房裏面，他雖不見得立時病倒，可是面孔蒼白無血，身體疲軟無力，一點發育滋長的氣象也不能有。由於好舒服的流毒，就像毒菌充滿血液，麻痹了全身的抵抗力。止等候外面些微的感冒，就可以引起體内的蘊毒狂熱。在這個時候，如果有洞明脉理的良醫，將養保護，注之以血清以遏其病菌之蔓延，漸漸使之習熟於風日以增加其抵抗力，亦未始不可恢復其身體的健康。如果毫無覺察，漫不小心，更狂嫖亂賭以助其毒菌之烈焰，則病體委頓，臭惡四溢，將有使人不能不掩鼻而過者。不幸現在的教育頗似後喻。我們再將教育腐敗的應該由現代人負責的幾個重要原因，分析②如下：

---

①編者注：本文原刊獨立評論 1933 年第 34、37 號，署名旭生。
②編者注："析"，原誤作"折"。

三、環境奇劣。環境一詞包孕宏富，凡非在教育界自身，應由教職員及學生直接負責的事項均屬此類。約略論起，可分三方面：(一)家庭方面；(二)社會方面；(三)政府方面。

先論家庭方面：我國舊日家庭制度，對求學問，不甚適宜。在從前科舉時代，還可勉強對付；到這一種與社會經濟情形完全不合的學校制度成立，兩方面精神的抵觸，才完全顯露出來。我們在外國，看見不少初在大學畢業的青年，單身一人，自身謀得最小限度的生活費，以其餘暇在圖書館或實驗室中研究。將來學術界的偉人，有不少是這樣成功的。可是在我們中國，這條路就幾乎行不通。大學畢業後，每月至少非有一百八十塊錢就不能够生活。想拿這樣多的錢，就不得不拚命去教書，向前研究的工夫全被占完。這是因爲我國的青年特別的貪婪或懶惰麼？少有一點，却不盡然。當他們求學的時候，家中已經供給得筋疲力盡；離畢業還遠，家中早在那裏希望着了。這在道德方面，也萬不能不顧及。即使家中還有飯吃，不立刻希望拿回錢去，而弟弟妹妹的學費，父母已經無力再行擔負，不得不卸到老大哥的身上。并且中國人自來有早婚的習慣，本來大學已經畢業了，標梅之期已經少過了，當然應該趕緊結婚！再說，這幾年的青年，因爲社會的大不景氣，眼前沒有什麼理想的光明來引誘了，除了物質的享受，還能有什麼慰安？剛出了學校門，父母，弟弟，妹妹，愛人，子女，仰望着一個人的就有一大群，止好拚命的拉套，拚命的拿錢，那還談得上高深的研究？加以内亂循環，農村破産；自稱的大學，把畢業生無限度的製造，生産過剩，每年失業的畢業學生，以數千百計，益使青年心怔神駭，惝恍而無所主。大家常怪各大學在校學生，對於熱心辦學，無暇顧及學生畢業出路的教職員不知愛護，而常想找出幾個無聊的政客作校長，覺得這些真是人心不古，江河日下。其實，他們處在這樣的社會環境中間，其舉動固然笨拙可笑，而其情亦堪憫矣。上面所説的各種原因，除了婚姻一事，内中一部分的責任應由他們自己負，其餘一切等等，也不能怪他們的自身，也不能怪他們的父母家人，幾千年沿襲來的家庭制度，也未見得完全錯誤。這樣的責任，除了歸之於與社會情狀完全不相合的學校制度而誰歸！

再談社會方面：這方面，一言以蔽之曰：麻木而已，無制裁而已。我國人本來偏重消極，不積極作惡的人頗多，而孳孳爲善的人亦少，"各人自掃門前雪"。社會的制裁力已經很有限。又加之以思想方面的大變化，大混亂，既有<u>中國</u>舊思潮和外來思潮的衝突，而外來思潮中又分兩個極有勢力却絶不相容的思潮。社會本身的蜕變，思想的大衝擊，全聚在這個時候。<u>中國</u>四千年的歷史裏面，很難找出一個時期可同現代相比者。社會理想（ideaux sociaux）建樹不起來，還説到什麽制裁力？復次，大學中應該有生活的練習，人人應該對於政治有相當清楚的觀念，所以大學中不能禁止學生入黨。但是，學校爲研究學問的地方，并不是作政治活動的地方，所以不能獎勵他們，利用他們作政治活動。可是我國自<u>民</u>八以後，學生牽入了政治的旋渦。<u>民</u>十四五以後，更進而作實際的工作。對於革命雖稍有補益，而學業日滋荒疏。事畢歸校，隨班聽講已感困難，而生計迫之，社會迫之，不得不要求畢業。依原則言，國家如認學生爲有勞，按績給獎可也；至學校的文憑，則爲證明真學問的充分，并非酬勳的東西，何能隨便亂給？可是時勢所迫，有不能不遷就者。并且這一班的先生，雖說學問沒有得到，他們在社會上的活動能力——并不是服務能力——却是不小，所以他們畢業以後，頗能得到重要的位置。盲目的社會，震眩於其暫時的成功，而忘却其本身的空疏。歸結，大部分的學生以爲不必工作，不必讀書，止要會亂出風頭，混過四年，出了學校門以後，就可以不怕失業。在這樣的空氣裏面，想同他們談什麼高深學術的研究，豈不是空中栽花！加以近三四年來，農村破產的情形，日漸尖銳。學生在校的時候，對於畢業後的生計問題有不能不焦慮者。可是他們鎮日所聞見的，不過是：甲不學無術，却得優美的位置；乙貪婪偷錢，已成不受制裁的富豪；丙荒淫無度，却屬黨國的要人；……這樣耳濡目染，就是有道德高尚積極負責的教職員爲他們的師表，已經不大容易範後生小子的身心，納於軌物，而況今日的教職員，既不能同化社會，却差不多全由惡濁社會同化者乎。

　至於政府方面，對於教育，一言以蔽之，曰漠視。如果專就迹象上看，十七年以後，教育經費，大體全頗有增加；積欠比從前總算較少。并且國府主席當軍旅稍有一點暇豫的時候，就自己兼任教育部長，藉圖整頓，可謂重視之至，斥爲漠視，寧非厚誣。雖然，專就教育經費言數量大小，關係尚屬第二位，頂重要的，却在其款項的穩定。教育管理，不在於法令嚴密，雷厲風行，而在於不輕改革，鎮之以定，持之以恒。近數年來，政府對於教育，毫無確定計畫，并且可以說，它對於教育界裏面的情形，有莫名其妙的地方。實在教育經費并不需要怎麼樣特別的增加，止要遵守先總理的遺訓，對於庚款，不要任便劃用。對於各種學潮，止要不築室道謀，稍持定力,也不需要什麼軍隊的後盾,就可以完全平息。如果這樣辦理數年,雖說教育制度與社會經濟情形完全不合,終非妥善的辦法,而想辦到教員學生規規矩矩地上課,像清華大學那樣的情形還不很難。清華那樣貴族的教育,雖非我們所蘄求,而學生總還可以學點東西,不至如前面所說把功課弄清楚的學生止達百分之十的比例。可是政府爲便私圖,將庚款隨便動用,專就現在經費的數目而論,它所少發的實在有限,可是教育界因此而受的損失,已經難以數計。至於蔣介石先生當日之自兼教育總長,適見其他對於教育情形的隔膜。我揣想他的意思,必定說,教育的不良爲社會秩序不安寧的主要動因,比方說,學生思想左傾,動好搗亂之類,所以毅然決然,自兼部長,力圖整頓。他的魄力固然可佩服,可是他的看法却完全錯誤了。教育不良能影響到社會秩序,固然不錯,但這種影響,必須經頗久的時間,才可以看出來。對於這一點,直到現在,教育界自身還没有很清楚的觀念,蔣先生軍務倥傯,我想他是不會看到這些的。至於學生思想左傾,動多搗亂,那全是社會秩序紛亂的結果。止要社會稍有秩序,以中國人之好静惡動,左傾搗亂,雖不敢説要完全絶迹,它絶不能成大患害,殆可斷言。倒果爲因,必至止湯揚沸,究有何益? 幸而蔣先生尚頗持重,未敢嚴屬整頓,否則即封閉若干大學,槍斃若干教職員學生,亦不過治絲而益紛之耳。數年之間,教育毫無全盤計畫:今天説大學區制好,就試行大學區制,明天有人反對,就把它停辦。實在,不管一種制度怎麽樣好,開始實行的時候,萬不會没有阻力;不真正實行三年五年以後,也難看出它利弊之所在;試行一年半載就恢復原狀,即使舊制全非,新制全是,而終不如不改。前日何所見而行大學區制,後日何所見而廢大學區制,衮衮諸公,以及教育當局,均毫無成見也。一事之起,政府漫無成見,多詢之於教育界元老蔡、李、吳、戴諸先生,這本是一種賢明的辦法,可是這些位元老意見也不一致,并且有時候,一位的意見也不見得很堅定:這樣而想教育能有全盤的計畫,豈不甚難? 并且我所尤不能明白的,却是吳稚暉老先生的態度。吳先生的道德人格爲我們所敬服的一個人,他的識見也很多超絕群倫的地方。但是他對於教育界中每一次風潮,總是持仍舊貫主義;你要問他的理由,他好像要説這些洋八股學校,反正是辦不好,不如隨它去。他看準現在的學校所教的是洋八股,我現在異常佩服他觀察力的鋭利,因爲我對於這一點,直到近一兩年,才深切的感覺到——雖然説他老先生意中的非洋八股的範圍,同我們意中的非洋八股的範圍,大約還不很相同,可是現在各中學大學裏面所教的東西,差不多全體并不是真正的科學,不過是一種洋八股,那却是毫無疑問。他老先生觀察力既是這樣的鋭利,而又身負教育重望,我想他一定要嘔盡心血,想出些補救的法子。但是一直到現在,却還完全没有看見,并且好像也没有去作,那豈不是一件令人難以索解的事情麽?如果説他怕得罪人或怕麻煩,那又不像他老先生的素行。然則在這些地方,也只好疑以傳疑,不敢冒稱解人了。

政府的情形既如彼,教育界元老的意見紛歧并不堅定又如此,并且處到現在複雜萬分的環境裏面,想要教育的發展,真是"戛戛乎其難之"。此外如政府内容的不景氣,用人的毫無方針,均足使青年的身心受一種惡劣的影響,因爲大家所詳知,不再贅論。

　　四、教職員的太不負責任。現在教育的惡濁腐敗，雖說古人同現在教育界以外的人們，均不能不負點責任，而最重要一部分的責任，却不能不卸在教職員的肩頭上，那也是毫無疑問的。因爲其他的一切，對於學生的影響，還不過是間接的，至於教職員的學問品行，却是時時刻刻直接影響到學生的身心上面。可是他們負的責任雖然如此重大，而所以養成這樣腐敗的真正原因，分析起來，却又頗爲簡單。第一，他們不肯切實研究學問；第二，他們對於學生不能負指導訓練的責任。這樣的譴責他們，他們不免要推委說，現在學校設備不完善，生活無保障，怎麼樣能責備人來負責任研究和作事呢？他們這些話當然也有一部分的理由。但是如果把各國的思想史、科學史詳細翻閱起來，一定可以看出來當那些大思想家、大科學家作出他們的大發明、大發現的時候，他們所服務的機關設備未見得就怎麼樣的完善，他們的生活未見得就會絕對安定。昨天我聽傅孟真先生說：曾經得過訥伯爾獎金的物理學大家布萊克（Bragg）先生，他的研究室在一個很卑下的房子裏面，即使晴天而光綫亦不充足；外邊又爲公衆打靶的地方，終天煩囂。他這樣的實驗室，無論北平任何大學中的實驗室也要比他的高明。但是他竟在那樣的地方作他很重要的發明。北平各大學的設備自然說不到很好，但是像樣能用的也還算有一些；十七年以後，教職員的薪水欠的還不算很多，可是求田問舍的教職員雖說頗有一些，而肯對於他們所教的學科作一種切實研究的人已經是鳳毛麟角，不要說什麼發明與發現了。他們自身就沒有研究的興趣，怎麼樣能指導學生去研究呢？至於學校的無紀律，教職員所負的責任也極重大。我相信：如果一個學校裏面的教職員，全富於研究的興趣,對於學生的訓練肯負全責,那個學校裏面就不能有風潮,即使偶有風潮,也一定很快地平息。可是現在的學潮,大部分總有些教職員作背景。真正的原因由於理想不同、意見不同的頗少,差不多全體是由於飯碗的衝突。像這樣學問、這樣品行的教職員,怎麼能談到指導和訓練學生! 即使他們能辦的巧妙,安靜無事,也不過誤人子弟更有效率而已,與教育家、思想家、科學家的責任,固絲毫無關係也。

　　五、學生思想的懶惰。學生對於功課方面的懶惰,大部分應該由教職員負責。但是他們——尤其是大學的學生,已達成人的年齡,具相當的知識,對於來到他們前面的一切事情,就應該用自己的理性審擇一番,得了相當明了的認識,然後負責的去應付它們:這才是應該取的態度。可是現在的大學學生,對於一切,大至於國家政治的組織,近至於母校重要的變革,大多數全認爲與己無干,漠不關心。學生的團體,除了極少數人所組織的或能照軌則進行外,全體的組織,如學生自治會等類的團體,差不多沒有一校不是由少數人把持的。你要怪他們的把持麼? 那却不能這樣簡單的斷定。因爲最大多數的學生全覺得這會裏面的事情,對於他們毫無利益而袖手不問,管事的止有很少的幾個人。那會的前途止有三條:第一,如果碰巧這些管事的人是很熱心的人,那結果就是這些人累得要死,事情也辦不出來什麼大成績,并且常常受那些説風涼話的人的閑氣;第二,如果這些當選的人是些平常不熱心的,那會務就要完全停頓;第三,如果這些當選的人是些好便私圖的,那他們却很可以利用他們那些小小的職務,得種種的生發。除了第二種情形不必談外,在第三種情形之下,固然是把持,但是在第一種情形之下，又何嘗不是把持？你又怎麼樣能怪他們把持呢？并且，好便私圖的人，何時蔑有？何地蔑有？不過異邦大多數的民衆看的很清楚，不肯放棄自己的責任，就有少數好便私圖的人，也看得出如果亂七八糟的作，與他們自己毫無所利，所以不能去作，不敢去作。至於我國，就是大多數的大學生，也不清楚社會是應該怎麼樣組織，自己應該負什麼樣的責任，而竟一味旁觀。你要問他們爲什麼不肯問事，他如果是很誠實的，一定告訴你說，這些事情對於他沒有什麼益處。然則他們的不理事，同好便私圖的人是一樣的，也是自私自利的。所不同的，就是他們的自私自利是消極的，至於好便私圖的人却是積極的。天下事總是積極者戰勝消極者，然則在中國，好便私圖的人，很容易達到目的，又有什麼可奇怪呢？所以中國事，括總說起，少數的作惡爲患猶小，大多數的昏惰爲患甚大。大學生因爲自己所處的學校大，就很自命不凡，然而他們的昏惰，并不亞於他界，這真是有志之士所極感棘手的事。他們大多數沒有問事的習慣，并且可以說沒有用理性去思想的習慣，所以偶爾問事，他們思想的淺薄極可憐憫。我現在隨便舉一個例子：國難以來，各報的讀者論壇，我倒常常翻閱。這些文字大約爲各大學的學生所寫。主戰之聲囂然於耳，但是怎麼樣戰，戰的近果若何，遠果若何，大體變化若何，這些問題，却不常有人想到。我個人自從國難以來，是前後一致的堅決主戰派，但是，我們相信，即使全國動員，堅決抵抗，而一定要敗；敗的結果，沿海大城，除却廣東的，一定要被敵人占領，東北的大平原也早晚要被敵人占領：這些結果，現在主戰的青年，恐怕未見得全想到吧。沿海大城失後，餉源無着，繼續抵抗，我們相信是可能的,但是很艱苦的:這些巨大的困難,恐怕今日主戰的青年差不多全沒有大想到吧。東北大平原失後,想要繼續抵抗,一定需要地方的民衆團結起來,連絡起來,同敵人作連續不斷的游擊戰,然後才能找出最後的出路:這也是一件萬不可易的事情。但是作游擊戰,在山間易,在平地難。我們應該想出來什麼一樣新辦法才能戰勝這種困難。在平原作游擊戰,需要馬匹甚多,而我國馬政不修,馬匹不敷用,戰勝這種困難,雖說不見得無法,而方法却是必須我們嘔盡心血來想。像這一類的問題,多至不可勝數,我疑惑今日主戰的青年,恐怕全沒有想到吧。即使持久以後,戰可以勝,而傷必異常的巨,痛必異常的深,全國優良的青年恐怕要有一多半的傷亡,這樣的結果,恐怕今日主戰的青年未見得有人想到吧。這一切重要的問題完全沒有想到,而冒然主戰,自欺欺人,又何怪山海關炮聲一響,大多數的平津大學生趕緊向後轉,回家走呢?我們辦教育十餘年,止養出些思想如此昏惰的學生,真是令人痛哭也!

要而言之,現在教育腐敗的責任,古人要負百分之三十上下;環境,或可以說教育界以外的人們要負百分之二三十;教職員要負百分之三十以上;學生自身也不能不負百分之十上下的責任。而在教職員中,負責任尤重者,爲所稱之教育專家。

六、教育專家的尸位素餐。我這樣的譴責教育專家,大家不要疑惑我又來附和孟真先生,同在美國學過教育的諸位先生們爲難,也不要疑惑留法學生想希圖留美學生的飯碗。實在我個人雖然沒有學過教育,更不配稱什麼教育專家,但是我在大學教書十餘年,辦理教育行政也有五六年,我毫沒有意思逃脫我個人應負的責任。實在情形，却是我國興學四十餘年，而教育上很基本的一件事情，并不難看出的一件事情，一直到現在，還沒有把它弄清楚。教育是一種社會事業，萬不能離社會經濟而獨立，實在是天經地義，萬不容磨滅的一件真理。中國的社會經濟情形同歐美各強國及日本有極大的差異，是無論何人全可以看得到的。可是中國的教育制度，不是抄襲日本，就是抄襲英美法德各國的。他們這些國家全是帝國主義的國家，剝削的壓榨的國家，我國却是同他們相反，是被剝削的、被壓榨的國家。人家是大富豪，我們是窮光蛋。一個家徒四壁的貧人，想教育子弟，却抄襲人家大富豪的辦法，無論說學不像，就使能亦步亦趨，究竟能有什麼用處？我現在深相信梁漱溟先生的話，我們所抄襲的教育制度，止可名爲都市教育制度，可是我國全體是無限農村所集合的，非另外創造一種農村教育制度，我國的教育前途是無希望的。——我没有讀梁先生書以前，這個意思我也已經有了，不過都市教育、農村教育兩詞，却是沿用梁先生的對於這樣一個基本問題，我的聞見很鄙陋，好想很多的教育專家，并未曾嚴重考慮過似的。止有舒新城先生前年曾到我家，談到這個問題，有深切的認識。舒先生關於這個問題的著作，我直到現在還没有拜讀過。對這個問題認識頂清楚，知道現行制度根本要不得的，據我所見，大約止有梁漱溟先生。可惜到現在，我還没有看見他對於鄉村教育所提出具體的方案。在外國學教育的人，好比在外國得到一套新式建築，就想原封把它搬到中國來住。他在這個時候，至少應該有兩步萬不可少的工作：第一，是現下的地面是否可以放得穩，如果放不甚穩，必須要有些平基補墻一類的工作；第二，是應該看看這樣的建築與中國的氣候相合否，與衛生有益否，如果不相合，必須用理性斟酌新舊，創造出來一種與中國的氣候相合的新建築。第一種工作在那建築裏面，者就可以作。至於第二種工作，那却非跳到建築外面，精密考察研究，沒有辦法。我國的教育專家，好像囚在他們那一套的建築裏面，永遠沒有能跳出外面，看看與環境適合不適合的機會。他們所能作的，至多是第一步工作。至於第二步，雖不敢說他們永遠沒有想到，但是意識是含混的，好像除了這一套或其他相類的一套，萬不能有什麼新的一套，所以他們也沒有感覺到跳到外面看看的必要與可能。我個人不敢冒充教育專家，但是總願意也跳到外面看一看。至於所想出的新辦法對不對，那却希望大家破除成見，精細的來討論。

現在教育腐敗的原因，據我所分析到的，大約如上所述。并且我們相信，現在教育界及教育界以外的人們，固然要負一大部分的責任，可是制度自身也有極大的缺陷。不設法改革，而想挽救已經頹壞的學風是不可能的。至於我們所擬的改革的方案，且聽下回分解。

教育罪言(六)①

　　我上一次曾經說過:我們相信我國現行的教育制度與我國的社會情形完全不適合;由無限農村組成的<u>中國</u>,應該創造出來一種農村的教育;至於從前所用的都市教育應行廢棄。所以我們對於教育是根本改革派。但是在我陳述我們的改革計畫以前,先要陳述我們相信當擬改革計畫的時候所應該遵守的幾個根本原則。

　　一、擬計畫以前,對於各國的及我國現行的教育制度應該完全知道,但是當擬計畫的時候,應該把這一切完全忘掉,專就我國的社會情形、社會經濟情形想出一種教育他們的方法。將計畫擬好以後,對於現實的與理想的教育有不銜接的地方,當然不免要找出來些過渡的救濟方法,但是這些救濟方法,應該是改革計畫完成以後再添加的,不應該從計畫未成以前就混進去的。這也是很平凡的原則,用不着怎麼樣說明。不過我還要聲明一件事:就

---

①編者注:本文原刊<u>獨立評論</u>1933年第38號,署名<u>旭生</u>。

是我們雖然相信：擬計畫以前，對於各國的及我國現行的教育制度應該完全知道，可是我個人對於這些，實在知道的很少，所以我所擬的改革計畫，一定有很多不適宜的、不精密的地方。這些却全希望肯承認我們農村教育觀點的教育專家來幫助我們，糾正我們，擬成一種確可實施的中國教育制度。

二、這種新教育制度實行以後，人民是應該有平等受教育的機會的。我們終天談民治，教育制度應該注意到平民均等受教育的機會，這也是如日月經天，萬不容磨滅的一件真理。可是我國現行制度，完全不是那一回事。由我們北幾省談起，有二百畝地的農家，不過能占全體農人百分之四五的比例，或者還要更少一點。他們已經很算富農了。但是他們如果想供給一個大學生畢業，一定要鬧的筋疲力盡！至於其他百分之九十五以上的農民，對於高等教育，絶不敢有所希望！我從前說，作官教育，可以陷我們民族於萬劫不復之地而有餘，可是一個大學生當他畢業以後，他家裏已經供給得筋疲力盡，他就不想作官，不想每月拿幾百塊錢，風俗上怎麼樣能允許他？道義上也怎麼樣能允許他？想這樣拿，而自己又沒有一點生產的能力，社會怎麼樣能够養這樣多的寄生蟲？所以上面所説這一點如果做不到，不惟民治永遠做不到，教育的自身也永久沒有清明的希望。可是這一點能達到不能，却全在我們所説的第三件根本原則能作到不能。

三、新教育方法一定是與生產相聯合的，尤其是要與農業相聯合。我國從前半耕半讀的理想是很好的，可惜沒有辦到。不過在從前行科舉制度的時代，離這個理想還不很遠；學校制度成立以後，士農分業，似乎萬没有再合的餘地了。大家也疑惑半耕半讀，乃中世紀不進步的辦法；時至近世，必須清楚的分業，才能專精勵志，學術界才能有迅速進步的希望。大家因爲有這樣含混的觀念，所以對於都市教育的系統，雖也間或有人看到它同社會經濟的情形不適合，而對於它總不敢有根本上的懷疑。其實半耕半讀未能作到，并不是因爲農人没有工夫不能去研究學問，却是因爲歐美工商業的社會，把教育都弄到都市集中，集中的結果是一切設備比較精良，進步比較容易；我們想趕上他們，遂不禁盲目地跟着他們跑。殊不知道：集中是一件事，集中於都市是另外一件事。我們現在散漫着夢想從前科舉時代的或可以半耕半讀，固然要鬧到圖書儀器不完不備，工具荒陋，進步毫無的危險，可是集中在大都會，那却是初改革的時候，没有看見將來的流弊，懶惰着不肯改良鄉野的交通，因陋就簡的辦法。説集中以後，離家鄉遠，即學校設在鄉野，也不容易兼從事農業，那自然也有點道理，但是因離鄉遠而不得不舍棄農業，那是因爲没有組織。如果感覺到必要，盡力組織，没有找不出辦法的道理。并且士農分業，即在學業上，也有很大的毛病：農人終天同自然界接觸，而因爲無知識，無方法，不能把他們所得的日常經驗，精細的記録下來，比較起來。求學問的人，却老在書本裏面打轉轉，不同自然界真正接觸，學問不能真正的進步。并且因爲他們的身體與自然界隔離日遠，耐勞苦的能力逐漸消耗。今日的士大夫，身體衰萎，不能任艱苦的工作，同農業隔離，也是一件很重要的原因。如果能把學校移在鄉野，另外的組織起來，與農夫的生活打成一片，則農夫能整理其經驗，已經踏進了科學的門坎，求學問人兼事農業，日與知識的泉源接觸，學問自然親切；身體也可得到健康，不致有神經衰弱等類的毛病，真是一舉而諸善備了。如果有人疑惑農業工商業全關重要，何以我們專注重於農業？那我們就答他説：中國是以農立國的，我們相信不惟今日如是，即將來亦仍如是。我們固然希望全國的農業工業化以增加其生產力，也希望我們的工商業有相當的發展，不再受帝國主義的壓榨，可是我們不希望將來工商業畸形發展，再步他們的覆轍。我們相信：改革教育而注重與農業相聯合，在最近的和較遠的將來，全不至於大有流弊的。

四、新教育制度的養成人才，要矯正從前供求不適合的弊害，須按着社會需要的數目而訓練。這個原則如果在國富充裕的時候，或者不很需要，可是在今日民窮財盡的時候，却是絕對必要。再進一步説，如果國富盈溢，即今日的教育制度，也或者可以不急着改革。前清鹽商鴉片商有錢以後，拿出來錢養些清客，還能間或對於文化有所補益，何以見得現行的教育制度，大經整理，就不能養出幾個人才呢？不過在現在的時候，學校裏面多養出一個廢物，另外一方面，就要添出好幾個餓莩。現行的教育制度，無論怎麼樣整頓，總有很巨大的不經濟，所以萬不能不從事改革。

我們所擬的新方案，略如下述：

現行的教育制度可以説是分為幼稚園、初小、高小、初中、高中、大學、研究院七級的。我們覺得這樣瑣碎的分法實在是不必要。在我們的新方案裏面，止有三級：兒童二歲（以下所言均依滿歲計）至六歲受幼稚教育；六歲至十五歲受國民教育；十五歲以上為高等教育，高等教育一方面為專門教育，另外一方面為大學教育。

一、幼稚教育。我們計畫中的幼稚教育的機關，雖然也叫作幼稚園，而離現制的幼稚園頗遠，離理想中的兒童公育辦法較近。兒童在兩歲以前，正在吃奶，應由母親招呼。兩歲斷奶以後即入幼稚園。每村可在村邊空地開四五畝爲幼稚園。中心約畝餘，爲兒童的游戲場。周圍建築些樸素堅固的土房爲兒童的住室。每所可容兒童十餘人，保姆二人。一切睡覺、吃飯、穿衣、沐浴等事，均由保姆經理。此周圍兒童住室以外可多樹林木，大小無定，亦爲村人游息之所。兒童除風雨或大寒暑外，工作游戲應均在游戲場或小林中。外加一避風雨室，不得已時入之。房質應與村中通用者相同，惟注重於清潔及堅固。兒童的衣物食料均當由各家中按月均攤送往。縣城附近可開一保姆訓練所，由每村送數婦女往受訓練。畢業後即在本村服務。薪金較其他經營農家副業者稍優。

二、國民教育。國民教育中頂關重要的是教職員如何養成，所以當談它以先，不得不先談高等教育裏面的師範學校。

因爲在我們的計畫裏面，没有中學、小學的分別，所以我們擬議的師範學校，也没有高等、初級的分別，爲一專門學校。它的位置是在鄉野的。但因爲交通的方便，可選擇離鐵路百幾十里，有馬路可行汽車自行車，并適宜農業的地方。學校的房屋，止要不潮濕、不黑暗、堅固、清潔即好。無論校款如何充裕，不准建築清華、燕京各大學一類的房屋，以致把學生養成一種特殊的階級。無論何種學校均應如此，不止師範學校也。師範學校附近有兩個大規模的農場。第一農場爲就我國舊法稍加改良者，第二農場爲新式工業化者。這兩個農場爲全校教職員及學生的共同耕作場，不得雇用工人。無論何種學校中均無年暑假，農忙即作田工，農閑即講學問。如初辦不易得能農事的教員，也止好暫請在農科畢業者經營農場。但以能手自耕種者爲限，不能者絕不聘請。師範學校的學生前一半入第一農場，習我國固有農事；後幾年入第二農場，習新法農事。學生由各縣選派。在新制度中，萬不准河南省人跑到山東省服務，也萬不准南陽一帶人跑到彰德一帶服務。止有鄰縣不出百里者教職員始可互相通融。每縣應先作一精密的統計，預計需要某種教員的數量若干。比方說，需要生物教員二十五名，那就要陸續選派三十五名就學。因爲恐怕有中途輟學及疾病死亡等類情形，所以必須多派十名就學。學生一切全係官費。在我們新計畫裏面，高等教育一切學生，幾乎全屬官費，一定有人疑惑款項何來，那就需要分別來說：我們的學校是一個大農場的組織，教員學生自耕自食，本屬不成問題。我想經營的好，一定不止夠教職員及教職員的家庭以及學生工人的伙食。如有贏餘，即當儲蓄起以爲擴充學校設備之用。住可由國家負擔。學校在鄉野建築，地址容易寬暢，不成問題。建築樸實堅固，供學生寄宿，辦法同現在的學校可大致相似。至於行，我們理想中的學生，如果有一百二百里地，一定可以步行走去。不過我們希望師生多作有計畫、有組織的學術旅行。這一類旅行，路途較遠，應呈請教育部核準後，即由國家免費。然則食住行均不成問題，衣則應視學校的性質，分由政府或地方負擔。各省應斟酌地方的氣候，定每學生需棉衣若干，袷衣若干，單衣若干，皮衣需要與否，由省政府酌定。著爲定式，頒行各縣。材料不惟不准用舶來品，即他省土產亦不准用。本縣有土布即用本縣土布做成，否則用鄰縣的土布做成。每月可斟酌情形，給每學生零用費五角。法國戰前，凡服義務兵役者每人每日得銅子一枚爲零用費。此定五角,已較優厚。如此則每學生每年費用大約不出三四十元。畢業後必須在本鄉服務。應視地方經濟情形,酌給薪金。如一優良農夫經營農家副業,每年可得百元者國民學校薪金可從百二十元起,漸加至百五十元止。如此則學校經費一定大減,從前六年義務教育猶患經費不足,現在九年仍不患無辦法。

國民學校略如現在的小學,但有兩點大異:一、先生學生盡屬農夫。農忙力田,農閑治學。二、授課不如現在的每點鐘變換而以時季畫分。自然科學授以春夏;數理科學授以秋冬;歷史社會及藝術各科分配於各季。自然科學十分之八的時間係由教員領導學生作附近百數十里的旅行,隨地引誘學生啟問,繼之以講授;只有十分之二的時間到課堂中以學生的實際見聞中與書籍相印證。英國的植物,法國的礦產,學生將來一點不知道,也尚無關宏旨。可是他們那近數百里裏面的動植礦物、氣候、土壤等類,一定需要他們全弄得清清楚楚。秋冬則學生全到校受課。衣食原料可由兒童父母送往學校,學校請人烹煮縫紉;但任此役者并非工人,亦係教師。兒童至十四五歲時,即教之以烹煮縫紉,使他們自己試作。不過教烹煮縫紉的先生,不必由師範學校出身。十二歲後,加授農家附業及作本地相宜之簡易工藝的知識。

三、高等教育。高等教育分專門教育及大學教育兩種。一切專門學校均與師範學校相類。不過商科各種學校地址,可近通都大邑,工科各種學校地址,可近工業區域以便實習。附設農場亦如師範學校。將來全國人士,可以有人因職務關係——如法官、醫生之類——不能兼事農業,但須無人不能從事農業,亦以防學或中輟,失業堪虞也。工商業的學校,須斟酌情形:如前二三年不須實習者,仍當附設第一種農場,資其練習。以後本業實習增加,農業實習減去。如開始即有本業實習,亦可將農業實習酌量減去。如法律等類學生應由國家考選者,衣服零用費由國家供給。各種專門學校學生均受嚴厲軍事訓練一年。將來除有陸軍專門學校教授高等軍事知識外,沒有另外的軍官學校。非專門學校畢業者不得為軍官。此等軍官,非有外患,亦不得動員。各專門學校無齊一的年限,自三四年至十年不等。海陸空軍等類的專門學校,大約均須十年。三年後免除農業實習;後三年得有少量薪水。專門學校畢業生服務薪金額數均采"祿足代耕"意,按年漸進,但均不得超過優良之農夫工人所得一倍。凡一切實用科學均在專門學校講授,至理論科學則在大學內研究。專門學校學生的受課要比現在大學學生少的多,自修及實地練習的功課多的多。但仍有若干的受課,與大學不同。

大學教育前有預備學校。預備學校中止教授數學、國文、外國文各種工具學問。雖亦有附設農場,練習農事,而無年限,自由上課;國家亦不供給衣服零用費。大學中以研究室為單位。全大學中或有二三課堂。大學中無學生,只有助手。助手由受過預備教育的學生中考取。入後即有少額薪金。研究主任如認為需要者,每周也可以給他們講授一半點鐘。餘時均受研究主任的指導,學習研究。他們除了將來可以代替主任,繼續研究外,絕沒有另外的出路。如果有特別研究,能在科學中自找出一新枝,得將計畫呈學校最高之審查會審查。合格後即由學校酌加一研究室,并任之為新研究室主任。待遇則一切研究主任——因為大學中并無教授——可得到優良農夫工人全年所得的一倍半。專門學校畢業生服務五年後,得入大學研究室中受指導研究。研究三兩年得有特殊成績後,可歸入專門學校作教授,其待遇與大學中之研究主任等。如某地方教育經費特別充裕者,可特選已經服務五年而成績優良的國民學校教員,入大學,研究本地方所特別需要的科門。如果成績良好,其研究主任認爲有繼續研究的能力者,得由地方或大學爲之設置一新研究室。待遇亦得比大學中研究主任。如過四年未得允許者,仍歸國民學校服務。

我們所擬新教育的輪廓大約如此。看見這個計畫的,是否有人感覺到它同蘇俄的制度有很多的相同點,疑惑我多從蘇俄的制度取材? 那我就老實告訴他説:對於現行教育與社會經濟狀況的不適合,我於民國八九年初回國的時候已經感覺到。但是那時候國難未急,我個人的精神頗覺麻木。偶然想到,不過想設法子補救它,對於都市的自身,未能有根本懷疑。前年上半年曾在北大講演過一次制度的問題,也仍是這樣的思想。國難驟來,我麻木的精神頓受巨大的刺戟,對於現在的狀況異常痛心。深思之餘,漸知制度自身的缺陷,中國抄襲外國教育制度的荒謬。但直至去年暑假時,消極方面雖已清楚看準而積極建設方面仍未能有所擬議。暑假後閉户冥想,始得結果,大約如上所述。同時讀梁漱溟先生的中國民族自救運動之最後一步,對於教育部分,驚爲先得我心。對於他所用的都市教育、鄉村教育二詞,亦認爲確切不易。但是這個時候,我對於蘇俄的教育,很慚愧的,什麼全不知道。所僅知到的,不過是他們完全不抄襲歐西固有的教育制度,而另外獨出己裁,以求適於他們那社會的新環境而已。我既然想出新計

畫,就間或同朋友談起。有一個朋友問我對於蘇俄的新教育制度
是否頗有研究,我答完全不曉得。他說你所說的同蘇俄的制度相
仿處頗多。這我才非常高幸,向他借到一本蘇俄新教育。讀完之
後,才知道我對於新計畫中所懷疑的各點:教育縮成三階段,國民
教育的延長,大學研究院的合併,均與蘇俄制度暗合,或大同小
異。閉門造車,出門還能合轍,狂喜可知也。至於同蘇俄制度不
同的各點,那却不是我所懷疑的。另外蘇俄的教育方法,有極多
很好而我却沒有想到的地方,我當然希望實用的時候,把這些儘
量采擇進去。不過我現在却沒有把它攙在我上面所說的計畫裏
面。這上面所說的計畫,大體可以說完全是我自己想的。我現在
所希望的,就是全國關心教育的人們,把教育的現狀,極嚴重的思
想;對於我們的新計畫,極嚴正的批評。如果覺到這個改革方案
不好,就提出另外的方案;如果覺得它還有可用的地方,就精詳的
補正。有一年的嚴重討論,這個問題或能鬧出一點眉目,然後得
着一個實驗的區域,從師範學校辦起以爲改組國民教育的預備,
三五年後,全國試用新教育制度,我國教育的前途,或者能有轉
機乎!

陝西調查古迹報告^①

此次炳昶、惠受命到陝西考查古迹，爲發掘之預備，所考查的
範圍，預先限定爲周民族與秦民族初期的文化。其所以如此限定
的緣故有二：一、陝西古物古迹，到處皆是，如不預先限定題目，將
有“一部廿四史不知要從何處説起”的感想；二、到陝西考查古
迹，乃舍漢唐而事周秦，内并不含貴古賤今之意，乃因漢唐年代較
近，故籍存留較多，吾人對於當時的文化，尚有相當的認識。至於
周秦初期的文化，則異常茫昧。古人所傳，雖未盡子虚，而亦未全
可靠。何去何從，非求得地上地下之遺物遺迹以作證明，殊屬漫
無標準。近三十餘年，當代學者對於殷虚史料的搜集和研究，已
由斷片的進於有系統的。對於商代後期文化的認識，已有長足的
進步，而周秦初期的文化，尚委之於鄉人及古董商人偶然的發現。
吾人據經驗之所知，鄉民及古董商人因不明古物與古迹的性質，

---

①編者注：本文原刊國立北平研究院院務彙報 1933 年第 4 卷第 6 期，與常惠合撰。

對於史料，殘毀實多。河南洛陽附近古物古迹，幾全被盜掘者毀壞浄盡，是其明證。陝西前因交通不便，尚無大損毀。近潼關西安，不久通車，如不急爲調查、搜集、研究，則吾人本國歷史，將有無從補救的巨大損失。所以對於周秦兩民族初期文化的探討，實屬今日學術界中急切萬不容再緩的一件工作。

炳昶、惠今春受命到陝，原計以二十日工夫與陝西省政府交涉，及議與陝西士紳合作事宜。出外考查，廿餘日，則暑假前尚可有一兩個月之發掘工夫。乃不惟暑假以前，毫未發掘，即考查所及，亦尚多有走馬觀花之憾。至陝西方面，則楊、邵二主席，省政府秘書長及各廳長均招待殷勤，士紳間亦并未見阻力，而工作竟如是遲滯，遲滯原因，實有預先申述之必要。

今年一、二月間，本院史學研究會議派昶、惠赴陝時，已先去公函，請求撥給官房，作爲本會在陝工作地址。昶因家屬在開封，於二月十一日先啟行，到開封，俟惠電告行期，即動身同到陝西。嗣昶、惠於二十四日抵西安後，至三月六日，接到本院植物學研究所主任劉士林先生信，知植物學研究所亦將派員到陝工作，乃開始交涉撥房。十五日劉主任到西安，同交涉撥房事。二十一日始決定撥民政廳後院之房。三十日，始行搬入。搬入後，趕辦與陝西士紳合作事宜，擬稍有頭緒，即出外考查。乃因所擬與合作之古物保管委員會，正在報告中央，俟得復後，即可成立，而北平團城教育部所屬之古物保管委員會，總會已準備結束，行政院直屬之中央古物保管委員會尚未正式成立，公文往返南京、北平數次，終被退回！不得已，乃擬先出發考查，俟正式開工前，再定合作事宜。乃四月中旬，又復多雨，直至二十三日，始得出發。是時惠因熱河失陷,北平人心恐惶,已早回北平,止由昶出發考查。本擬往西安附近豐鎬一帶考查四五日,歸西安,再籌備三四日,即向西路出發。豐鎬考查,由植物學研究所助理員夏緯瑛君幫助,進行順利。然由此四日所得經驗,知一人考查,實無法進行,而夏君自有職守,未能分身。乃於二十七日發電致本院,請令惠速往西安。惠於往西安途中,遇張溥泉先生,托往洛陽附近金村調查土人偷掘古物事,至五月十五日始到西安。次日讀報,知我軍已退唐山,古北口內敵軍已出現密雲,平津岌岌,西行考查出發時期,又不得不暫緩。直至三十日,始行出發。預定考查期限,爲二十日內外。在考查期內的感想,則爲期間至少須延長至一個月,始能將原定計劃中所要考查的事件,大體考查清楚,而因種種關係,考查剛十五天,即已回省城,故走馬觀花,極多遺憾。然爲時勢人力所限,有無可奈何者! 在此境地,除聽天任命外,殊難尋出別法也。

　　周秦民族遷移之地,由史傳所言遷都之地,略可考知。最初后稷居有邰(今栒邑);後公劉遷邠(今邠縣);至古公亶父遷於岐下(今岐山);文王遷豐(今豐水西,長安、鄠縣交界地);武王遷鎬(今豐水東,長安縣西南境);懿王時遷犬邱(今興平)。至平王被逼東遷,則已離陝西境。雖故籍中尚有文王遷程及金文中所屢見之蒡京,然此似均豐之異名,非必他處。秦族先世所居,西垂、西犬邱、秦,均在甘肅境內。後文公居汧渭之會(史記正義,謂在郿縣,然汧渭會於今寶鷄縣東。汧渭之會,似當在汧陽、寶鷄二縣界,不能東及郿縣也);寧公居平陽(似在今鳳翔縣界內);德公居雍(今鳳翔);靈公居涇陽(今涇陽);獻公居櫟陽(今高陵);孝公居咸陽(今咸陽),則均在陝西境。此次原擬先考察豐鎬,後順大

道西行，經咸陽、興平、武功、扶風、岐山、鳳翔，南轉至寶雞，或自
渭水南郿縣、盩厔、鄠縣東返，考察豐鎬、咸陽、犬邱、岐下、平陽、
雍，及汧渭之會。至他地則或因過遠，或因地方未靖，擬俟異日考
查，不在此行計畫中。後除豐鎬一帶略照原計畫進行外，至西路
則因災情奇重，道路未安，騾車均不願西行，不得已，直乘汽車至
鳳翔，乘騾車轉寶雞，復返鳳翔，由大路漸漸東行。不惟郿縣、盩
厔未往考查，即扶風亦因災重，難離城考查，未停；咸陽因急於返
西安，亦未停。最令人不快者，岐山雖停，而古公亶父所居之岐陽
（在今岐山縣東北四五十里），亦因地方頗不靖，縣長未敢負責，
未得往！數月工作，所得成績僅如此，可爲簡陋，然亦無可奈何！
茲就所得，略分三部：（一）關於周之古迹；（二）關於秦之古迹；
（三）秦以後之古迹，報告如下。至石器時代遺迹，因與周秦遺
迹，頗難分辨，亦於各部中附帶報告。

甲、關於周之古迹

（一）周穆王陵與靈臺　　四月二十三日出西安西門，向西南
行。二十餘里有村名傅村。西里許，有相傳之倉頡造字臺。臺高
丈餘，係用版築成。每層約三寸許。周圍有近人作戰時所掏隱身
矮洞。入洞察視，則見版築層次分明，且甚平堅，與漢長安故城霸
城門之版築相似。内有繩紋陶片、紅陶片、帶光陶片不少。臺西
地上瓦片甚多，間有琉璃製者。未至臺時，曾問土人此地何名，土
人言地名塞回寺，實唐之散回寺，因疑此即唐寺遺址，臺或係周秦
遺迹而唐代又曾加築者。再西行半里許，有大冢，即周穆王陵，亦

屬版築,但無倉頡造字臺版築之平堅整齊。再前十餘里,由秦渡鎮過豐河。順河沿向北走一里餘,至平等寺,即相傳之靈臺。寺門東向。臺數畝,高不及丈。廟只有房數坐,餘均爲耕田。讀萬曆二十四年碑,知前名勝國寺,明始改名平等。在此碑立前,地僅屬一佛寺。然則靈臺之稱,或稍據傳説,或僅由此時數人之臆造,亦未可知。正殿内供佛,上有文王一神牌,大約係儒家與釋家奪產而終如是調和者!臺上各處搜尋,毫無所得。出廟,右轉,臺基下數尺,内積灰土甚厚。周圍有繩紋陶片、紅魚骨盆陶片甚多。并得一紅沙罐沿,三畫中缺,儼然坤卦!餘尚有文不全,亦不始不能附會爲他卦!如吾儕再稍以幻想增益者,則此臺不難成文王畫卦臺也!周圍并得石斧斷片一,石斧一,燧石一小塊。察瓦片及灰土層,似有數次爲人居住,層層叠集,遂成高臺。然則此臺雖與文王有無關係,尚待證明,而爲頗古時期住人之所,已無疑義。臺址居長安、鄠二縣界上,故此二縣志書上雖均著録,而仍係一地。是晚宿牛東村友人家。二十四日,到南山圭峰下調查草堂寺一帶。因與周古迹無關,不詳述。

(二)靈沼及馮村　二十五日,自牛東村(靈臺西七八里)出發。村北黄土[①]斷崖中有繩紋瓦片甚多。再北,過北鄭莊,路左有一小土臺,高二三尺,上有繩紋陶片甚多。再前過一村,名海子,村北即爲相傳之靈沼,沼北爲董村,西北稍遠爲趙王村。沼大數十畝,前有水,近數年大旱始乾。沼土黑色。有祖師廟,因地介兩縣之間,俗名兩縣廟。前在島上,現成陸地。廟已廢。西北岸

---

①編者注:"土",原誤作"士"。

有<u>文王廟</u>亦廢。廟前有<u>崇禎</u>四年<u>修文王廟并靈沼記</u>碑，已斷。除此無他證。再北過數村，路上隨處留神，并無陶片痕迹。至田中，則麥苗已高，未能看出，因悟考查遺址，以麥後或秋後田中無禾稼時爲較宜。再前有一堡，名<u>馮村</u>，村北有斷岩，岩中灰土甚多。有大小蚌殼，并掘得一破短足瓦鬲。鄉導<u>王楓階</u>先生言：地名<u>馮村</u>，實無<u>馮</u>姓，疑爲<u>豐村</u>之訛。然則此地爲<u>豐京</u>之一部分，事當可信。此地東南，尚有一筱<u>豐村</u>，因時促，未往考查，是晚過<u>豐水</u>東，宿<u>斗門鎮</u>。

（三）<u>豐鎬村</u>　二十六日，出<u>斗門鎮</u>北門。路旁黃土①斷岩中亦有灰土及繩紋瓦片等。東北行七八里，至<u>豐鎬村</u>。村爲五六村合名，雖名<u>豐鎬</u>，實<u>鎬京</u>遺址，與<u>豐京</u>無干。將至南村，而黃土斷岩，高一二丈。下視，從西向東，無多陶片。未遠即向南轉。轉角處，上層積繩紋磚片瓦片甚多。然疑爲<u>漢昆明池</u>上一建築物之殘餘，非必周遺物也。此處西南，有<u>漢織女石</u>，俟第三章中詳述。聞北<u>豐鎬村</u>附近，有<u>鎬京觀</u>，遂往視。觀正殿祀祖師，後殿新修，有<u>周武王</u>老夫婦的塑像，并有"<u>周武王</u>皇帝萬歲萬萬歲"之龍牌，大約龍牌係舊有，像則新塑。要之此廟本身，無足觀者。但觀西有黃土斷岩，有灰土，有蚌殼，有繩紋陶片，有蝸牛殼。與<u>馮村</u>及<u>土里鋪</u>之遺迹，可作比較，爲古代居民之遺迹，絕無疑義。然則此地相傳爲<u>鎬京</u>之舊址，大致可信。

（四）<u>南佐村</u>　六月十日到<u>興平</u>。十一日在城內工作。十二日，與<u>段少岩</u>縣長及鄉導<u>裴君</u>同往<u>南佐村</u>。據縣志，此地在<u>周</u>爲

---

①編者注："土"，原誤作"士"。

犬邱或太邱;在秦爲廢邱;楚漢之際,章邯都之。在漢爲槐里。村在城南,稍偏東,離城約十里。將至,繩紋瓦片,已到處皆是。是時在南佐村東。下車,向南行,裴君言有一井,相傳爲周秦遺井。往視,止有圓石井口;水已乾;別無異處。向東南行,路旁,有俗所盛傳之章邯上馬石,不過頑石一塊,裴君指上之足迹,言之鑿鑿,然此類古物,什九附會,固不足重視。再東行,有一小廟,據廟梁銘,言係"大唐年間創修;大元五年重修;大明弘治五年重修;萬曆十四年重修……",唐元或屬傳聞,明代年數明了,當屬可信。廟近皇寨。出廟西南行,有一極長之斷岩。灰土,繩紋瓦片,到處皆是。亦有如在豐鎬村及阿房宮所見之回文磚片。此地大致看起,爲古代之一都會。然則,犬邱、廢邱、槐里遺址之説,固屬可信。

(五)十里鋪附　在北平時,聞袁希淵先生言:西安東十里,大道旁邊之十里鋪附近,有石器時代遺迹。四月初九日,與植物學研究所之夏緯瑛君同往考查。步行出東門,望東驪山巔,色白,以爲雲中日出,照此部分,故現雪色。將至十里鋪,心中惘惘。石器時代遺迹將向何處尋耶? 由村西北入田中,觀數處所積陶片,均屬近世。遠往東北有地較高出,以爲或在彼處,乃往。行於原上,離彼處尚遠,右邊偶見一滯,以爲溝中昔時或有人居,乃信步漸下,見紅陶片,知非近世。又前,與前溝作垂綫,有一大溝,今爲行路。因左轉,行大溝中。上望,見斷崖中間有一洞,門爲磚封,未知係何年月。少前,見崖間數小縫孔,附近土現灰色,乃信此地有研究之價值。得一骨,頗似殷虛中所出甲骨(非龜板);上亦有若干紋理。如加以附會,不難言其有文字;然因其似是而非,棄之。欲返登原上，觀其上層地面情形如何，乃返前溝。至轉灣處，見岸間有骨，取出一塊，未能定爲何骨。入前溝，左望，見灰土甚多，爲初來時所忽略。中間以蝸牛殼層。上覆黃土數尺。此灰土在地層中，絕非近時穴居人所遺。雖未見石器，而謂爲石器時代之遺迹，固屬可信。乃拾陶片及蝸牛殼數事以備參考。登原上觀，崖旁有一冢，似係比較近代人葬處，餘無他異。地去灞橋不遠。地勢頗高，不易被冲没，太古時自屬可居之地。歸時，雲散天青，回首望驪山，始知巔果積雪。未幾南山雲開，晴雪皚皚，幾至山腳。倩麗莊嚴，氣象萬千。昨日覺寒甚，今日始知有由。

（六）周公廟附　　考舊志，知太王避狄遷居之岐下，實即今岐山縣東北四五十里之岐陽。在鳳翔時，中學校書記巨君，爲岐陽附近人。與之談，據言岐陽有周三王廟。岐陽東數里齊村，附近有溝。溝東斷崖內常出古器物。乃決定往調查。六月九日至岐山，與田子平縣長談，據言岐陽從前爲岐山精華，現災情極重；人民逃餘，不過十分之一二！雖近來尚未大出亂子，如欲前往，未敢負責云云。聽畢，爲之廢然。岐陽之行，止好中止。乃利用止於岐山之半日時間，往游舉世盛稱之周公廟。廟在城西北十五里之一山坳中，地方頗寬廠。雖是日出游，冒熱及雨之危險而終不雨不熱，途中樹木尚多，且茂；廟內有三四合抱之大楸；而因途中絕無舊陶片及灰土層各事，與考古目的相去頗遠，心中未覺愉快。但有一事，頗引起昶注意者，則與考古無大相關之潤德泉也。此泉時出時竭。最古者，有唐大中二年崔珙碑。叙其出竭歷史最詳者，爲道光三十年碑。據言“唐大中元年賜名。崔珙奏謂：‘泉枯竭多年，忽因大風群泉涌出。’來時，由泉流出入渠，山邊隨出皆泉"。"其去也，則渠中及他處諸泉悉竭，而後磚甃之泉漸減至盡。"後記歷代出竭之時期。且其出竭亦頗頻數，因作碑文之宋金鑑自言"過三十年中，凡見其來去三次"。此次聞竭於民國十一年，現已點滴無存。土人以此泉之涌竭卜旱潦。昶意關係或不如是簡單，而與旱潦有相當的關係，事當可信。似此則泉之涌竭，涌竭時期，泉之出水量，似均有研究價值。故將泉涌竭之略歷附著於此，以俟留心者采擇焉。

乙、關於秦之遺迹

（一）秦穆公墓、南古城及西古城　昶、惠於五月三十日至鳳翔。三十一日移居城内第二中學。學在城東南方。下午同校長李實之，教務主任姬德鄰，教員欒本朴、田和生往觀秦穆公墓。墓在學校東，距離不遠。墓前有畢沅所建碑。實物無足證明。前一二十步即城垣。登垣望三良冢不遠。冢比穆公冢似略偏東，然是日未帶指南針，方向固未能確指。從東門下。出城，游東湖公園。從園西南出，過鳳尾橋，不遠即至三良冢。三冢橫列，前亦有畢沅所建碑。墓附近頗有繩紋磚瓦殘片，并有雲文瓦當殘片。近党匪玉琨蟠據鳳翔，大挖古墓，然聞穆公及三良冢尚未被發掘。是日游東湖時，有人言東邊古城遺迹爲秦穆公時所留。昶乃於六月一日同田君同往考查。沿途磚瓦殘片，棄置遍地。一一詳視，只見唐製。向田君言：余儘少可言穆公舊城，在地面上毫無蹤迹。後見本縣預修縣志之李慎庵老先生，據言東關故城，有人言爲秦穆公故城，有人言爲唐鳳翔舊城。據遺迹參證，則第二説可信。三日，雇車到寶鷄，擬考查鬥鷄臺及其他遺迹。出鳳翔城南門，離城五里許，有一村。問車夫何名，答名"賴古城"，或"拉古城"。"賴""拉"混攪，頗難分別。後詳細問，始知爲南古城。聞地名，并遠眺形勢，似可爲一古城舊址，因此四周圍均較高也。察地上，則棄置繩紋瓦片甚多。出村南里許，路旁土崖中間，灰土，繩紋瓦片及各種陶片，參雜縱橫。上覆黃土一二尺。察瓦片及陶片，確非近世，且似絕無唐代以後者。路左土崖中，積骨極多，厚二三尺，長十步以外；層累叠次，無非殘骨，其古人之製骨廠乎？七日歸鳳翔後，參考舊府志，據言秦德公故都，在城南數里。證之以史記秦本紀的記載及實物，則其説足信。在鳳翔，聞李振初先生言，尚有一西古城，離城不遠，乃於九日將離鳳翔之先，絕早往考查。早五點起，出南門，向西行，二里餘，即見西古城村。村東田中有土埂橫列，亦有斷續。詢之土人，謂係回亂時所築。考地勢及陶片，均與古城無涉。村分東西。東村有殘堡，濠頗淺。細察，毫無痕迹。問土人，附近有土濠（即黃土斷岩）否？有破磚瓦堆否？均答無有。極目一望，地勢平坦，其言當不虛。向西北行，不遠即西村。在村附近遍尋，無所得。僅極小一段，稍有繩紋瓦片而已！此地考查雖全無所得，但遽斷其絕非古迹，似亦太過計。因陝西屬黃土地帶，黃土覆蓋，頗屬易易。在長安附近，有地確知其爲唐代地層，上覆黃土，已至一二尺厚。此地既無斷崖，又未經發掘，安能即臆斷"古城"名稱，毫無根據耶？

（二）鬥鷄臺　在北平時，已聞党玉琨發掘古墓，得器物甚多。在西安時，於薛定夫先生處，見此次所掘出柺禁之照片及其他器物上文字之拓片，詫爲至寶。至鳳翔則"党跛（音ㄅㄛˇ）挖寶"幾無人不知,而鬥鷄臺爲尤著。昶、惠於六月初三日往寶鷄,東繞賈村原,至底店鎮,即見渭川。賈村原在汧渭之間,秦民族發祥地,當離此不遠。路在原跟。南臨渭川。隔岸鷄峰插天,雄偉秀麗,兼得其勝。北面賈村原層叠而上,時有佳木流泉。陝西雖荒旱連年,而渭川附近地,固不畏旱。麥苗甚佳,間有稻田。風景佳絶,令人神爽。行十五里,即至鬥鷄臺。村離寶鷄城十五里,言三十里者誤也。問路旁人,党跐(音ㄅ ㄜ)挖寶何處? 答言在原半空。倩一人引上,則見從原上有一水溝直下。溝東旁上下將百步,現崖離溝數步;中間較平處,即爲党跐挖寶之地。從前崖臨溝。挖寶時,將土棄置溝中,故變成平地。現崖間尚有灰土不少。人居遺址尚未全被破壞。地上棄置各種古陶片及瓦片。并有紅色帶黑花之破陶片,若仰韶陶器,惜無整片。下原,上車前進,見路旁破石堆中有似石器者,從車跳下,審視,果石器。揀得數片。沿途石器幾到處皆是! 此地離水近,原高無水患,土厚且係"立土",易作穴,當自太古時已有人居。渭河兩岸爲考古最善地,惜昶、惠此來仍屬走馬觀花耳! 是日到寶鷄,宿縣署中。次日同程海岑縣長又返鬥鷄臺。由村長引導,詳細考查。尋得石器多件。聞此溝名戴家溝。溝內看畢,登原上一觀。上原處土崖凹入,內有數磚叢集。雇村人取出,則磚色頗新,無特殊點,未帶回,亦終未知作何用。原上有近日私掘人偷掘坑位,現已填平。此數人聞尚未掘得古物,已被發覺,是時尚被押於縣署。原上田層層上升。昶細察其二三斷崖,每一斷崖均有灰土、陶片及石器等物,則此地古代居民頗爲稠密。聞秦穆公之羽陽宮,後倚高原,前臨渭川,此其羽陽宮之遺址耶? 後晤邑人預修縣志之李紫垣先生,則言羽陽宮當寶雞今城,地望亦合,然則此等問題,必待科學發掘,始能解決矣。

(三)寶雞城附近附　閱寶雞縣志,知渭水南有姜城堡,據言爲神農降生地,并有浴聖九眼泉,爲神農皇帝浴三之所。浴三之說,定係附會;即神農個人之有無,亦尚頗成問題。但姜族在中國歷史上頗占重要之位置,尤其是在周代。此地名姜城堡,并靠姜水,當與姜族有重要之關係,故決定往考查。四日,天氣悶熱。五日天將明時,傾盆大雨,氣候頓爽。是日惠留寶雞城內照像,昶同程海岑縣長、李紫垣先生同往。步行。出南門,關不甚長。未幾即至渭水。有數水岔,命人負渡。正流有船可渡。過後,又有支流,仍負渡。再前不遠,有小河,即姜水,亦負渡。過後,路旁頗多頑石。未幾即至姜城堡。村有寨。寨濠甚深。寨外有不少人家。昶望濠內似有石器,即下視,果石器,且甚多,大喜。撿出多品,令隨從之差役代提。昶又循東濠,轉南濠,詳視,冀見灰土,然絕無有。內瓦片、各種陶片雖甚多,然絕無古者。然則此地所傳之神農雖未足信,而遠古時代已有人居,却已證明。又周秦漢唐,或均無居民,至近世又有人住耳。差役來請飲茶,隨往,晤一徐老先生,名冲霄,號扶九,邑名士也。是日預定下午到寶雞縣城東五十里之虢鎮考查,恐誤行程,即欲歸,然衆言不遠有神農廟,宜往觀,乃出村向東南行。遠望原上,地名諸葛營。有溝,名諸葛槽。相傳地爲武侯屯兵處,故名。陳倉在望,武侯屯兵於此間,事當可信。出村半里餘,途間繩紋瓦片又甚多。太古後人民其徙居於此間乎?廟近瓦峪寺村,離姜城堡一二里。廟北向,近年重修,甚新。神像袞冕,非衣皮葉。兩壁畫,左爲嘗百草像,則仍腰圍樹

葉。右門一野獸，未悉何故事，則衣黑色長衣。壁畫雖在水平綫
上，固未甚工。左角二神像，據言神農之父母。右角二神像，男抱
日，女抱月，據言太陽太陰神也。浴聖九眼泉在前殿下。現爲一
池，據言下有九泉，故名。時已過一點鐘，急歸。渡渭，登坡，入西
門。坡次見兩旁斷崖下，積磚瓦甚多，以爲必多石器，然因倉卒，
未及下視。然車夫言夜間大雨，恐路不好走，未必能到虢鎮，中止
不行。讀縣志，知西關外曾出一古鼎，聞李紫垣先生知其地，昶、
惠乃同往訪李先生，問之，據言在西關坡下向西之紙房頭，過三四
十門即到。地原爲裴姓居，現爲一空院，云云。乃往紙房頭勘查。
下坡，向西行，人家均依崖而居。門前樹木甚茂，有泉東西流。雖
無廣遠之觀，而幽絶趣絶。如有福作太平人民，在此終老，則西湖
附近山中之軟美地方當被蔑視矣！出古鼎之約略處所，已考查明
白。至確爲何院內，則因村中門前少男子，未能詳問。渭水岸上
最便居住之黃土斷岩，固當爲古人住居地也。歸途經坡次，下兩
旁細觀，以爲可得不少石器，然石器固有，却不見多。岩間亦無灰
土，僅有殘磚破瓦，疑古人葬地也。

（四）阿房宮　四月二十六日，昶考查豐鎬村後，上車北行，
向阿房宮故址出發。過聚駕莊，東北行。下土壕，觀斷岩，有墓塌
出，露白骨，但墓似非古。再前，登一極大之冢，但似非墓。上絶
無陶片，時露版築迹。其版築法與倉頡造字臺者相類。西面冢
腰，有大石突出。西北有一腿伸出，似當日之臺階。上亦有石。
此冢疑古阿房宮中之一高臺，臺基處略有陶片。下冢正北行，未
遠，得一堡。問村名，知即名阿房宮，遂入視。有婦人問：來作啥
的？引路人代答：老遠聽説阿房宮，進來看看阿房宮啥樣。婦人

言：人都快餓死了，還看阿房宮哩！村中房屋已拆毀過半！入人空院中一觀，舊磚瓦異常的多，拾得數片。村人爭問，要這些做啥？答言，不做啥，看着好玩，你們有没有？要有就全拿來，我們可以出錢。他們聽説破磚亂瓦之可以换錢也，就大家各處的搜。不多時，搜得瓦當、回文磚、各種繩紋磚不少。昶輩乃用不多的錢購得一大包，以備將來比較的研究。大體看起，磚文，瓦當文，與豐鎬村及未央宮附近所得，相類之處甚多。考之地望，證之實物，此地爲古阿房宮一部分之遺址，當屬不虛。

丙、秦以後之古迹

昶此次到陝西，雖考查範圍，預先限定爲周民族與秦民族初期的文化，然對於漢唐以及後之古迹，亦均隨時隨地注意。陝西漢唐古迹幾到處皆是。昶逐日所聞見，均詳於日記中，兹僅舉其重要者如左。

（一）楊家城　即漢故長安城。因何名楊家城，殊無可考。城在今城西北。城東南隅離今城約十里許。周圍大約尚可辨認。昶往游，共四次。第一次爲四月十八日與徐森玉、錢稻孫、劉子植、白滌洲諸先生，及清華到陝西旅行學生，植物學研究所職員王雲章、王作賓同往。目的地爲未央宮。宮爲昶於民國十二年舊游地，故此行僅屬游觀性質。宮址在楊家城西南隅。今有土阜。十二年來時，上矗立一近世碑，上書，“當今皇帝聖躬萬歲”。現此碑已仆地。同人掇拾并購買殘瓦多片負歸。昶此次却未取一物。第二次爲四月三十日，昶同夏緯瑛君，同往。過紅廟坡，此地舊爲回回塋地，故有阿拉伯字殘碑，購得四塊。再向西北進，過大白楊，向北不遠，即至楊家城東南角。角上有一磚臺，高丈餘。北邊有積破磚瓦處兩片，似係倒毀廟之前後殿，未知何年建築。但觀磚臺似非古，大約爲明清時代物。循角北行，城牆及城濠均尚清楚。約行二里許，有缺口，兩邊較高，知爲城門。下觀則版築迹儼然。城他段未見版築迹。即門旁下層亦非版築。離地平高丈許以上，痕迹極清楚。靠北面，有人住過之窰洞三四，入內研究當日版築最便。以徑三寸許之圓木築成，痕迹異常明白。外牆上有圓孔，排列甚整齊，大約當年搭木架時所留遺。土人言此處名萬城門，與嘉慶時修之長安縣志合，即漢之霸城門也。向西北有一路行溝中，或即圖中舊渠遺迹。向西里許有村，土人言名樊圪塔子，亦言樊家寨子。據一鐵鐘文，則名樊家寨。實則有寨無圪塔，却名圪塔，頗有注意之價值也。入寨，用值三元餘之銅元票，收買得破磚、破瓦、破銅器、古錢、古箭頭多種。雇兩輛二把手車，送還城中，以備作比較研究時之用。歸，從城角稍東之豁口出，豁口土人名閣老門，即漢之覆盎門。上望，西邊城牆中間，有五稜瓦筒，兩邊尚有兩小筒。此五稜瓦筒，張溥泉先生曾購得一段，據言爲當日水道，未知是否。兩小筒亦未知何用。當發掘出以供研究。第三次爲五月十七日，昶、惠同往。本意至覆盎門，將上次所見之瓦水道照下，或并作一發掘的計畫，以後對於楊家城，再繼續上次的探訪。以騾車出，乃未出城而霧絲亦縷縷霏落。未至紅廟坡，雨已較大。命車夫加油布，繼續前進。至閣老門，雨未止，不能照像。止下車冒雨踏泥近前察視。兩側小筒，外露一節，均已被壓破。上離地面尚有八九尺，如欲施工，尚非易事也。前行至萬城門,再下,觀版築遺迹。繼續冒雨前進。至一村,名玉女門,村旁即南北玉女門。昶下車,與村人稍談,上車,出門。門僅有豁口,不似萬城門之顯著。轉左,旁城墙北行。過一村,名朱紅堡。又前進,路左有一廟。時雨正急,然昶仍下車往視。車夫言名"銅瓦寺",實燉煌寺之訛變。内有二弘治碑,外清碑數通。據言晋惠帝永康年間,有燉煌菩薩譯法華經於此寺。隋時重修。金皇統五年,住僧政公重建。大定二年賜額名勝嚴禪院。明正統間繼修。成化十一年增修。後有張禪,字廷瑞,爲橫渠先生之裔孫,"助緣捨地"。嘉慶初年,道光六年均曾修補云云。殿後旁有一塔,因雨甚未近觀。此地名青門口,已近楊家城東北角。嘉慶長安縣志定北玉女門爲漢之宣平門,南玉女門爲漢之清明門,而言"但相去過近爲可疑"。昶意玉女門只一,因有二缺口,誤分爲二,乃漢之清明門。至青門口始爲宣平門,乃合情理。由口入城,至一村,名蘆溝臺。停一農家大門下,請主人燒開水,將帶來之饅頭罐頭取食。食後遂歸。是日昶坐車外,歸時正受雨,下身盡濕。第四次爲六月二十三日。昶、惠同住。因聞張溥泉先生言楊家城内有大夏石馬一,乃特往尋。進閣老門,過一村,亦名閣老門。過唐家寨,至西查家寨子北,乃見石馬矗立田中。馬爲大夏真興六年所造。是日悔未帶拓字器具,致未能將下銘辭拓出。惠乃左右前後各照一片,并將銘文照出,亦略可辨視。遂歸。要之昶雖到楊家城四次,而對於城之四面,僅見其一面;城内的地方,亦僅走過一小部分。雖覺有很多有興趣的問題,呈在眼前,而爲時間所限,對此類問題,未能兼治;詳細的調查和研究,尚有待於將來或他人之努力也。

（二）石嶺子及石婆廟　石嶺子，爲霍去病墓之俗名。墓在興平縣東茂陵附近，離興平縣城二三十里。西距茂陵約一二里。昶於四月初六日同法人 Reclus 及曾覺之先生往游。墓有石刻多種。墓西有虎食人像，墓南有馬踏匈奴像，墓上有魚牛之屬。此當爲我國最古石刻之一種，於古樸壯健中寓生動，神品也。是日因地方不靖，未敢多留，即歸。此石刻日人水野清一有霍去病之墳墓一篇，至國人則尚無系統之研究。石婆廟，在長安南豐鎬村西南一里餘。昶於四月廿六日同夏緯瑛君、王楓階君到南豐鎬村。聞村人言村西南有石婆廟，爲織女石像，即雇村人引導往觀。途中見一地稍高，上有繩紋陶片不少，土人言相傳爲造幣鑪，審視，亦無痕迹。一里餘，到廟。廟近年曾修理，尚整齊。前有神像神案，後有屏障，轉屏障後乃見“石婆”。石婆有高三尺餘，長廣相稱的大腦袋，現上加油彩，然除眼睛、嘴唇等處稍有塗飾外，餘均原刻。露於地上者，幾可説僅此一腦袋！像頗古樸。據土人言：此石像入土甚深；掘至一兩丈深，還未見盡處。另有一牛郎石，在斗門鎮東門外一廟中，大小亦與石婆相當云云。惜過鎮時，未聞，故未往觀。附近地中無石，當自遠處運來。謂爲“機絲虛夜月”之織女石，似屬可信。聞陝南城固縣張騫墓前，尚有石刻多種。如能將石嶺子、石婆廟、斗門鎮、張騫墓之各種石刻，慎重搜集，精詳研究，則對於我國雕刻史上之貢獻，洵非淺鮮。

（三）唐長安城　故址當即在今西安城之四周。漢城既如是明了，則依常理推測，唐城當更顯著。殊不知實際大謬不然，唐城已幾無遺址之可推尋矣！昶對於唐城遺迹之尋找，重要者，有二次。昶因讀宋敏求長安志及嘉慶長安縣志，與西京籌備委員會

將舊圖改作之圖相比勘，知委員會圖將今城置於唐城之東西正
中，稍有不合。嘉慶長安縣志圖，據說解當不誤，而以硃綫示古城
者圖中却漏印硃綫，遂致頗難明白。因此種種，遂發願往實地調
查。因嘉慶長安縣志有"崇聖寺西半里許，唐西城故址宛然"之
語，又據宋長安志，莊嚴寺在城極西南隅之永陽坊，但在"半以
東"。唐制，皇城東西各坊，寬六百五十步。莊嚴寺即今之木塔
寺。此二點有距離可推，乃決定從此二點入手調查。乃於五月十
四日同王作賓君出，先出西門，到崇仁寺。寺即唐之崇聖寺。和
尚，河南鎮平縣人，與昶屬近同鄉，談笑頗洽。據言東北一二里，
有一大寺，名皇衰寺（字未可知，姑書其音），現在完全無存，然據
土人言，仍在城內。問他，見有唐城遺迹否？答言未見。遍問他
人，均不之知。乃出西行。過馬家寨子。再西北一里許，有村，名
土門。再西北里許，得寺遺址。寺絕無碑誌之屬，僅餘破墻。但
繩紋瓦片甚多。對於唐城問題，毫無足徵信。途中極目，亦絕無
城垣痕迹。乃返，向木塔寺去。過桃園、趙家坡、蔣家寨子、甘家
寨子各村，至木塔寺。寺內碑誌，無在康熙前者。據碑言，木塔毀
於元末大亂，寺至明萬曆中曾加修云云。問和尚：木塔遺址何在？
答言：遍訪不得。寺中最古建築，亦只康熙年物。佛像係民國後
新塑。然則舊物竟絲毫無存矣！此地是否確係唐木塔寺舊址，亦
尚有問題也。遍尋寺內，間有繩紋瓦片，亦不甚多，毫無助於研
究。寺西南里許，有寨名木塔寨。往問土人，無知唐城遺址者。
又向西南稍行，極目一望，曾無些許痕迹：故此日一行，可謂毫無
所得。歸後再讀長安縣志，知城東北午門村北，尚有唐大明宮丹
鳳門舊址，乃於十六日獨出步行尋覓。出北門，即折東行。里許，

過一村，名菜園村。出村，見東北有二高邱若闕，疑爲丹鳳門遺址，乃往觀。未至，過一土人，與談，據言：過二邱，有一村，名含元殿，即爲唐殿遺址。彼即是村人。村有堡，乃陳樹藩於民國七年爲防郭堅新修者。因隨往村中一觀。出村，登二土邱，旁有磚瓦片甚多。審視知確爲唐物。土邱板築迹雖不如萬城門之清楚，然亦宛然可見；且通上徹下，不似萬城門之從丈許以上起也。四望各方，參以舊志，知確爲唐丹鳳門遺址。并悟從前在紅廟坡東北所見之"敬德練馬臺"，亦即唐城遺址。唐城雖遺留極少，然有此數點，已可爲研究之出發點。要之，此丹鳳門及慈仁寺塔、薦福寺塔，在唐城中，均有一定地位可考。即據此三點，精細推求，已可確定唐城之位置矣。

　　此外關於唐之遺物，不勝枚舉。因無多特別研究，暫止不述。但隋唐之碑誌經幢，到處棄置。即以昶所見之犖犖大者而言：草堂寺中有名之圭峰碑，任其仆斷剥蝕於荒烟蔓草間，經昶給和尚五元，命其倩人運至殿內保存。宋村（離草堂寺不遠）普護廟中之隋造像殘石，經昶與夏緯瑛君據碑文尋獲。前則棄置，無人知曉。鳳翔東湖內之唐大中經幢，橫卧草間，無人理會。此類情形，至堪歎惋。所望邦人君子對於吾民族精神的遺產，珍惜保護，勿使損毀，則中國全體前途，實嘉賴之。

　　抑昶、惠此次到陝西，尚有一意外之小小發現，此發現雖頗平庸，無足炫耀，而意義固頗深長，耐人返省者，則昶、惠數月工作之後，感覺到陝西人民，於最近數百年中，對於中國所稱之古文化，有特殊之發展，尚爲外省人民之所未知，是也。昶此次到豐鎬一帶調查，四日之中，所看的大小廟宇，幾將過百，最使昶感覺詫異者,即各廟中無廟無壁畫,大廟中無室無壁畫,似乎廟雖蓋成,而壁上未畫,尚未得爲完工者。且普通均可觀覽,百分之八九十,均在水平綫以上。此等壁畫之普通性,已令昶感歎不止。鳳翔一行,到處搜訪,知不惟普遍,并多名作,如鳳翔八角開元寺,寶鷄東嶽廟及城隍廟之壁畫,均端麗莊嚴,非名手不辦,而且顔料經久,歷時甚長而丹青若新,不似他地經數十年即已黯淡無色,又看到各處牌樓,斗栱壯麗,不惟省城若是,即如各縣亦均若是,北平空有若干牌樓,即最著名北海瓊島東面之牌樓,其斗栱比較陝西,尚當有遜色也。且各村幾無不有戲樓,即不及百家之小村,其戲樓亦多精巧可觀:兩壁有整齊之畫,後面木槅,有工細之雕刻,上面有圖案整潔之天花板,雖近年殘破已多,而完好者仍自不少。廟前旗桿,多用鐵,或用石,其構造頗藝術者亦多。餘如塑像工藝,亦比他處水平綫高;雕石、雕磚、雕木各工藝,不惟普遍而且美好。因歎陝西上自石器時代,下迄明清,其古物無不有可搜集研究之價值,其材料之豐富,實可爲全國之冠。而近來荒旱連年,餓莩遍野,先民辛勤努力所積之寶藏,亦且日就毁滅! 如不急爲搜集、保存、研究,則吾國極珍貴之史料,且將巨量的受無從補救的損失。而竭力調查、研究,乃全國學術機關、文化團體所應公同負責,非某一特殊機關或團體之所能單獨爲力也。

二十二,八,八。

關於西北考古的談話及對考古意義之解釋①

一、關於西北考古的談話

　　本會現設陝西民政廳旁院,該廳爲前清藩署故址,亦即唐中書省故址,該地已數次發現唐碑。民國十一年冬,駐軍曾在該處發現顏魯公書之顏勤禮碑,現藏經靖公署内之小碑林中。去年北平研究院史學研究會派本人等前往陝西考古,風聞掘獲顏勤禮碑時,工人見碑下尚有數石,以告工頭,但該時工頭因軍人不能照例

---

①編者注:本文節録自燕京學報 1934 年第 15 期陝西考古會之工作進行與戴院長之反對發掘古墓一文,標題爲編者所擬。第一部分爲作者 1934 年 3 月間於北平發表的談話,作者時任陝西考古會主任。第二部分則是針對 1934 年 4 月 12 日戴季陶致電蔡元培等主張嚴禁發掘古墓之事對考古的意義作一解釋。

發給工資,作工愈多,賠本愈甚,遂飭工人掩藏云云。同人等因下層埋石,恐仍係唐碑,即欲發掘,後尋得當日包工之工頭,請其指定原碑出土地方,并詢以下層埋石情形,詎該工頭堅不承認,遂爾中止。後又聞彼曾親自告人,謂顏勤禮碑下,確尚有埋石,并聞該碑最初發現,尚在坑中時,即曾招工人拓出若干份,是爲最初拓本,即俗所謂"坑拓本"者,現價值頗貴。同人由此綫索尋覓當日之拓碑工人,指定坑穴,但因事忙,未能動工。本年二月本人離西安時,因此類工作,需時無多,乃令何士驥、張嘉懿二人抽空發掘,現得報告已得一殘碑,爲大明宮小部份與興慶宮圖,以與舊志中所繪圖比較,頗多異點,圖有比例尺頗精;至刻石時期,尚待考證。又得唐代碑頭、碑坐及帶紋碑邊等。又得一唐獨孤氏墓誌蓋,又有宣和錢、大觀錢、正隆錢及宋瓷、明成化瓷片等。現尚在追求大明宮之大部份,工事仍在進行中。至報告中言二宮均在今西安城東關外金花落地方,則頗有錯誤,唐長安城內宮殿共分三處:一、西內太極宮,在今城內偏西北處;二、東內大明宮,在今城外東北隅;三、南內興慶宮,在今城東關內外,今金花落村,即其東界,此次發現二宮圖,當有裨於考證不少。又據報告,西內太極宮之一部殘碑,亦於城內小湘子廟街道旁尋得,似此則唐宮之研究,當有新進步云。

二、對考古意義之解釋

戴院長在此陝省灾後,農村破産,墓案層見叠出之時,發表真電,主張嚴禁發掘古墓,尋取科學材料,此雖非對本會直接發言,

要與本會職責不無關係。眞電所主張者不外復興民族精神，創造
宗教，使人民有中心之信仰，以奠立建國之基礎。此種意義，不惟
我們同情贊許，即全國同胞，亦所希冀者。但在此二十世紀科學
倡明之時，要創造宗教，設與科學衝突，則爲絕對不可能之事。至
戴院長主張創造人民中心信仰之意，我們并不落戴氏之後，我們
總希望以科學創造宗教，人民要有與科學符合之中心信仰。考古
會初到陝省之始，一般人均抱懷疑態度，認所爲考古即是劫墓賊，
此種見解，實在錯誤已極，試觀歐美各國對於我國古代歷史極爲
注意，凡一古代遺物，無不視爲至寶；我國連年所發現之古代名貴
遺物，一半爲外國金錢所收買，一半爲國人所破壞，以致我國學者
之欲資參考者，往往尚須借重於外國之博物院，此不特徒喚可惜，
亦天下之大笑話也。故與其令其遺棄損失，曷若發掘之以作參
考。再以我國歷史而言，三代以前之歷史，終無正確之明瞭，陝西
爲周秦漢唐之故地，以科學眼光及事實之證明，斷定石器時代以
前古迹頗多，將來定有良好之發現，得知商代以前之歷史與文化。
但發現古迹，并不以掘墓爲目標，即考古家欲知之古代歷史，亦并
不需要知民族英雄或帝王國相等之遺迹；所要明瞭者即古代生活
狀況及古代歷史之眞實情形；即吾人站在復興民族精神之立場
上，亦主張掃除古陵，至掃除與發掘究有何種分別，此誠一最大之
關鍵。蓋發掘是把陵墓内所藏之物一概取出，送至博物院供科學
家之研究。其掃除者謂何，即是要把民族英雄帝王國相等值得後
代紀念的陵墓掘開，將所有之遺物及棺柩不稍加以移動，加之以
整理建築，設立以門户，甚至安設電燈，周圍或造林，以作公園，供
人民公開之瀏覽，得進一步瞻仰古代前賢之遺風餘韻，此與復興

民族精神之意義更爲切合。現今應掃除者有三大陵：（一）秦始皇陵，（二）漢武帝陵，（三）唐太宗陵。不過值此財政奇絀，刻尚不易辦到，然此種意義與戴院長之主張想亦極爲符合。深望社會認識考古并非掘墓，我們且願追隨戴院長之後，復興民族精神，仍須以與科學相符合之中心信仰以創造宗教云。

校金完顏希尹神道碑書後^①

此碑據吉林通志言在吉林府東北二百里之小城子。以地望
準之，當即今圖中舒蘭縣之小城子。全文通志著録。後有光緒二
十年郭博勒長順所記，言"吉林有事通志，甄及金石，楊司馬同桂
物色得此"，"碑中斷矣"，"命鍛人箝而立焉"。是此碑前已斷仆，
光緒中又被立起。現東北淪亡，未知此碑何若。通志後載考證一
篇，尚稱詳細。今以拓本校之，知其所著録，訛字頗多。尤堪哂
者，爲"睢陽"訛作"淮陽"，及碑末段之兩行倒置，遂至不可句讀。
現將余等所釋出者，依原行款，印於拓片縮本後。兹將校碑時疑
點，釋文異同中之含有疑義者及續有考證，臚陳於左。至通志所
已考證者，則不再贅及；通志釋文無疑義之訛誤，讀者可自校對，
亦不全記也。

原碑有篆額。通志稱其"篆體遒勁，具有古法"，然余未見。

---

①編者注：本文原刊史學集刊 1936 年第 1 期。

　　希尹金史本傳（卷七十三）稱其諡"貞憲"，然禮志（卷三十五）貞獻郡王廟條下，載"明昌五年正月，陳言者謂葉魯（按太宗紀天會三年十月"召耶魯赴京師，教授女真字"，疑即此葉魯）、谷神二賢，創置女真文字，乞各封贈名爵，建立祠廟，令女真漢人諸生，隨拜孔子之後拜之。有司謂葉魯難以致祭。若金源郡貞獻王谷神，則既已配享太廟矣，亦難特置廟也。……遂詔令依倉頡立廟於盩厔例，官爲立廟於上京納里渾莊，委本路官一員與本千戶春秋致祭。所用諸物，從宜給之"。則似諡"貞獻"。碑文中"諡法"二字雖已漫漶，然前題中"貞憲"二字，尚頗清楚。本傳是而禮志誤，無疑也。

　　第二行"兼行秘書"下二字殘漶，通志釋爲"少監"。下字其下之"皿"猶存，爲"監"無疑。上字，余初見其上有一橫，下撇亦太偏上，疑其非"少"字。然金制秘書監衙門中，僅有監一員及少監一員（卷五十六百官志）。且翰林直學士、中大夫、輕車都尉、郡伯皆從四品，少監正五品，與"散官高於職事者帶行字"之例合。乃諦審拓片，知上橫實屬石缺，下撇乃漶文，均非一畫，則此爲"少"字，當無疑義。惟王府文學僅從七品官，階級相差頗遠，不知何以相兼。"虞"亦不在百官志所舉封國號八十字內。然考宗室表（卷五十九）內所列各封爵，如魏、息等，均不在此八十字內。則此八十字實僅舉其大略，不足異也。

　　第二、三、四行之撰文、書字、篆額人姓名，姓大小與他字同；名則極小。通志著撰文人爲王彥潛，書字人爲任詢，篆額人爲左光慶。據碑文末段，則彥潛毫無問題，則此行"王"下"潛"字之一部亦尚依稀可見。第四行"左"下"光"字難識，"慶"字尚可見。

惟第三行"任"字下,"詢"字毫無影響。任詢本傳(卷一百二十五)雖稱其"書爲當時第一",然并未言其曾歷"大名府路兵馬都總管判官",則此碑是否果爲詢所書,頗資疑竇。通志又載一完顏婁室碑,其撰文、書字、篆額人及一切官階完全相同,然此碑久佚,通志僅從柳邊紀略轉録,尚未足破此疑團。第三行"判官"下據婁室碑爲"飛"字,本碑拓本亦尚有一"乀"可見,且官階亦合,其爲"飛"字,毫無疑義。第四行"縣"上二字缺,婁室碑作"平原"。人名官階既同,則此二字亦當相同。

第五行"太尉"下字,下部渺,不能辨其爲左爲右。通志釋爲左。考金史世宗本紀,守道雖常爲右丞相,然與爲太尉不同時,則通志釋是。此碑無建立年月,然世宗紀載守道以大定二十一年七月"復爲左丞相,太尉如故"。二十六年四月"致仕",則立碑之年月,略可知矣。"心"字下當爲"膂"字,尚有偏旁可見。下二字通志釋爲"非惟",拓本"非"字尚有少半可見,"惟"字難識。

第六行"乃祖"下,通志僅載一缺字。然此碑全體行列整齊,按其位置,則當缺三字。第一字上半尚隱約可見,似爲"谷"字之上截。如此字不誤,則第二字當爲"神"字。"谷神",係希尹女真名。三朝北盟會編、建炎以來繫年要録、大金國志均作"兀室";松漠紀聞及北盟會編所引之神麓記,則作"悟室";均屬音近。

第七八兩行所引孟子及書盤庚篇文,字多漫漶。通志釋文以今本足成之。第九行"祖"下二字,通志釋爲"統遜"。按金史歡都本傳(卷七十)父名劾孫。"統"與"劾"字音太相遠。諦審拓本,上字左上,有一橫畫,斷非統字。左中"夕"可見,當仍是"劾"字。下字右"系"可見,爲"孫"爲"遜",頗難斷定。再下隔四字,係一"祖"字,約略可識。再下字右中之"囧"可見。再下"開"字可見。再下之"府儀同"字均依稀足識,則其上之爲"贈"字,下之爲"三司"字,當無疑問。"國"上字,右下之"田"可見,但頗小,下似尚有一捺。"父"下字雖漫漶,然與第十行"篤"上字,有無互補,知係一"桓"字。桓篤即金史之歡都。第十行"司"字下,通志釋文有"戴國公"三字,拓本不可辨。以比碑陰第十八行"戴公之子"四字,則當不誤。金史歡都封代國公。然考百官志所載封國八十字,大部均係春秋時小國名,而今鄉人姓"戴"者,尚多以"代"字替代,金史所據史料,或有轉抄訛省,戴誤爲代,實無足異。惟未知金史中所載頗多之代封國,是否均爲戴之訛變耳。再下"王"字上半可見。再下"沈"字可見。再下字下"灬"及右上之"丸"均可見,當係"鷙"字。

第十、十一行言太祖與神徒門删兄弟建伐遼之議。按金史石土門(即神徒門)弟名完顏忠,女真名迪古乃。忠傳(卷七十)載太祖"欲與迪古乃計事,於是宗翰、宗幹、完顏希尹皆從",與碑合。又太祖紀有使婆盧火徵移懶路迪古乃兵一事,則石土門兄弟與太祖建業,關係固極重。明肅皇帝即宗幹,子亮篡立後追諡。金史宗幹本傳(卷七十六)大定二十二年"追削明肅帝號,封爲皇伯、太師、遼王,諡忠烈",世宗紀此事在四月,今此碑尚書帝號,則此碑之建立年月,更得一限制:即大定二十一年七月以後,二十二年四月以前也。"聞"下字有"亠"可見,似係"大"字。"納"字下,通志釋爲"松"字,案此字左旁雖泐,而上左之"丶",尚清楚,絕非"松"字。且"松江"在此,亦無意義,係"沿"字之誤釋,毫無疑問。鐵驪部長之奪離剌亦見金史。太宗紀天會四年,"以鐵勒部長奪離剌不從其兄夔里本叛,賜馬十一,豕百,錢五百萬"。鐵勒即鐵驪也。

第十二行"出河"下,通志釋爲"店"字,當不誤。出河店一役爲金初起時重要大捷,克敵未久,遂稱大號矣。"天輔"下,通志釋爲"五"字。案希尹傳,進新字事,在天輔三年;太祖紀頒女真字在三年八月己丑。諦審拓本,金史不誤。第十三行,"多"字下,"所"字略可辨識。再下,左僅存一"扌"旁,右中有撇尖可辨認。通志釋爲"招"字,當不誤。再下,左僅存一"阝"旁,右中亦存一撇尖,當係"降"字。再下隔一字,下部存"伕",未知何字。第十四行,"士"字上"衛"字,尚存右半。"習"下字,係一"尼"字尚可辨識。"附"下字,左"言"旁甚明,右存"艹"疑係"諜"字或"謀"字。下隔二字係"至"字,隱約可辨。再下,"昏"字尚明。隔二字後之"襲"字,"翰"字下之"於是"二字,亦均隱約可辨。下似是"進軍"二字,然"進"字,尚未敢確定。此下隔一字後,二字均右旁尚存,但不可識。再下,通志釋爲"遼"字,當不誤。"拒"字下,通志釋爲"鬥"字,未確。此字雖不清楚,然外係"門"字,非"鬥"字。再下,通志釋爲"我前",上字左有殘泐,然似不誤。下字右下存一小橫,右上存"灬",非"前"字。再下,上部存"二",下存一長橫,似"軍"字之泐。

第十五行,"獲"上字,上半不清,通志釋爲"悉"。"巳"字下隔一字,僅存"二",通志釋爲"王"。再隔二字,右"聿"可見。"急"上字,下"灬"可見,疑係"馬"字。"主"字下,通志釋"遁□",下爲"之"字頗明。上字下存"目",上右隱約見"丨",疑係"聞"字。第十六行,"居之"下,左似"土"旁,右下存"凵",當係一

“地”字。“太”下字，今不可見，通志釋“祖”，甚是。“路”字下通志釋“招討司諸部”。“招”字當不誤。下左存“丶”，右存“寸”，或係“討”字。再下爲“部疒口”，上二字當係“部族”，下字不可識，通志釋誤。“遷”下字，通志釋“向”。

第十七行，“翰”下字通志釋“統”，“以”下字，釋“銳”。“照”上字，中存“一”。照下字，下存“一”，疑爲“王”字。再下“前”字，隱約可辨。第十八行，“逸”下字，上部存“埈”，未知何字。第十九行，“西”下字，僅第一字上部存“亠”，通志釋爲南西北，當係依本傳補入。“夏人”下字，上部存“埈”，未知何字。“言”下字，右下存“丩”，疑爲“與”字。第二十行，“於我”下“乃”字，隱約可見。再下，存“厶”，疑“治”字或“貽”字之泐。再下，下部存“凵”，再下，右上存“亼”，疑爲“書於”二字。“王”下隔一字，係“以我爲”三字，頗清晰。再隔一字，右存“言”，疑爲“失信”二字之泐。

第二十一行，“先”下字，存“釒”，疑爲“鋒”字之泐。再下字，左“糸”旁，右下“土”，均可見，疑爲“經”字之泐。第二十二行，“原”上字當係“太”字。此當叙宗翰於靖康元年九月克太原事。“年”下字，通志釋“將”，非是。現上部存“再”，當係“再”字。下字，通志釋爲“舉”，其下半可見。第二十三行，“立於”下“睢”字甚明，不知通志何以誤爲“淮”。始疑爲手民之誤，然考證中雖記宋高宗即位歸德事，而仍寫作“淮陽”，則似真以歸德爲淮陽矣。實則宋雖有淮陽軍，而屬今江蘇之邳縣，與歸德無涉。歸德爲宋之南京應天府，本漢之睢陽縣。唐天寶間，改爲睢陽郡。張巡、許遠之所固守即此地。自金及清爲歸德府，今河南之商丘縣。二地

東西相去數百里。宋高宗即位於南京，後被逼，始渡江，實爲治歷
史者之常識。通志此誤，真可謂差之毫釐，謬以數百里矣！"復"
上字，下部存"辶"，疑爲"遂"字之泐。再下，爲"取澶、濮、大名諸
城"，"濮大名"三字，隱約可見。

　　第二十四行，"襲"下字，上部存"艹"未識何字。第二十五
行，"元帥"下字，左上存"皇"，未識何字。"往"下字左"糸"旁
頗①明，全體不甚明，或係"緝"字。再下字，通志釋"山"，頗可疑，
再下字，通志釋"閱"，外"門"甚明，内部係石花或字畫，均未敢確
指。"異"下字，左存"言"，通志釋"誥"，當屬"詰"字筆誤。第二
十七行，"摘"上字，下存"丄"，當係"王"字。再上缺字，以文義推
之，當係"非"字或"微"字。"還"字下，右存"丨"，疑爲"朝"字之
泐。"奏"上字，右下存"乚"疑爲"從"字之泐。

　　碑陽共二十七行，殘泐頗甚。陰二十四行，則比較清楚，或仆
地時，陰掩於土中也。

　　碑陰第一行，"侍"下二字漫漶，通志釋"中加"。第二行，第
一"詔"字，隱約可見。"入"下字，右隱約見"刂"疑爲"朝"字之
泐。太傅仍指宗幹，與前明肅皇帝爲一人。第三行，第二、三字，
通志釋"賞征"。"賞"字上"⺍"及下"貝"隱約可見，當不誤。下
似爲"軍"字。"不"下字"釣"可見，然由文義不能知爲何字。
"爲"下字，通志釋"非"，似不誤。"前"上字，下部存"一"，當爲
"上"字之泐。第四行第一字，漫漶，通志釋爲"世"。"自"下字漫
漶，通志釋爲"以"。第五行第二字，通志釋爲"議"。以文義推

---

①編者注："旁頗"，原誤作"頗旁"。

之,則第一字當係"之"字。上"宗"上字,通志釋爲"熙",甚是。
"以爲"下二缺字,下字係"師"字,依稀可見。然則上字當係"太"
字。即金史熙宗紀初即位,"以尚書令宋國王宗磐爲太師"事也。

　　第六行第一、二字,通志釋爲"宗雋"。現上字之"宀"尚可
見。下字尚見"亻",以與下數"宗儁字比,知是"儁"字。案金史
(卷六十九)"宗雋太祖子。天會十四年,爲東京留守,天眷元年
入朝","既而以謀反誅",即其人。惟金史無"亻"傍,此則當以碑
爲正。"代"下二缺字,通志釋爲"爲左",甚是。第七行第二字,
通志釋爲"明",不誤。宗儁下二字,上字左上尚存"一",下字左
下存"乚",當係"之同"二字。末一字僅右上存"几",通志釋爲
"殿"。以文義推之,當是。第八行,第一係"門"字,依稀可識。
"封"下字,通志據本傳推爲"陳"字,現其中部尚有"钅"可辨,可
證其不誤。末字僅存上部之"丅",通志釋爲"王"。第九行,第一
二①"都"上字,上部之"人",依稀可辨,疑爲"會"字之泐。第十
行第一字,通志釋"希",當不誤。第十一行,"以"下字,下僅存
"二",通志釋"征"。第十三行,"封"下字僅左上存,"彳",通志
釋"豫"。末字上部存"廾",通志釋"其"。第十四行,第一、二
"非罪"字,尚可見,通志釋"囗冤",乃爲臆測。"詞"下三字,殘泐
特甚,通志釋"臣撰次",當是。第十八行,"一門"上二字,通志釋
"忠萃"。案下字似爲"出"字,絕非"萃"字。上字下部之"糸",
尚可辨,疑係"繫"字。"濟其"下漫漶字,通志釋"美"。"戴公"
上二字,通志釋"維時"。第十九行,銘文第六句,通志釋"王囗守

————————

①編者注:"第一二"三字疑衍。

道”。今案第二爲“其”字，第三爲“克”字，均尚可見。第四字漫漶，以文義推之，亦非“道”字。第二十行銘文第二句第三字，不可見，通志釋爲“予”。第六句第三字，疑爲“不”字。第二十一行，銘文第六句第三字，存“刂”，疑爲“明”字之渤。第二十三行，銘文第七句第一字不可見，通志釋爲“予”。末行銘文第七句，第一字，僅左存一撇尖，通志釋爲“死”。

　　碑中所記希尹入汴日收圖籍事，他書不載。抑余考靖康間金人入汴後之行動，其事甚異。登城而不入，無大剽掠。雖北盟會編載“初破城，賊下令縱火屠城，何㮚率百姓欲巷戰，其來如雲，由是金兵不敢下，乃唱爲和議”（卷七十），繫年要録亦載相似之說，然綜觀前後，其始縱火屠城之說，似與後議立異姓時屠城説，同爲威脅之長技。果決欲縱火屠城，未必爲何㮚輩率烏合百姓之所能拒。抑宗翰、宗望、希尹等，均老謀深算，非狼奔豕突者流，屠城縱火，雖有劫掠，所得當不如其所榨索者多，利害清楚，固所不爲。至劫掠，則幾無有。自靖康元年閏十一月二十五日破城，至二年四月初一日，“金人兵去絶”（北盟會編卷六十九至八十九），其留城外及城上者四月餘，而據北盟會編及繫年要録所載，劫掠者僅有二次：一、破城後二日（廿七日），“金人始三三兩兩，下城劫掠者”，而廿九日“金人皆撅斷諸門慢道，復於城外作慢道，以鐵鷂子登城”。此種辦法，想係以阻止劫掠者。他一次則爲次年正月丁未（十七日）“敵下含輝門剽掠，焚五嶽觀”（繫年要録卷一）。其真劫掠者，反爲我方之亂軍及游民：“軍兵乘亂，滋行劫奪，略無忌憚。”“城中不逞之徒，有髡首易衣爲番人而剽掠者，吏捕得之，梟首通衢。”（北盟會編卷七十）至殺人則更無有：“粘罕

（即宗翰）軍前，禁不可殺人，故無人敢犯。其恣殺戮者乃吾軍中人耳。”（同上）駐兵四月而無大騷擾，其軍紀殊堪驚人。（庚子年各文明國[！]軍隊之紀律，遠不及也！）至根括金銀表段，則脅宋人自爲之。雖云民不聊生，而受害者，均屬貴戚王公或富商大賈。除商賈外，餘又均社會之蟊賊也！雖因“雪雨不止，物價日翔”，“游手凍餓死者十五六”，而自“諸倉糶米”後，“民始蘇矣”（同書卷七十六之七十七）。他一方面，則各種求索，無微不至。除根括金銀表段及一切府庫掃地全空外，所求索者，略分數類：一、馬匹軍器。二、鹵薄儀仗等。三、各種用品及玩具。四、絲。五、各種工匠、方技人及妓女等。六、圖書、刻版、古物等。以一文化低下的民族，攻陷一極繁榮的大都會，其所注意，不僅限於直接需用的物品，而兼及於工藝及原料品，以至於文化、學術各品物，已非尋常。且其對於後一部分的注意，并非偶一涉及，而求取多次，不厭煩瑣，其識力之明決，豈尋常人之所能及。茲將北盟會編及繫年要錄所載關於此部分之材料，詳述於下：

其關於工藝及原料品者：元年十二月十三日甲戌，“軍前索銷金畫匠二十人，索酒匠五十人”（北盟會編卷七十二）。二年正月二十五日乙卯“金人來索……醫工……後苑作思文院，修內司將作監工匠，廣固搭材役卒百工技藝等數千人”（繫年要錄卷一）。北盟會編關於此事，有更詳之紀載：“金人來索祇候方脉醫人、教坊樂人、内侍官四十五人。……又要御前後苑作文思院（昶案此當與繫年要錄所紀之思文院爲一地，未知孰誤）上下界明堂所，修內司，軍器監工匠，廣固搭材兵三千餘人。做腰帶帽子、打造金銀、係筆和墨、雕刻圖畫工匠三百餘人。雜劇、説話、弄影戲、小説、嘌唱、弄傀儡、打筋斗、彈箏琵琶吹笙等藝人一百五十餘家。"(卷七十七)其所引之宣和錄載"諸科醫工百七十人,教坊樂工四百人,金玉雜伎諸工(如消、碾、染、刷、繡、棋、畫、針、綫、木、漆、帽、帶、皮、鐵之類),課命,卜祝,司天臺官,六尚局搭材,修内司,廣固諸司,諸軍曹司,并許以家屬行"。後又言"至是又請(鄧)珪家屬及官吏、士人、僧道醫卜千餘人。并珍寶雜色藥材等皆以萬數"。則尤爲詳盡。二十七日丁巳"金人取内庫香藥犀象,司天監,陰陽官,大晟樂工等"(繫年要錄卷一)。宣和錄記此事,則曰:"金人來取内香藥庫市易務藥物,生熟藥,太醫院藥,及諸處營造彩色樂工部頭,司天臺,陰陽官,象牙犀角三千株,蔡玉、王黼、童貫家姬四十七人,大晟樂工三十六人。"(北盟會編卷七十八)二十九日己未,對於藥餌手工人等,續有索取。三十日庚申"又取畫匠百人,醫官二百,諸般百戲一百人,教坊四百人,木匠五十人,竹瓦泥匠、石匠各三十人,馬打毬弟子七人,鞍作十人,玉匠一百人,内臣五十人,街市弟子五十人,學士院待詔五人,築毬供奉五人,金銀匠八十人,吏人五十人,八作務五十人,後苑作五十人,司天臺官吏五十人,弟子簾前小唱二十人,雜戲一百五十人,舞旋弟子五十人。……内家樂女樂器大晟樂器鈞容班一百人"。以及各種技藝官人等(同書同卷)。二月二日壬戌,"金人再取索諸人物"。三日癸亥"金人取絲一千萬斤,河北剋絲六千八百匹"(同書同卷)。雖各書所載,不無重複處;而自十二月至次年二月初對於各色技術人員,汲汲搜索,則屬實事。不但索錦繡彩段,而取絲至千萬斤之多,則其欲建立絲織工業,毫無疑問。

　　其關於文化、學術者:元年十二月二十三日甲申,"金人索監書,藏經,蘇黃文,及古文書,資治通鑑諸書"。"金人指名取索書籍甚多","開封府支撥見錢收買,又直取於書籍鋪"(北盟會編卷七十三)。二十六日丁亥,"金人入國子監取書,凡王安石説皆棄之(昶案此説并無不可信處。因荊公其及友人雖奮勵有爲,而不爲大多數偷安之宋人所喜。遼人惡之,更不待言。金人亦由遼宋人之所知而知之耳)。次年正月二十六日丙辰,宋人"又遣鴻臚卿康執權、秘書省校書郎劉才邵、國子博士熊彦詩等押監書及道澤(昶案"澤"疑"釋"訛)經板、館閣圖籍,納敵營"(繫年要録卷一)。宣和録則云:"是日,尚書省奉軍前聖旨令取……禮器、法物、禮經、禮圖、大學軒架、樂舞、樂器、舜文王琴、女媧笙、孔子冠、圖讖、竹簡、古畫、教坊樂器、樂書、樂章、祭器、明堂布政圖、閏月體式、八寶、九鼎、元圭、鎮圭、大器、合臺渾天儀、銅人刻漏古器、秘閣三館書籍、監本印板、古聖賢圖像、明堂辟雍圖、四京圖、大宋百司并天下州府職貢令、宋人文集、陰陽醫卜之書。……"(北盟會編卷七十七)二十九日己未,宋人"差董迪權司業,監起書籍等差兵八千人,運赴軍前"(同書卷七十八)。三十日庚申,又取"大內圖、夏國圖、天下州府尚書省圖、百王圖、寶籙宮圖、隆德宮圖、相國寺圖、五嶽觀圖、神霄宮圖、天寧寺圖、本朝開立登寶位赦書舊本、夏國舉奏書本、紙箋、紅銅古器二萬五千。……"(同書同卷)繫年要録亦記此事,但稍簡略,并記"索渾天儀"於二月壬戌。至於"古書珍畫"之流,則於二月十六日,丙子,按內藏元豐、大觀庫簿籍,由漢奸"內侍王仍等曲奉粘罕説其物,指其所在同各種珍玩奇物,完全取去"(繫年要録、北盟會編同紀此事)。由以上所陳,已足見其搜括之周到。然吾人所知笨重不靈之太學十石鼓,亦於此次由汴遷燕,尚未言及,可見所遺漏者尚多! 其動機,雖趙子砥燕雲録稱由燕人獻説,以求免於"天下後世所譏","其所欲不在是"(北盟會編卷七十七)。但此爲宋人所臆測,綜覽全局,似非如是。

金人此次入汴四月餘,不妄殺人,不劫掠,搜括金銀、馬匹、軍器,取去原料品與工藝技術人員,及關於文化學術品物。且懼趙氏之得人心,退兵後不易控制,則盡取其宗室以去而援立異姓。不妄殺人,則民心不憤。劫掠則毀傷太半,餘亦大部入於私人。搜括無大損失,且大部入於公家。財寶入於私人,則養成驕侈之風;入於公家,則可乘間以紓民力。取去其馬匹軍器,援立異姓,則敵人抵抗力可以削弱。取去原料品與技術人員,則工業得以樹立。取去關於文化學術品物,則文化不致永久低下,不致由文化上永遠須仰敵人爲上國。其思深慮遠,不亞於今日最發達之帝國主義。所不同者:今日帝國主義者,文化較高,其所注意,僅爲使敵人永久留於農業階段以供給其原料品;金人文化低下,則急於休息民力及便利文化之創立以維持各方之優勢。然文化高而思及保持易,文化低而悟及創造難。抑去民族之情感,推想當日,金人此次所取之政策,固至可咏歎者矣!

此次除不妄殺人,不劫掠,搜括金銀馬匹軍器等事,當爲當日主帥宗翰、宗望等所主持,其援立異姓,則繫年要録明言爲兀室郎君之意,斡離不(即宗望)意不謂然。至取技術人員、原料品及關於文化、學術品物,則非對於漢族文化有較深之認識者,殊難念及。細碎支節,自不免有遼人及漢奸之贊助,而主持大計者,蓋非希尹莫屬。此碑所言之"收宋圖籍",雖當日執筆詞臣,力求簡潔，且依附蕭何之故事，以致文不明了，而此等事之由希尹所主持，固已完全證明。吾儕居今日，非得繫年要錄、北盟會編之詳明記載，固無由周知金人計畫之深密，然非此碑，亦無由知此等偉大計畫，究係何人所主持也。

　　王静庵據金史宗磐及當日各監軍如突合速、活女、大㫈，均無征蒙古事，證明宋王大觀行程録之爲僞書（觀堂集林卷十五，南宋人所傳蒙古史料考）。今按此碑，則宗磐之曾征蒙古，固屬信而有徵，其四年征蒙古主帥之監軍，亦即希尹也。行程録一書，除稱祖元皇帝，改元天興及歲幣過厚爲李心傳所已疑及者外，大致尚屬可靠（征蒙記則否），未能據臆測以輕疑之也。

　　至希尹與宗弼"因酒有隙"事，則神麓記詳記之，曰："初兀术（即宗弼）往祁州元帥府，朝辭既畢，衆官餞於燕都檀州門裏兀术甲第，至夜闌，酒酣，皆各歸，惟悟室獨留。嗜酒，諏兀术首曰：'爾鼠輩豈容我諏哉。汝之軍馬，能有幾何？天下之兵，皆我有也。'言語相激。……"（北盟會編卷一九十七）此説未知完全確否，而大致近是。蓋希尹同宗翰、宗幹、婁室等佐太祖建業研宗弼比較後進。太祖、太宗時，戰功以宗翰爲最大，而希尹實爲宗翰之謀主。自天會五六年後，宗弼漸多典兵。然斯時宋兵已漸習戰鬥，宗弼之渡江及經營陝蜀，均勝敗相參，不能如宗翰、宗望輩之所向無前。以"自謂不在張良、陳平下"，且齒抵達尊之希尹，傲倪侮慢，實意中事。太宗本無立熙宗意，而希尹偕宗翰、宗幹諸元老，翊戴成功，可謂挾震主之勢。卒之幼主立後，或疑諸人之非少主臣。宗翰兵柄先解，羽翼繼剪，雖北盟會編（卷一百七十八）所記粘罕獄中上書之事，未足爲典要，而恚悶以没，似屬實事。觀此碑所叙熙宗拔劍斥宗幹之諫,則宗幹亦岌岌。神麓記言希尹"動循禮法",則其以禮裁抑悼后之驂乘,亦似非誣。挾蓋世之功,震主之勢,受各方之忌嫉,則其被禍,雖至不幸,亦匪意外事矣。

　　碑言希尹"征伐所獲儒士,必禮接之,訪以古今成敗。諸孫幼學,聚之環堵中,鑿圜竇僅能過飲食,先生晨夕教授",事頗足哂。洪皓行狀言:"悟室使誨其子。"又謂皓與悟室言:"所以來爲兩國大事。今既不受,迺令深入教小兒!兵交使在,禮不當執。"其發憤未必非因受圜竇過飲食之侮。要之,吾人不能自衛,國亡家破,雖遇雄才如希尹輩者,亦須俯首受辱,實意中事,無足異也。

附錄光緒吉林通志(卷一百二十)考證

　　按碑叙事多與史合;且可以糾謬,可以補闕。考守道傳:"大定二年(昶案此爲二十年之誤)修熙宗實録成,帝謂曰:'卿祖古新,行事有未當者,尚不爲隱,見卿直筆。'尋進拜太尉尚書令,改授左丞相。"碑叙守道官相同。又世宗嘗諭守道曰:"乃祖勳在王室,朕亦悉卿忠謹。"即碑上"嘗因清燕……"云云也。歡都傳:"祖舒嚕,與昭祖同時,同部,同名。土人呼昭祖曰'勇舒嚕';呼舒嚕爲'賢舒嚕'。其後別去。至景祖時,舒嚕之子噶順,舉部來歸歡都。噶順子世祖時襲節度使。歡都事四君,出入四十年。征伐之際,遇敵則先。世祖嘗曰:'吾有歡都,何事不成?'天會十五年,追贈儀同三司代國公。明昌五年,贈開府儀同三司。"即碑所叙三代也。但立碑時歡都已贈"開府儀同三司",史乃云明昌五年,此可以正其誤。史叙舒嚕無"贈開府儀同三司邢國公"事,此可以補其闕矣。又石土門傳："漢字一作神徒門,耶懶路完顔部人,世爲其部長。弟阿斯懣卒,終喪大會其族,太祖率官屬往焉。就以伐遼之議訪之。"即碑所叙"太祖以祭禮"云云也。史之耶懶,即碑之移懶。"耶""移"聲轉耳!惟石土門傳只阿斯懣一人,史言卒會祭之。前碑云:"與其兄弟建伐遼之議。"殆不止一弟矣。太祖本紀:"九月進軍寧江州。十一月兀惹鐵驪降。"以碑證之,蓋希尹曾奉命先往結納也。依本國語製女直字及招降奚部事,傳較碑爲詳。考遼史本紀:"保大二年正月,金克中京;二月,金師敗奚王瑪哈爾於北安。"又羅索傳:"斡取中京,與希尹等襲走迪六和尚伊里斯等。"即碑"知遼將兵屯及宗翰駐兵北安州事"也。又希尹本傳:"宗翰駐軍北安,使希尹經略近地。"又斡傳:"獲遼護衞耶律習泥烈,言遼主在鴛鴦濼畋獵,可襲取之。"即碑"招集至取之"云云也。碑文"烈"上缺字,以傳證之,其爲"習泥"無疑。又本傳:"遼兵屯古北口,希尹、婁室請以千兵破之,盡獲甲胄輜重。"即碑"遼兵拒鬥"以下云云也。又太祖紀:"天輔六年都統斡等追遼主於鴛鴦濼,宗翰復追至白水濼,希尹追至乙室部。"即碑"軍及鴛鴦濼至不及而還"云云也。又斡傳:"斡使希尹等奏捷,且請徙西南招討司諸部於内地。上嘉賞之。"即碑所叙"斡遣王至,賜之金器"云云也。然據本傳:"希尹將八騎與遼主戰一日,三敗之。"在追遼主至乙室部之前,碑在天會二年,此當以碑爲正。考西夏傳:"西北""西南"兩路都統,宗翰也。本傳:宗翰入朝,希尹權"西北""西南"兩路都統。碑所云"兩路都統",則未詳何人。北盟會編:"宣和七年,夏人陷天德、雲内、河東八館之地。初,粘罕遣盧母使夏,許割天德、雲内、武州及河東兜荅、斯剌、曷董、野鵲、神崖、榆林、保大、裕民八館，約入麟府，以牽河東之勢。至是，夏人取天德、雲内、八館。”又西夏傳：“初以山西九州與宋人，而天德遠在一隅，割以與夏。後破宋，乃畫陝西北鄙以易天德、雲内。”即碑“據有天德，盡復舊疆”事也。又太宗紀：“天會三年，詔諸將伐宋”，“宗翰兼左副元帥，希尹爲右監軍。宗翰圍太原，耶律伊篤破宋河東、陝西援兵於汾河北。”即碑所叙“宋人渝盟至破宋援兵”事也。“克汴賜券”，傳與碑同。又本紀：“天會五年，宋康王即位於歸德。”宋史：“建炎三年，金人陷天長軍。帝馳宰鎮江府。金兵過揚子橋，入真州。旋去揚州。”碑所叙“宋康王自立於淮陽，及渡江遁去”，蓋即此三年中事也。松漠紀聞：“余睹姑之降，金人以爲西京大監軍。明年九月，約燕京統軍反，時晤室爲西監軍，聞其事而未信，與通事同行，見二騎馳甚遽，迫獲之，搜得余睹書，晤室即回。燕統軍來謁，縛而誅之。余睹父子遁入夏國，不納。投轄靼，轄靼先已受晤室命，以兵圍之，父子皆死。”即碑“前重九二日”以下云云。晤室即谷神譯語，惟取對音，無定字，各以所聞者著之，故不同耳。萌古斯擾邊一事，本紀與宗磐、希尹傳均未載。考大金國志：“盲骨子，契丹謂之曚骨。”建炎朝野雜記：“蒙古國在女真之東北。唐謂之蒙兀部，金謂之萌骨。紹興初始叛。都元帥宗弼用兵連年，卒不能討。”蓋當時征討不止一次，無大勝負，故紀傳未詳，碑特著之者，爲表乞還政所由，本傳只言：“天眷元年乞致仕。”宗磐傳：“宗磐日益跋扈，嘗與宗幹爭論於上前。其後於熙宗前持刀向宗幹。”非碑文尚存，幾莫知其故矣。熙宗紀：“天會八年，安班貝勒杲薨，太宗意久未決。十年，左副元帥宗翰、右副元帥宗輔、右監軍完顏希尹入朝,與宗幹議曰:'安班貝勒虛位已久,若不早定,恐授非其人。'"碑中"儲副虛位"云云,即其事也。本傳云:"二年,復爲左丞相,俄封陳王,與宗幹共誅宗磐、宗雋。"據碑,"誅宗磐等以定亂功,進封□王"。可證"王"上空字當爲"陳"字,則封王在誅宗磐前,傳爲誤矣。車駕幸燕一事,紀傳亦皆未載。惟熙宗悼皇后傳言干預政事。宗弼傳:"上幸燕京,宗弼見於行在所。居再旬,宗弼還軍。已啟行四日,召還;至日希尹誅。"又神麓記:"晤室兀术言語相及。兀术告秦王,宗幹、宗幹獲遮之。兀术泣,告皇后,后具以語東昏。兀术已朝辭,至良鄉,召回。是夜,詐稱有詔入晤室所居第,執而數之,賜死。"宗幹即明肅。熙宗時,拜太傅。海陵篡立,追尊皇帝,廟號德宗。大定二年,改謚明肅。兀术即宗弼也。是希尹之死,不特后之譖,宗弼亦與有謀焉。非此碑無由得其曲折也。又希尹傳:"皇統三年,贈儀同三司邢國公。"據碑,邢公乃希尹之祖。傳言大定十五年謚貞憲。據碑,天德初進封豫王,已經予謚。又碑稱大定十六年圖像衍慶宮。考薩哈宗雄傳,均大定十五年圖像,疑皆傳之誤也。碑與婁室碑同時立,故撰書篆額人皆同。今婁室碑已佚,此碑獨以晚出得傳,亦其幸也。史稱任詢書得當時第一,元好問評:"任南麓書,如老法家斷獄,網密文峻。"未免嚴而少恩。此碑純法平原莊肅氣象,尤能令人目悚。南麓,詢別字也。光慶,史言其善篆隸,尤工大字。世宗行郊祀受尊號及受命寶,皆光慶篆。凡宮廟牓[①]署,經光慶書者,人稱其有法。此額篆體遒勁,具有古法,知史言爲不虛也。

---

①編者注:"牓",原誤作"膀"。

大金故左丞相金源郡貞憲王完顏公神道碑

翰林直學士中大夫知制誥兼行秘書□□廣土府文學輕車都尉臣□□開國伯食邑七百戶賜紫金魚袋臣王□□奉　敕撰

奉直大夫大名府路兵馬都總管判□□□□□□騎尉賜緋魚袋臣任□□奉　書

明威將軍東上閤門使兼行太廟署令上騎都尉臣□□縣開國子食邑五百戶臣左□□慶篆額

今天子紹休聖緒圖相日脫脫觀□祖宗實錄見乃祖開國之訓詩卽深用嘉歎承相贈郡王□為股肱心术非惟取其□□力□谷神自曾中□□□□□□公沈□□□有□過國□入。明肅皇帝與軍夷罹因攻克之及出河□兄天輔三年依本國語製字以進　昭祖同諱以進　世祖稟康四朝數有大功兄任如手指納公江朝鐵諸部鈇鑂豈奉圖剔於是　　　　　　完□部名與　昭祖同諱與之為友　世祖康四朝數有大功兄任如加手指

上督因清誠□相曰脫觀見□□祖從勳享之日賓果開府儀同三司邢國公祖□□祖賚有恆勳開府儀同三司□公□□開子小□□。□公與　　　　　　　　　　昭祖同諱以進　世祖稟康四朝數有大功兄任如手

先子□□所謂故□者非謂有二才之謂也□□創深用嘉歎承相贈郡王□□蓋亦重其世功耳。　　□□開者莫不竦然推重其世家而歸美于　昭祖與之為友

上孟子曰□□□

與□兄弟建伐遼之議時王與□□□皇弟遼王呆統內外諸軍攻下中京王□□□太□□西南路招討寸部旷。遷□内地將旨而還。太祖以輕騎犇盡得其　　　　　　　　　　　　　　遷入內地將旨而還

國戶□祖嘗何事而□□於成則□□諸兄軍及駕篶濼遼主已□遼來投附計□一晉旣取之宗翰犇之以兵折□我人二□□

獻今曰□奉約比王還也師□□□遼王呆統內外諸軍攻下中京王□□□太□宗□翰□□□□□□□□□□等二□。□□□□□以八騎完軍前窮追惟一二□□□□

□韶庤行之□□

衣冠從秦王宗翰駐兵北安□□□□□□□□□□□□□□□□□□□□□□□□□□□□□□□□□□□□

民衆從秦王宗翰駐兵北安□招集其甲胄輜重軍及鸞駕篶濼遼主已□遼來投附計一晉旣取之宗翰犇之以兵折□我人二□□

王以千軍至戰敗之勳殺甚衆忿獲其甲胄輜重軍及駕篶濼遼主已□遼主已□□□□□□□□□□□□□□□□□□□□□□□□□□

內帑貨賂至乙室所居天會二年遼主越在陰山宗翰約三敗之遼主□□□□□□□□□□□□□□□□□□□□□□□□□□□□□□

以來功□賜之金器天會二年遼主越在陰山宗翰約三敗之。遼主分三隊□掩襲之於沙漠相去不遠遼主□□□□□輕騎犇盡得其

追及餘騎百餘騎從遂先留騎以先所逐逐姑置之。□師掩襲之於沙漠相去不遠遼主□□□□□以王從義征□□□

去獲其八寶妃嬪公主及攀侍從遼□□□□□□權西不□兩路都統初夏人覬言犇營內地將旨而還。太祖以王從義征得其

納我已克宋建立張楚邀逼畺□□□□□□兩路都統初夏人覬言犇告大舉問罪王與左副元帥宗翰師戍□

復邊延至克宋建立張楚邀逼畺□民田先鋄□□右監軍宋人渝盟奏下大舉問罪王與左副元帥宗翰師戍□

河東所至城邑關□拒守者攻之降則撫之□□諸路援兵先□□原明年二□師□不留行旣克汴諸帥爭取珍異王與左副元帥宗翰師已

籍捷奏其功賜務以寵異之無何宋康王立於睢陽我軍□渡河取濋漢大名諸城攻拔者或屠之師次東平王勸宗翰就右

太宗嘉其功賜務以寵異之無何宋康王立於睢陽□□□□及楊州構僅以輕舸渡江逃去元帥監耶律余篶反書約燕京統軍右

此行止爲構耳何爲殺爲自是攻下者多蒙全釋追至淮陽見騎精騎逾淮□□之戰懼失次搜衣領中得元帥監耶律余篶之遣兵追捕余篶已

副元帥九月□南伐前重九二日王柱繒山門道見騎十餘人物色頗畀□□□及戰懼失次搜衣領中得元帥監耶律余篶之遣兵追捕余篶已

使高六逃□元帥逡執高六鞫之辭伏王馳驛一日而至西京窮治反者無遠悉捕誅之遣兵追捕余篶已□

□□□□爲達靼所殺函首以獻結連者前後凡數十百軍約同日俱發□王摘發擒捕方略神速則事未易定借宗翰還　　　　　　　　□□□奏請

使高六逃□副元帥議再□南伐前重九二日王舉事王馳報二帥途執高六鞫之辭伏王馳驛一日而至西京窮治反者無遠悉捕誅之遣兵追捕余篶已

尚書左丞相兼侍□□開府儀同三司諡軍仍舊萌右斯撥邊王偕太師宗磐奉

召往□□□□□□□□□□□□□□

□□□□以□□□□

落字□□又□是宗磐奉

□□□以□入陞衙□太傳□

服勞今且□有請一正段□罪耳□詔不

□撥立□□太傳以□王嬌矯詔訟耶□祖宗

□□年名□左副帥惟來尊皆剛宗磐以為丞相

前王乃表乞還政

帝未有以答太傳進曰希尹自

太宗元子太傳密令右元帥完顏宗幹與王來朝相與協心主建儲

□□□惟罪先是儲副處位宗磐自為

□□□□太宗以□□□□惡□深矣會東京留守

□□□□宗磐知謀出於王慎焉至是交□□□□□□

□□□□王任政宗磐知謀出於王北征口多私諸馬牛羊□遣使軺□之□而宗磐等反以逆事聞朝□執之於□□

□□□帝怒甚遣使至至拔

聖念

聖統致孜奉國知無不為自

太丑朝立功且援立陞下所與有力顧加

太□朝立功且援立陞下所與有力顧加

帝后同輅者后薨未有以發人都元帥宗弼與王

帝憐即位能宗磐尚書令以為丞相而相王任政宗磐知謀出於王

帝既即位能宗磐尚書令以為丞相而相王任政

詔並其二子賜死諸孫獲宥王奕□閱機權方略□一則克臨事果斷乃能增□前功狀翼

帝意頗干預外政王杜遏其漸每以正理□由是大忤后旨得果曖昧或以為后之譖焉世尤喜墨征伐所

悼正位中宮以巧慧當

明肅諭以王罪 明肅諫曰希尹自

尹嘗有愆狀又名

飫斥之明旦

非罪正隆二年改封金源郡大定十六年

國朝之典由昭祖以來克篤前烈至

今天子不承基緒以延功臣之賞王之先自邢公而下世篤忠貞至王則□□逢為世家今丞相守道亦克負荷用光可

與運君臣感過所從來久矣銘曰

古人有言　所謂故國　非謂喬木　臣食舊德　□出一門　世濟其□　邢公之孫　戴公之子　維峕戴公　碩大孔武

弘濟艱難　佑我世祖　蕭稼□□　風烈彌劭　矯矯堂堂　王其克□　武元載旆　從以周旋　奉命有光　料敵無前

奮銳涉漠　以□□□　復舊疆土　文烈嗣服　間宋不□　帝命王曰　爾監師征　克汗之日　先收圖籍　先收圖籍

明略□□　郡侯自昔　亡國凶覽　禍心滔天　陰構內附　王發摘之　如神之捷　帝命王曰　如伸之捷　火來及餘

天春機統　與定策勳　創制立法　作新人文　無何師保　如周管蔡　如漢肖且　乃心皇家　先事撲滅　先事撲滅

執訊怫逆　繫王之功　惟正之從　私謁不行　豈予不共　□職常然　繫王之忠　患匪斧惟　繫王之忠

遹命王孫　仍世作相　無念爾祖　其蹟克壯　維其有之　是以似之　夕而不亡　於王見之　明明天子　灼見前失

對於我國西北問題的我見[①]

我國的人民，一直到最近，經濟情形還滯留於農業階段。在學術一方面，自然科學異常地不發達。因此種種，我國西北，如陝西、甘肅等省，農業還可以有相當發展的地方，我們漢族還可以在那邊生活。至於新疆、青海等省，雖說同中國交通，在歷史上已經有很多的時候，并且離我們的内地頗近，唐元兩朝也曾設置過郡縣，可是我國民族中，生活能力最大的漢族，到那裏還不大容易生活，堅苦卓絕的楊柳青(在天津南)小販，也只想在那裏趕緊抓幾個錢，回頭向關裏跑！再進一步說，就是陝西等處，"厥土惟黄壤，厥田惟上上"，過去現在并没有很大的分别(我們河南同陝西全是産生小麥的地方，很可以相比較。河南各地，每畝每年能收到小麥二百斤，也就算十分的收成。前三年收麥的時候，我全在陝西的鄉間，親眼看見：除民廿二歉收不計外，民廿三、廿四兩年，

---

①編者注：本文原刊西北文物展覽會特刊 1936 年 5 月版。

每畝收麥,均將及三百斤。可是問農民,這還不過是八九成的收成。足見"厥田上上",絕非虛言),但因溝渠失修,林木無人保護,以致水澤缺乏,釀成前數年的空前大災,農民餓死的,數過百萬! 就是現在大家談起來,近視眼的念書人們,總有點覺得我們祖宗發祥的地方,近來已經快變成了沙漠,毫無辦法! 如果這樣盲目悲觀的心理不能變革,那就足以證明我國全民族的生活能力已經衰敗不堪,無能再振,不止西北問題而已。

我國近日應該對於西北方面所作的救濟,千端萬緒。現在因爲篇幅及時間的關係,無法詳說。所能說的,不過是原則一方面的事情。大致說起,西北的問題,同中國全體的問題,還異常相仿佛,就是最急切的辦法,是恢復農村經濟,使農民不致於餓死。稍往遠處說一點,如果能利用科學的方法,不惟西北的農業可以恢復發達,就是陝西延長、新疆天山一帶的煤油,新疆的硫黄,茂明安旗巴延鄂博的鐵(西北科學考查團團員丁道衡所發現),均在工業上有重要的價值。不畏艱苦,不憚繁重,去努力考查、計畫、開發,西北成一個特殊的工業區域,絕不是不可能的事情。近數年來,陝西省政府對於水利方面,異常努力,涇惠渠已經完全成功,洛惠渠也不久就要完成,渭惠渠及其他溝渠工程也均在進行中。成功以後,陝西水利問題很可以解決一部份。去年中國及其他銀行在陝西農村中,也很有一部分的放款。如果這樣繼續努力,再趕速禁止鴉片以增加嘉穀的耕田,擴充合作社以便利農民的消費,竭力保護舊林并種植新林以防止土壤的消蝕及調和氣候,修建道路以便利農產物的運輸,十年以後,陝西一帶可完全改觀。要而言之,近數年來,政府及國民的視綫多注意於西北,雖成效尚未大見,而方向固自不誤。惟無論急切的恢復農村,以及遠大的發展工業,有公同一點爲它們的樞紐。此點一得,其他一切均將逐漸地有辦法;此點一失,無論若何努力,而支支節節,常有事倍功半之苦。這種樞紐的一點,也是平凡不過的一點,就是:當想作各種設施以前,必須將地方各方面的情形一切調查清楚。這一點雖然平凡得很,可是現在大家對於這一點似乎認識的還不夠清楚,仍有申説的必要。比方説:現在想在西北有所設施,回回、纏頭、蒙古以及其他各種族與漢人中間的感情問題,以及此各種族中間相互的感情問題,實在是一件頂重要不過的事情。若干年來,此各種族中間常常發生些不幸的變動,它的原因,很少由於實際利益的衝突,大多數全是由於中間的誤會。現在想消除這種誤會,非由各族盡心竭力,互相認識,互相諒解,沒有其他的辦法。可是自命爲文化比較高的漢人,對於其他種族的内容,有什麽樣的認識? 實在是一件很難説的事。專就漢回來説,他們入居内地有多少年的歷史? 他們是否全是由他方遷來的,或是還有大部分是本地人民逐漸加入的? 他們散居的情形若何? 人口若干? 他們宗教裏面詳細的派別若何? 他們與教外的漢人血統混合的詳情若何(回回名義上不同教外人通婚,實在不如是嚴格。比方説:回教名人的馬福祥同從前作過新疆交涉署署長的陳源清,就是極親的姨表兄弟)? 他們教會組織的内容若何? 派別若何? 民國前及民國後,所叫作的"回亂",真實的原因若何? 經過若何? 回教徒的經濟、宗教以及其他各種生活的狀況若何? 此外還有不少的問題,恐怕就是問現在的專家,也未必就能有比較精確的答復。再往廣泛一方面説,因爲西北氣象站和水文站數目的幾等於零,就是極關重要的雨量,風向,濕度,河流的排水量,泥沙量,以及其他各種相類的問題,全没有比較靠得住的材料。對於全體情形這樣的茫昧,而冒冒然談建設,"一部廿四史要從何處談起"? 居今日而談對於地方各方面的實在情形去精詳地調查,已經是"九年之病,求三年之艾",然而"苟爲不蓄,終身不得"。"亡羊補牢",已經不算太早。不趕緊急起直追,恐怕"時不我與",我們的西北或者不能永遠爲我們的西北! 瞻念前途,實在要使人不寒而栗! 近來有籌備西北大學之説,也或者是這一類意思的表示。可是今日普通大學教育的破産,已經是萬不容否認的情形。教職員及學生的精力,頂好的是消磨於書本的中間。洋八股對於中國的舊八股有多少的不同? 實在是很難説,據我所見,學問空泛,不着實際,兩種八股是完全相同的。主要不同的點,就是舊八股先生們,生産能力雖説絶無,而消費能力還不很大,至於洋八股先生們,生産能力仍是絶無,而消費能力却已經很可觀!西北現在民窮財盡,就是生産能力逐漸增加,還恐怕緩不濟急,何堪消費能力獨立地無理由地增加! 今日在西北開辦一個與其他地面相類似的大學,將來效果,略可預知:第一,很好的,就是很多的候補教職員的生活問題解決! 第二,學生的消費力,由於耳濡目染,漸漸地提高。第三,四五年後學生畢業了,最少的頂好的一部分學生勉勉强强可以爲調查工作作助手。很大的一部分,調查工作擔任不了,自身生活頗成問題,大家争着往中等學校擠,給中等學校添了不少無謂的糾紛。除了這三點,我實在想不出任何的好處。爲現在的打算,與其籌辦大學,不如籌辦研究院一類的組織。糾合全中國能艱苦工作的科學家,到那邊開始調查和研究。

助手儘量考用西北各省的中學畢業生。如果嫌那邊中學畢業生
程度不够者,可於高中裏面,另設一班,多訓練他們一年或兩年。
這一班,在這增加的年限中,外國文及數學的功課居十分之九,國
文居十分之一。體育方面也應該有嚴格的訓練。生活一定使他
們極端地規律化。作助手後,工作分配不宜過多,除跟隨科學家
實地工作外,必須留下他們自修的時間。也可以斟酌情形,每星
期中,把他們在書本上找不到而却必須要的知識,給他們教授一
兩點鐘。這樣工作兩年,我可以保證他們所得的知識,能同各先
進國普通大學畢業生所得到的差不多。如果同我國有名大學的
高材畢業生相比,知識没有他們的廣博,却比他們的切實的多
(關於這個問題,參考我所著的教育罪言。散見獨立評論)。辦
這一類機關同辦大學在結果上主要不同的點,就是調查研究的
工作,立時可以開始,没有緩不濟急的毛病。并且於三年中訓
練出來的助手,要比大學四五年訓練出來的學生能幹的多,他
們對於調查和研究的技術已經熟練。這樣機關,叫它作研究院
也可以,就是叫它作大學也未始不可。實在,在大學和研究院
中間,并没有一定必分的理由。我國人把大學辦的入了魔,就
覺得這樣的機關叫作大學似乎不合適,其實,我國現在各大學
的辦法,雖然相差很遠,可是同先進國大學的辦法,相差却比較
近的多。我國教育當局,對於民窮財盡的西北,想推進教育,是
應該極端審慎的。

　　另外,我國的西北還有同他方面大不同的一點,就是種族複
雜。因爲這個,我國民族中間主要的漢人對待其他種族態度的問
題,也很有研究的必要。我們漢人,從歷史上看來,有一個很重要

的特點,就是民族的偏見極少。我們的聖賢有句遺訓,說:"諸侯用夷禮則夷之;夷而進於<u>中國</u>則<u>中國</u>之。"這足以證明他們所注意的,不在於種族的差別,止在於文化的異同。我們歷代帝王及人民,對於其他民族并無歧視,不像<u>歐美</u>各國的樣子。(<u>新疆</u>在<u>楊增新</u>時代,吏治不大遠離正軌,纏民常有不願隸屬<u>回王</u>,願歸漢官管理的請求,也可以證明這一點的不錯。至於後來的變亂,實在是因爲<u>金樹仁</u>及其部下人們的荒謬,并不是纏民對於漢人,有什麼樣的惡感。)我們的同化力特別大,從很古的時代起,就包涵孕育,到最近的時期,居然在數量上成了世界上首屈一指的民族,實在就是靠着這一件最大的優點。雖然如此,我們對於異族的態度是太偏於消極的,太偏於救急的,我們固然沒有近來帝國主義者吸收殖民地的膏血以繁榮本國社會的野心,可是像他們那樣對於殖民地一切問題研究精詳,殖民地各方面百廢俱舉的情形,也是不會有的。并且,因爲太偏於救自身的患難,對於異族本身的問題却是未能了了,歸結,我們所用的政策同他們真正的利益也時時有不適合的地方。比方說:從<u>明清</u>以來,我們對於<u>蒙古</u>的喇嘛教同王公制度,是相當地輔助的。輔助這些制度的動機,全是因爲這樣國内的各種族才可以相安無事。至於其他的惡意是絕對沒有的。<u>俄國</u>在<u>外蒙古</u>取完全相反的態度,這也是因爲那邊的喇嘛與王公同我國的關係太深,放任他們,他們總是容易傾向我國,所以<u>俄國</u>的政治家在那邊,盡力把這些制度摧毀掉。可是就<u>蒙古</u>人自身的利益來看,喇嘛教的普遍信仰,實在是功不敵過。因爲一家有幾個孩子,除了宗子必須完全出家爲喇嘛的限制,人口遂漸次減少,無增加的希望。因爲喇嘛這樣的衆多,男女間的關係愈加隨便。又因爲醫藥的不發達①，梅毒的傳播，異常迅速。蒙古人自身的危機，更日日的增劇。從現在看來，喇嘛制度不摧毀，蒙古人實難有復興的希望。王公制度的自身也是與革新傾向不大能相容的。因此種種，蒙古有知識的青年，大多數承認我國在蒙古的治理遠不如俄國，這是一件無容諱言的慘痛事實，并且他們的意見是有强固的理由的！治理一個地方，敷衍舊人，比較容易，采納新人的意見，常常有些困難。但是世界最進步的，近數十年的變化，尤其是意外的迅速。不迎頭截住，一定是要落伍的。楊增新治理新疆，是一位不世出的人材。但是因爲他對於一切革新傾向的疑忌，對於各族有知識青年的不信任，到了後幾年，已經很難維持。他自已對於這一點也很感覺到，并且向我個人頗詳細地説過的。就是最近内蒙古的糾紛，主要的原因是由異國的挑撥，固然是毫無疑問。但是在前幾年，如果我國主持蒙政的人，對於新派意見有相當地了解及采納，糾紛的程度可以減少，也是一件絶不容否認的事實。如果拿我國、英國、俄國爲對待屬地不同辦法三種的代表，那一定是我國頂笨拙，俄國人頂狡猾。我們漢人秉大同的精神，對於異族毫無歧視，而辦法方面，竟笨拙到這步田地，真是異常痛心！拿我們從來最笨拙的辦法，同狡猾的鄰居相撑拒，結果如何，真太令人寒心。現在我國人士應該發大覺悟，仍禀承我們不歧視異族的歷史沿襲，再加上一種積極的精神，對於各族的風俗、制度、歷史變遷，以及其他的一切，儘量調查研究。并且迎頭追上，以各族本身利益爲出發點，不避艱難，負起民族老

──────────

①編者注："達"，原誤作"違"。

大哥應該負的責任,輔助各族裏面有知識的青年,漸漸使一切的小兄弟均有自治和自主的能力。如果能夠這樣,那就要在我國、英國、俄國三種態度以外,更得一種比較進步的辦法。對於將來世界大同的傾向,更有一種新貢獻,不止我國西北部複雜民族中間的糾紛得以消除而已。

　　最末,我還有一句話,就是:我國的西北問題是很艱困的,但却是很有辦法的。如果看錯問題,覺得他太容易,那一定很容易失望,如果不怕艱困,努力去冲破它,美滿的解決,却也并不難找到;至若懼怕艱困,各方面的躲閃,那樣的民族本來是應該受天然淘汰的,還有什麼話可説! 應該走那一條路,那全在我們自己的揀擇了。

　　　　　　　　　　　　　　　　　　　二十五、四、十六

唐王峻及寶山調查報告[①]

　　去年我們考古組在響堂寺工作的時候,聽説涉縣的唐王峻及安陽縣的寶山有北朝及隋唐的造像,所以這一次我因到陝西視察工作的方便,就拐路到那邊去看一看。

　　動身以前,翻閲顧燮光的河朔訪古新録,知道唐王峻在涉縣西北二十里,而涉縣離鐵路尚有一二百里,居萬山之中,地方現在的秩序的詳細情形,在北平打聽不出,心裏未免猶疑。至於寶山,不過在安陽縣西南六十里,離鐵路不遠,以爲必無問題。五月八日上火車的時候,涉縣能否前往的問題,還在我腦筋裏面打轉轉,就是送行的人,也都是勸我不必冒險。

　　八日上車後,有黄子通先生同車,談論頗不寂寞。晚十點後在邯鄲縣下車,住新生棧。到屋内後,立時問店主人:"到涉縣路上平靖不平靖?"他説:"平靖的很,絶無問題。"問他路途多少遠,

---

①編者注:本文原刊國立北平研究院院務彙報 1936 年第 7 卷第 4 期。

他説二百掛零,山路總得三天走,最快也得兩天半。我原來覺得距離不過一百二三十里左右,來回不過三四天,像這樣,六天還未見得能回來。雖説秩序問題頗爲安心,可是日期問題,又頗令人悵惘,遂同店主人商量,怎麼樣就能兩天趕到涉縣的辦法。雖説邯鄲到武安,每天有汽車開去,但是汽車等到下午才能開,止好宿到武安,路程才走過五六十里!商量半天,決定明天起早坐大車到武安,午後大約就可以到。在那裏緊着向前趕,可以住到裴回鎮,第二天就可以趕到。至於歸途,下山比較快,兩天更不成問題。決定後,就寢,已過十二點,天氣頗燥。

　九日,五點鐘就起來,五點半出旅館。西行二里,過孟午村北。再前三里,過一村,叫小寨子。再前過九和屯。路旁多大冢,土人傳説是曹操的疑冢或假糧臺。土堆没有名字,傳作假糧臺的,到處皆是。至魏武疑冢,是因爲此地還離漳河不很遠。磁州所傳疑冢,已經證明爲北齊貴人墳墓,此種大冢大約也是一類的。路旁一條小河,叫作ㄇㄢㄅㄨ。下面流到邯鄲縣城附近,叫作小乾河。上流有叫作牛叫河的地方。水從武安流下,隨地異名。再前,過林村,也叫作别冢,離車站十二里。再前,大路北邊稍遠,有胡村、徐村。再前,鮎魚崗,有小飯鋪。再前,一個村子就叫牛叫河。有石橋,離縣城二十里。已經有住窰洞的。上坡,一村叫作李家莊。再前,一村叫作大河坡,有石橋。以後山裏面石橋頗多,不全記。再前,到一個大市鎮,叫作ㄎㄦ城,寫作康城。離車站四十里。聽説此地北邊三五里山跟有煤礦。鎮頭有一澡堂,是專爲礦夫用的。大車在此地休息,車夫托人捎信到武安,預叫駕窩以免誤事。這時候有人力車夫來招攬,據他們説,人力車能走到涉

縣,明天定到,乃改坐人力車。車夫二人:一拉一推,全是精壯小
夥子。再前十里,一村叫作東城河。再前一村,叫作東竹場。再
前至武安縣城,離火車站六十里。過縣城八九里,有大乾河灘。
十二里到一市鎮,叫作五汲,也有人寫作午汲。五汲人人皆知的,
是一個"小和尚"的傳説。歸納這些傳説,大約這個小和尚是一
個古人的乳名,他家曾經一時壟斷過陽邑鎮的水泉,異常烜赫。
他個人經歷盛衰,好像鹽商查小山一類的人物。至於真姓名年
月,均無可考。再前五里,村子叫作下白石,車夫念的很像"下別
墅"。再前五里,村子叫作玉泉嶺。再前五里,叫作粉店。過粉
店,上高坡,路頗崎嶇。再前五里稍下,到鹽水鋪。再前,到裴回
鎮。本地人寫作"徘徊鎮",可是念作"ㄆㄟㄏㄨㄟㄓㄣ",因爲
"徘徊"本爲"裴回"的變體,"裴回"同他們念的更相合,所以我就
那樣寫。鎮離縣城四十里。再前十里,走到一個前臨乾河的鎮
店,叫作固鎮。天還不晚,可是到陽邑還有三十里,所以就住下。
我個人到村西頭一游。路北有一廟,叫作迎福寺。前面已經毀拆
掉,後面改爲小學。寺門西階下有一井,井上有同治二年碑。據
説:寺前故有井,道光十年地震,震後井水不旺,以後移地兩次,才
得今井云云。村南乾河叫作洛河。據土人説:净害無利。民六、
民八、民十八,有三次水災,南岸寬二百餘步,泥土全被冲去,變成
石灘。這一個村子損失的地畝,就有五頃多,所以生計頗困難。
又據説明朝隆慶年間,也有水患。

　　十日,五點半動身。路在乾河石灘的北部近岸處,夏間一次
山水,路又要全被石子掩蓋。前進六里,大路西南望見一村,叫作
三王村。我在火車上,遇見一位馮先生,爲書家馮公度先生的公

子,現在沙河縣境內辦礦。據他説:"這附近有一個三王村,居民爲元順帝的兒子三王子的後人。開始全姓'曰',以後在'曰'中間加一直畫成'申',所以現在居民全姓申。因爲墓碑在礦區內,所以知道。"沙河離此地不遠,不知道他所説的就是這個三王村不是。可惜路離村太遠,不能去問。離固鎮十里爲十里店。再前二十里,到陽邑鎮。外閣門上寫"古陽邑縣"四字。陽邑、裴回、五汲全是山客收買山貨的地方,所以商務還好,陽邑尤爲繁盛。可是因此暗娼很多! 我在這裏休息,同我回來在五汲住的時候,全有店人向我招攬! 陽邑一鎮最大的問題是飲料問題。地已經在山裏面,不能打井。吃馬洺泉、寺峪溝兩泉的水,全在西北方三四十里山裏面。馬洺泉較下,寺峪溝較上。平時馬洺泉一泉的水已經敷用,旱時,還得加上寺峪溝的水。村西禹王廟中各碑所載,關於因水與鄰村興訟的事,很有幾起。聽鎮人説:就是最近,還因天旱上流居民截水澆地,飲料起恐慌,鎮中男婦老幼全往拚命,幾乎鬧成大亂子,經縣政府禁止上流居民截水,才算完結。現在村東西兩頭全有大池,底用石子鋪成。街市中間,有十個小石井東西排列,地下相通。山泉先流到西池,就是俗人所説五汲小和尚池。從西池按着次序由地下道流到各井裏面,以至於東池。住户平時就在附近各池井裏面汲水。天旱的時候,東池水乾,各井水淺,全鎮及鄰村都仰給於西池。吃這池水的共有四村。上游吃這泉水的還有五個村子。每年鎮上人還得到山裏面泉源附近用席同石頭鋪碼頭。錢從各鋪户收,每年約得二百多塊。至於最古可考吃此泉水的歷史,有禹王廟內道光三十年碑,載"上永寧寺,驗看大元大德三年陽邑施地三頃二十畝創造碑記"。又萬曆八年碑，記"元年二月初一日，興工撥渠，施捨□水。先賢王繼祖捨地一十六畝，遺於本鎮，治積古池一眼。池渠用布絹買到，通至馬洛山二十餘里"。自武安至此，路均偏向西北，實在涉縣在武安的西稍偏南。這樣的走，一定是躲避山的緣故。舊大道也稍偏南，路途較近。新修馬路在北路，比較平坦，却是更遠一點。過陽邑後，路急轉向西南，有些小段，徑直是向正南去。五里到寶店爲武安、涉縣兩縣分界的地方。武安縣人民從前很多到東三省經商，尚稱殷富。途中所見各村房屋，均尚整齊。惟東北失後，遂行凋敝。再前十里，村子叫作沙河。路旁小乾河溝，或是從前的道路。細沙青黑，不愧其名。這個村子還有井，深四五丈。再前五里，大村叫作西戍鎮，念作"ムㄧㄕㄨㄟ"。有井，在低處，不過丈餘深。又五里，鷄鳴鋪，音像"ㄐㄧㄨㄛㄅㄨ"。井深十二三丈。再五里，小村叫作煎餅窰。再前三里，到偏店鎮，爲一大村。没有井，全吃窖水。窖口很像井口，裏面圓徑丈餘，深三丈。夏天下雨的時候，各處全有地下道，把各處的水全引到窖裏面，備一年的用。如果不全敷用，跑到幾里以外山溝裏面，也還有井水。涉縣境內鄉間，大部分喝這樣窖的水。再前十里，井店。又二里下莊。自下莊到涉縣城，十八里。離城七里的地方，有幾家住在窰洞的飯鋪，地名七里碑。從邯鄲來，路越走越高。可是近涉縣城二十餘里，又漸漸降下，是因爲又漸近清漳河谷的緣故。涉縣城四面全是山，可是附近却是平地，有灌溉之利。樹木極茂，且多，蒼翠欲滴，真使人有世外桃源的感想。進城，住泰安棧。據説這是城內惟一的大旅館，一切的委員來全住在這裏，不過院落頗小，室中牀鋪縱橫。余命其另尋出一單間屋，個人住下。每晚房錢一毛。縣政府在旅館對門,余住下後,即往拜縣長,未見。見秘書王君,問是否有縣志可借翻閱一晚,彼允代尋。後即出南門,至清漳河濱。因近日天旱,上游居民截水澆地,河流全乾。然河身隨處有泉,下游一二里,即又有水,正在灌溉,上游三二里亦正在灌溉,苦旱乾者僅此一小段。此段無泉,自然就有神話,説當年怎麽樣得罪了神,所以獨不給水。進城,天已定黑。余此次旅行前疏忽,未帶護照,亦無團體徽章,又值此地鄰接山西,彼間之共産黨尚未完全退出,故檢查極嚴,接連兩三次。

　　十一日,早起,六點許仍坐人力車出城南門。向西,過一河溝,至一村,名灘裏。八里過乾河灘。河右岸,村名程崖及王堡。除河灘外,路皆寬平,沿路叢樹積翠,令人神爽。村人聞有"東洋車"之名,却從未見過,即四五十歲人亦然,故見余乘車來,即爭來集,問:"這就是東洋車麽?"又過河左岸,一村名臺陰。路傍山跟走,頗狹,然尚平,爲近年修公路時所展治。再前,至索堡,爲一大市鎮。此地北距山西遼縣界,不過四五里。稍休息飲食,將車留鎮市,轉回前路。未遠,東轉入山。有石路。再下,過一溝,即見唐王峧之"傑閣凌雲","金碧争輝"。再上,路旁有廟,顔曰朝元宮,實名什方院。碑最古者爲康熙四十一年碑。正殿祀神五,裝如菩薩,而實釋道揉雜。中神十八臂,手中所執,均道家物。後有三官及水仙各殿。後殿中有水窖。出廟不遠,又一廟曰停驂宮,俗稱歇馬殿。石最古者有順治十年碣,康熙六年碑。再進,曰廣生宮。最古僅有乾隆元年碑。又有康熙年所鑄鐘。正殿左右各置石雕像一。據言像原置山上石洞中,前數年,爲人所盜,棄置山下,本地人乃移置之於此。左像無頭,手所執若桃。右像頭亦落,手所執若半桃。殿右又有靈應殿,祀呂祖。再上,盤道八九曲,始至媧皇廟。廟倚東岩建,故各洞門均向西。正殿爲石洞,上倚岩起閣三層,上顏"清虛閣"三字。殿下層外有二石梯,由梯登閣。至上三層木梯,則在閣內。殿前階下有崇禎元年創建媧皇閣記碑。據言:"接檐立石,創閣五楹。廣四丈,延高各二丈五尺。"又有咸豐五年知縣李毓珍所立碑。內言:"宮之創造,大約始於北齊,前明曾兩修葺。迨我朝,自順治以迄嘉慶,叠次重修,碑記悉詳邑志。""壬子春,不戒於火,祠宇盡毀,僅餘鐘鼓樓數事。"正殿南,有樓,曰迎爽樓,爲咸豐三年始修。樓後,祠祀李令毓珍,因其殉太平天國亂也。再南爲鐘樓。樓下洞門顏曰"南天門"。出門未幾,即抵石垣,外臨絶岩而廟盡。正殿北,爲一閣:上媧皇寢宮,下送子殿。殿基階南壁鑲萬曆三十七年重修新建媧皇廟碑記。內言"其來無考"。又言"萬曆三十六年正月八日偶被火灾,寸木片瓦,俱成灰燼"云云。此碑後面,又有"崇禎元年三月十八日立"各字樣。閣後磨崖刻佛經。正殿北石梯壓其一部。外露者,尚三百四十一行,每行字數未能計算。前百一十四行爲八分書,後僅有分意,與北響堂寺刻經之筆意極似。南端內缺七小塊,此七塊乃係初刻時原石缺損,以他石補後始刻者,因極易取下,故被盜去。現尚餘一補石,足資證明。如不急設法保存,恐此一塊補石,不久仍將爲人盜去!再北爲洞,中有石佛,手已失,頭已換。顧氏所言"旁侍尊者六",其六坐均存,身止餘三:二立一仆,均無頭!洞內三面刻經,因進門處後人建墻,故經被蓋多行。露外者,南壁五十九行,北壁六十三行。後壁則均露外,共九十八行。原補石:已缺者至少有四塊,有五塊尚存。再北又一洞,亦三面刻經。除洞口墻所蔽者外,南外露者七十行,北外露者七十二行。後壁全露,九十六行。行百十一字。字頗完好。洞中佛像右手已失,左手拇指壞。頭似後換者。有立像一,完整,然疑新製。南壁有"十地經不勤地品第八"字樣,北壁有"佛説盂蘭盆經"字樣。洞外佛像二:南像幾全毀,北像面手足部均有缺。此洞再北,又有磨崖刻經四十九行。後尚有小字一行十餘字,然疑非同時刻。再北即抵北極門東之橫壁。此二洞前有屋三楹。其對面,曰憩雲軒,軒南有亭,曰滌煩亭。亭對面有圓門,上碌書"補修元門"四字。軒北有閣,下洞門北向,額曰北極門。門下有天啟五年修媧皇聖母廟功德記碑。北極門外又有磨崖刻經一百九十二行。顧氏書所記刻經行數不可靠。所記佛洞及刻經多南北倒置。大約其記録本,所記不甚詳細,整理距記録時太遠,故遂倒置。北極門東之橫壁,向北者上下有佛像各一龕。每龕三像,現俱毀。上龕二像似新盜者。磨崖北有一龕三佛像,俱毀。出北極門,稍進,有"媧媓古迹"木坊,北向。再下,右轉,爲"蓬萊仙境"磚坊,西向,即今日廟之進口處。由木坊再北,小殿一間,爲魯班皮廠廟,光緒元年重修,有碑。殿東偏南崖上有崇禎元年李自胡磨崖題字,已模糊。可辨者有"忠心尋著母,天開兩扇明"等字。再南,磨崖爲碑形,題"古中皇山"四大字,無年月。——唐王峧媧皇廟之輪廓,大致如此。約而論之,此地古代造像,今雖毀損,而原來亦并不豐富,不能與響堂寺及寶山各處比。惟刻經頗成大觀。依石上土花苔痕推測,恐從來尚無一完全拓本。土人又有一種迷信,謂此經絕不能盡拓。如有人作此希圖者,必遭慘禍。近年有人往拓,因搭架不堅,以致工人跌死,愈堅土人之迷信。故今日如欲作大規模之椎拓,本地雖有工人,亦絕不肯應命。至刻經年月,絕無可考。惟筆意極近北響堂寺之唐邕刻經。唐邕又曾封王爵,則推斷此地刻經爲唐邕之所流遺,亦甚近理。此地早期當屬佛寺。何時改爲媧皇廟,化釋爲道,則文獻已無足徵。意者金元之交,河北歷經喪亂,禪宇僧寮,蕩然無存。全真之徒,牽蘿補茅,遂致緇流變爲黃冠乎?"古中皇山"之碑,雖無年月可考,而係道流所作,爲轉變後之遺物,蓋可斷言。此地刻經爲最古所刻佛經之一,至可寶貴。損毀盜竊,又太容易。特別加以保護,是所望於地方政府及人民之努力也。

返至索堡,到普光寺,觀尹景穆造像。"年"字上缺,"年"下止餘"四月己丑朔"數字,不知顧氏何以稱爲北齊。內又有"密邇兩都"字樣。考魏孝文延興元年(四七一),東魏孝靜元象元年(五三八),及北齊武成河清三年(五六四),四月均爲己丑朔(據陳垣先生之二十史朔閏表)。延興時,孝文尚未營洛都。北齊都鄴,并無陪都。惟元象年,遷鄴未久,洛陽係故都。其所謂"兩都"者,或係指此歟?——返城內後,派人往問縣政府王秘書,縣志是否已尋出?答言無法尋出。讀河朔訪古新錄,知熊耳山開法寺及青頭山清泉寺,均風景佳勝。問人知離縣城不甚遠,一日可以盡游,乃決定明日往游。

十二日,六點出城。過清漳河,乾灘頗寬,頑石崎嶇。下車,步行過。空人空車,尚非易易!過河後,一大村,名河南店。此後循清漳右岸向東南行,爲涉縣至武安之大道,公路已成,故車尚易走。再前,曰次村。再前,一村,曰莊上。至此村,即當舍車登山,乃尋村長,將車置於村公所。有一賈君,相引登山。寺不甚高,離村大約不過二百公尺上下。寺在山曲中，面前群峰如屏，風景絕佳。寺俗名熊耳寺。進門，天王殿；再進爲雷音殿；再進爲大雄寶殿。再進，房舍甚多，原辦小學。後因幼童登山不便，移至村中。再進，東北爲千佛殿；其西爲藏經殿。藏經據言一部分在清泉寺。其刷印年月則萬曆癸未，碑載"萬曆元年，詣金陵印藏經一部"。藏經櫥門上所繪佛像，顧氏稱爲"明人遺迹"，當無大誤。寺門前偏西，有聖母祠及大悲閣。寺之建立年月，則惟萬曆十八年碑，載有"有唐以來，即建寺以居之"之文。大殿中有脊梁銘，屋高字細，不盡可讀。惟有"永樂九年"字樣。後言"從前不知重修幾次。相傳成化五年、正德八年、萬曆三十四年、順治十七年、康熙二十五年重修"。後尚有"雍正三年"字樣。賈君言，"清光緒十六七年，又重修一次"。故寺今日大致完整。大雄殿前，有宋至道所刻陀羅卯一。餘數經幢，不辨年月，均仆於寺門外，風雨剝蝕，字已難讀。囑賈君設法將其移置殿內，未知將來能辦到否。下山，至村，訪一劉君。其父與余父爲同僚，余兒時曾見之。在彼家午餐。辭出，上車，仍循河畔往青頭山。過胡峪，至石岡村，仍舍車上登。山較斗峻，石徑隘曲，風景頗佳。寺比熊耳寺當較高。新近重修，故甚整飭。院中花木楚楚。其最後之雷音殿，於民國十八年重修時，殿移後。但佛像、石柱、天花板，均舊物裝新。石柱上書經，係嘉靖十四年刻。有正德十年鐵鐘。東廂地藏殿；西廂大光明藏，內藏經典。前大雄殿仍舊。石柱刻佛頂尊勝神咒，無年月。有嘉靖三十一年鐵爐，上有"藩國千秋"四字。其前之毘盧殿中，有"藩國千秋千千秋"牌，亦屬明物。出寺，欲登山頂，因天已晚，僅走一節，未能至絕頂。返城後，縣長陳君來，以唐王峧刻經拓片數張相贈。據言縣志舊刻,已極不易得。現正擬續修,成書尚當有待。

十三日,六點出城,東返。下山路較迅速。涉縣人極儉樸,無論貧富,人均食糠餅。余頗欲識其味,奈在城中詢問,并無賣者。店鋪夥計則不食此,故余無法得之。今早過偏店鎮打尖時,見飯鋪饅頭蒸籠內,附蒸數糠餅。本非賣品,然余得嘗之。餅有二種:一色較暗,爲穀糠混麥麩所蒸;一色較淺,爲穀糠混玉蜀黍皮所蒸。第一種不難吃,第二種則太粗糙。余食之至飽。人力車夫係邯鄲人,均不以糠爲可食。見余飽食之,大驚。據言:"穀用石碾去糠。第一次所去者爲粗糠,人不食之。盡以喂牲畜。第二三次所去之細糠,始用蒸餅。"將午,至陽邑,則禹王廟前正在演戲。至飯篷下午餐。車夫觀戲,余則入廟讀碑。有一碣,言"嘉慶十五年六月二十九日,大雨冰雹。大廈高樓,蕩爲瓦礫","而秋則大熟,出人意表","穀九十日還倉,收成石二三"云云。六點許,已至五汲。車夫問是否要趕住武安縣城。余因彼等今日已奔馳百二三十里,不願催促,任其自決,彼等亦覺疲乏,遂止宿於五汲。以爲明日不難正午前後趕至邯鄲,晚即可至安陽矣。今晚天氣悶熱。

十四日,夜中傾盆大雨,氣候頓清爽。晨起猶淅瀝不已。九點許始止,商議起身。聞店主人言,此屋後不遠,有一古城,不知何時所遺。惜余聞太晚,今日路多泥濘,未知晚晌是否能趕至邯鄲,故無暇往觀,即動身。途中泥雖尚非太多,而已使人力車增加不少艱辛。至林村附近,雨較小,泥亦稍愈。至邯鄲,尚不甚晚。

十五日,因下午兩點許,始有車到安陽,故上午乘間,到火車

站北,尋訪俗所名之插箭嶺、梳妝臺、照眉池及造錢爐諸遺址。順
火車軌北行,約五里許,軌道東有村,曰常家莊。至村,購得銅箭
頭、帶鈎數事。軌道西有土埂,迤邐西南下,斷斷續續。十許里後
即至趙王城,爲戰國時趙故都。北頭一埂,略有繩紋陶片。再西
南,則漸多。至所謂梳妝臺者,則土邱面積頗大,繩紋陶片極多。
係當日一建築物之遺留,萬無疑義。邱東南,地勢稍低下,即所謂
之照眉池。"照眉"固無稽,然爲舊地遺址,亦非不可能者。造錢
爐在其西北,因全係平地,未往觀。再西南,有長土嶺西南下,即
所謂插箭嶺。上亦稍有陶片。間有"雲板頭"瓦當片。嶺東西時
有大冢,疑係漢晉人之冢墓。此一帶地在當日,或係離宮別館,或
係壘壁,均未可知。返過王郎村、謝村,至車站。下午上車,到安
陽,宿於德記旅社。余過安陽多次,均宿於此旅社,因其較爲清
静。此次則除余所住之斗室外,幾全爲妓女所占。問店夥,據云
市面蕭條,各家均如是,不如是即無法維持! 問妓女如是多,其生
意尚好否? 答云:"不好,不過還可以説得着。"入城,到中央研究
院安陽發掘團之事務所。郭子衡已返開封。晤潘石君、石璋如
等。孫文青前數日來此,亦相見。談及寶山之游,璋如云曾游過,
以爲余往游,或不免有失望之處。然余游志甚堅,文青亦願同往,
遂決定明日往游。聞彼間離城僅五六十里,而地面却不甚平靖,
則大出余意表。璋如等言張尚德(安陽中學校校長)係西鄉人,
對於此方情形甚熟,晚餐後可往訪之。余與尚德亦舊友久別,極
願一話契闊。但餐後天色已晚,恐城門將閉,乃先出,托璋如往訪
尚德,明早再作決定。

　　十六日,早晨尚未起,尚德已來,言將同往,大喜。後潘、石、

孫諸君均來,斗室中幾轉不開身,有時須立於室外! 稍餐後,即啟行。余及尚德、文青三人,均坐人力車。過車站西,所行者,係築成之公路,頗平坦。沿途均係洹水附近渠田,故禾稼甚茂。每村頭均有石灰泥墙一片,上書村名及距離遠近。過任家莊、梅園莊、郝家店、焦邵村、段邵村(亦書作焦家邵村、段家邵村)、北流村。村正演戲。再前,至北曲溝村,離開向西之公路,轉向南行。過四盤磨,至曲溝村。到區公所,稍憩,公所派團丁四人帶槍前送。又以電話通知善應鎮之區分部,派團丁來接,中途換班。團丁并帶烟捲、食物,因山中無處購買。據言地方甚平靖,但小心更佳。此後即入山,坡陀起伏。前進,過洪岩、平棘、孟家莊、大澗。將至善應,離河不遠處,拾得石斧一。善應爲洹水發源處,環山臨水,風景入畫。"善應松濤"爲安陽八景之一,但今日已砍伐净盡,不見松枝,何聞濤聲? 到區分部内,餐後,即往游小南海。沿河雜樹叢蔚。路經洹河右岸,倚山根,有時頗險巇,約三四里,至小南海。廟前離洹源不遠,匯爲一小湖,風景絕勝。廟内爲訓練附近保甲人員之所,正在籌備開學。廟内神像,各教雜揉。有至聖閣,祀孔子。下有碑,言雍正五年,運糧河水勢不能浮舟材,奉上命疏通洹源云云。又據尚德言:"洹源多年未浚,故水勢不旺。"洹水下流,常常因爭水爭渠興訟。與其興訟,何如浚源? 鄰里興訟,國境爭戰,均短視之士也! 廟前有橋,可過河左岸。立橋上回望,牧童黄牛,微艇布帆,與日影、山色、水光,掩映罨畫。過橋稍西,倚崖有小石洞。内坐像一,立像八,外立像二,均無頭。洞頂花紋,雕鏤精工,幸尚未壞。洞爲北齊天保元年造。外有磨崖刻大般涅槃經勝行品,爲靈山寺僧方法師所刻。轉北有小龕,爲唐貞觀二年故大靈琛禪師灰身塔。再北有龕,佛像數目與前龕同。其南刻供養人像不少。順河左岸西行,不遠,洹水已盡。西望,有馬鞍、破頭、長石、王帽、鷄冠、古墓、旗杆、紫金等山。長石山有長石礦,現正開采,至馬鞍山之銀礦,亦議開采。西行漸高,即破頭山,山腰有廟,俗名口兒寺,碑稱長春觀。殿宇洞窟不少,後面轉樓數十間,尤爲鄉人所艷稱,但已損毀,待修理。廟中有井。如稍修理,實一避暑佳勝處。廟後有洞,内有石階,上數百步,通山巓。因未帶手電燈,不能窮其異。下山,至橋不過,仍沿河左岸行,倚崖有龕,佛像數目與前龕同,亦均損毀。上飛天亦壞。尚有若干小像,似有裸體者。其外小佛甚多;上部被人取去,下部打毀。右中有亭,内并坐二佛。聞前數年,有一某國人來此,雇人專打寶山一帶佛像面孔,代價百元! 并言:後當詳查,如有未打壞者,即當受罰! 目的并非盜竊,似專爲破壞而破壞者! 故此地佛像,幾無一完好者。吾國鄉人無知,貪微利,損國寶,固屬憾事,然某國人,有計畫地爲破壞而破壞,實屬文明世界之大蟊賊,其所屬國家之大玷辱。會當詳細調查此事發生之詳細年月、人數、經過情形,露布於國際間以存信史。再東有嘉靖丁西潼谷山人王三省題詩。其西原有佛龕,最近又被土人鑿去蓋屋! 此等寶貴史料,如不急圖保存,不久將無孑遺! 稍前有少谷山人崔口[1]題詩。再進,不久即入村。善應村頗大。過橋,抵區分所,宿焉。

　　十七日,黎明即起,稍餐後,即步行往游寶山。人力車則遣其至天喜鎮等待。息訟委員孫子俊先生爲鄉導。初出時,天氣凉

①編者注:原稿此字無法辨識。

爽；後漸熱，至<u>靈泉寺</u>時，已過十點。<u>靈泉寺</u>在<u>寶山</u>山曲中。其東俗稱<u>東山</u>，西俗稱<u>西山</u>。東西二山，倚岩雕刻佛像無數。亦名<u>萬佛溝</u>。寺內玉皇殿廊檐下壁上，有"<u>魏武定</u>四年歲在丙寅四月八日<u>道憑法師</u>造"一碣，大字，八分，椎拓者甚多。按<u>河朔訪古新錄</u>，寺中無此碣。惟有"<u>魏武定</u>四年四月<u>大留聖窟</u>題字"，下注曰"正書，四字，下方有八分書'<u>道憑法師</u>造'五字，按此石刻一方，今已移入寺內"，不知是此石否。但現并無"<u>大留聖窟</u>"四字。且<u>文青</u>在石上，發現一楷書小字，審其字體①，當在<u>唐宋</u>以後。疑原石已佚，後人取他碑，磨光重刻者。廟後有千手千眼佛閣，其像胎似非近世者。寺前大路南有地藏殿。殿東坡上有二<u>齊</u>碑，東西列，無年月。但有"寺檀越主婁叡"諸字可證，字在東碑東南隅邊稜上。碑額造像之佛頭，均已失去。碑係刻經，字尚完好，惟風雨剝蝕，將逐漸漫漶。且東碑已傾斜。據現在所知，此二碑爲此山最古之碑，至堪寶貴，急宜設法保存，勿使繼續毀損。東西兩山造像，以灰身塔爲最多。年代大致係<u>隋唐</u>兩朝。佛像面孔幾全被破毀。西山之<u>大住聖窟</u>，內佛像均無頭。惟窟外左右二立像，大致完整。東山之<u>大留聖窟</u>，破毀特甚。內餘佛像三，均無頭無手。外有一佛光，棄置地上。壁上無餘物。東山土石剝落，造像埋土中不少。有人順岩作小壕，掘出其一部分，像均完好。聞係最近<u>日</u>人來游此者所作。此一部分，宜全體發掘，并應妥籌保存之法。綜觀大體，佛像雖完善者太少，而損毀者多係面部，衣飾花紋多尚完好。雖不及<u>龍門</u>、<u>雲岡</u>規模之偉大，而自有重照、拓、整理及保

---

①編者注："體"，原誤作"禮"。

存之價值。西山佛龕檐下，有金"天眷己未清明後一日彌弛法師李鎮同"及"洪武戊辰"之墨題字尚存。是日，天氣熱甚。余尚能東西兩山約略巡查一周；文青游西山後，已無餘力再上東山；至尚德則因前曾游過，并未攀登。惟鄉導孫先生則各處均引到，且毫無倦容，至堪欽佩。稍息後，步行下山，至天喜鎮，用餐。別孫先生，坐車前行。再下，路旁有一段，石經風化，將變土，紅色、黃色、綠色、黑色、白色，五彩具備，未知何因，希望地質學者之留意也。再前一村，未悉何名。村人多係教民。今日禮拜日，余等過時，彌撒正散。再前，抵平地，護衛之團丁始歸。據言：道旁，不安分的人亦時出沒，因見有帶槍者保護，不致出事。此次，武安、涉縣路上如是之平靖，寶山附近如是之戒懼，大出余之意外也。晚，到水冶鎮，晤老同學李次貞。二十餘載闊別，聚首快談，又復筋力均尚強健，快何如之？雖然，二十餘年一聚首，人生能得幾許二十年耶？稍憩後，天色尚早，同往游珍珠泉。泉距鎮三四里。沿途均水田，樹木甚多。泉共四。舊有中正渠，可灌田四五百頃，又由次貞創辦民生渠，現已成功，可灌田二百頃。聞漳水附近有三民渠，則係西門豹舊渠。洹水附近有萬金渠。洹水稍上，又有新開之大通渠，萬金渠民懼其分水，率衆壅塞之，訟事至今未息！不務浚源而日圖爭水，鄉民愚昧，官吏不職，殊堪慨歎。歸，天色已定黑。次貞年長於余，而步履極健，余力追始及。

十八日，昨夜微雨。今早又同往珍珠泉，并觀附近宋韓琦父韓國華墓，讀富弼撰、王珪書之神道碑。碑亭早已毀圮，聞韓氏近甚衰落，無力重修。此等古金石，當不屬於一家，實與全體文化有關。興復保存，地方人士當早計及之也。歸，登水冶城，由北門至東門。水冶,金置輔嚴縣,爲通山西之商道,舊時商務甚盛。近雖凋敝,而因附近有灌溉之利,故尚稱殷實。城極整齊:外用石甃,上用磚鋪,縣城亦鮮見如是。下東門,到蓮花寺。寺内正殿佛像及懸山,雕塑工異。前數年因破除迷信,毀其下部!其上部因毀壞費事,遂被棄置。今日摩挲瞻仰,惋歎無已。辭次貞東返,時十點鐘。過洹水橋,橋傍有李秉衡所書"漫水長虹"四大字。過橋後,繞道至障鄧村。參觀護國寺之古佛像。又聞其有藏經,問和尚,則堅稱無有。尚德言曾經見過,彼無辭,乃托言鑰匙爲當家和尚帶去,不在廟中。强之,彼始出示其禪房中所藏之數本。至於全藏,終不得見。經每冊末,均有正德三年題字,施財人姓名具焉。至城,四點餘。

調查唐王峧及寶山,大致經過如此。

陝西最近發現之新石器時代遺址^①

　　我們在陝西的考古工作,是從民國二十二年開始的。這一年的工作,僅作調查。調查目標,是靠着書本子上的指示。比方説:我們從各種志書上,知道周朝的豐、鎬、犬邱,秦國的雍,以及其他相類的遺址的所在地,就親自跑去,看看書本上所説,是否可靠。寶雞縣東十五里的鬥雞臺,雖説在書本子上面,不很煊赫,可是在民國十幾年間,曾經一種土匪軍隊——党玉琨,作過一次大規模的發掘,得到許多古物,所以我們也去調查過。我們這一次到陝西考古,雖説我們自己限定的研究目標,是周秦二民族最初期的文化,但是因爲新石器時代的文化同它的關係很深,并且有些不很容易分別的地方,所以也很留神。這一年中的調查,因爲大致限於書本子上所有的遺址,所以見到新石器時代末期的紅色陶片,異常的少——後幾年,在渭河附近各處調查,所得很多,詳見

---

①編者注:本文原刊國立北平研究院七周年紀念會紀録,1936 年 9 月,署"徐炳昶講演"。

陝西渭河附近考古調查報告——鬥鷄臺所見，可以説是惟一最多的。對於鬥鷄臺的發掘，原因雖也頗複雜，但是，上述一點却也是一個很主要的決定原因。

到二十三年春天，我們就開始在鬥鷄臺作發掘。夏季停工，秋天又繼續發掘。因爲那邊冬天天氣不太冷，就是上凍，也不過三兩寸深，對於發掘無大妨礙，所以冬天没有停工，直作到二十四年春天才暫作結束。通共作了一年半。這一年半工作的結果：知道這個地方，作民居的時間很長：從新石器時代起，一直到隋朝，陳倉縣治挪走以後，人民才比較稀少——此後直到現在，還繼續有民居，不過比較稀少而已。寶鷄縣從秦到唐爲陳倉縣，這是大家全知道的。陳倉縣治故址在今縣治東的渭水北岸，也是不成問題的。可是端底在什麽地方，那就異議紛紛了。離我們工作地方西邊二三里的大道旁邊，有一個"陳倉故址"碑。碑是民國紀元後立的。經我們很精細調查一番，知道那實在毫無影響。一個大城的遺址，地面上一點蹤迹不見：那是不可能的。此外還有幾個本縣人傳爲縣治舊址的地方，我們全去調查過，全不對。我們認定我們所發掘的地方，就是陳倉縣治的遺址：這大體不致有錯誤的。

我們所發掘的地方，分爲二區：中間隔一條大溝，叫作戴家溝，我們在溝東開了幾個坑子。這一區我們通常叫作溝東區。過戴家溝，稍遠，有一個廢堡子。我們在堡子内外又開了幾個坑子。這個區域，我們通常叫它作廢堡區。這兩區的鳥飛距離，有五六百公尺。廢堡區的遺物，差不多全是屬於秦以後的，同今天所要談的新石器時代遺址，没有很深的關係，不多談。這兩區的時期，大致可分爲四：由後往前溯，第一，就是秦以後，有城址及墓葬；第二，是秦以前千餘年，或可叫作三代。這一時期，有很多的墓遺留下來。它們的特徵，是凡屬於這一期的，無論貧富，不管墓中遺物的多少，却總有必不可少的一件：就是一個陶質的鬲。并且這個鬲不是特製的明器，却是墓中人生前所用的。我們把它們發掘出來的時候，它們上面全有一層黑烟煤蓋着，足以爲證。大約那就是古人用的炊具兼飯器，每人一器。他們死後，就把他每日所用的鬲殉葬。這一類墓，我們通常叫它們作瓦鬲墓。再往上溯，第三，爲以彩陶爲特徵的仰韶時期。仰韶爲河南澠池縣的一村。自從前十幾年，瑞典人安特生博士在那裏工作以後，他又在甘肅、河南找着些同時代的遺址，中央研究院在河南，也曾發現了不少。在陝西，從前人還没有作。這一時期爲新石器時代的末期。有人說：在夏以前，有人說：這就與夏朝的文化相當，紛紛聚訟，現在還無法解決，也不必談。第四，就是我們今天所要談的新石器時代。秦以後及三代兩期，因與今天的主題關係不深，也不多談。僅將新石器時代和同它有密切關係的仰韶時期大略談一談。

　　照普通情形說，文化層時代的劃分，有一種簡要的法子：最上層的文化層與我們時間的距離最近；第二層較遠；文化層愈下，時間距離愈遠；這是一定的辦法，毫無疑問的。可是這樣辦法，在鬥鷄臺戴家溝東，却不能嚴格施用。并不是上面所說的原則不對，是因爲這個地方，在三代及秦漢以後，是墓地，至於新石器時代及其末期却是民居。民居遺迹在當時之地面，或近當時之地面，墓葬遺迹必在當時的地面底下：這也是很明顯的道理。現在，離地面大約半公尺的土壤，全是耕土，色屬深黃。再下，約一公尺深，土色在黑褐之間,上帶白絲。仰韶期的陶片及其他遺物,大致可以說:全在這一公尺半深的土壤裏面。再下即爲生黃土,新石器時代的遺址,瓦鬲墓及漢墓,縱橫錯雜。漢墓普通比瓦鬲墓深,新石器時代的民居,最上的,常爲瓦鬲墓所破,下層的,多陷於漢墓之中。

　　我們自從二十三年春天開始發掘,不久,就注意到:在仰韶層的陶片裏面,有若干陶片,上面的條紋,比普通的繩紋寬的多——我們此後,叫它作籃紋——顏色及質料同此層裏面所常見的紅陶片無大差異,數量的比例却很小,并不常見。當時我們以爲這不過是仰韶陶片中之一種,并没有感覺到它是另外一個時代的製造品。直至是年年跟,H 坑的東南角,發現一個漢晉的墓,編爲 H 坑第八號墓。次年開年,把墓身作清楚以後,就向南面找尋它的墓道。在墓道南段下層稍偏西的地方,又發現一個口中含貝的墓,編爲 H 坑十四號墓。此墓中有石器而無瓦鬲或其他陶器,陶片(此類的墓,我們也曾遇到幾個。依所出的遺物推測,或可斷爲此瓦鬲時期較早)。這個墓做完以後,在其稍偏東處,立時發現一個蒙古包式的古代民居。上口甚大,當爲居民所從出入的地方。這樣住所,就是詩經大雅綿詩中所説的"陶復陶穴"的"復"。王静庵先生對此字有詳明的考證。——此處離地面的深度,已經有七公尺强,看遺物的情形,像是還没有擾亂過。我們大家因爲發現了這樣不易得的民居,全很高興,就很謹慎往下作。我們通常對於陶片,因爲數量太多,將有特徵可見的,比方説:耳、口、底等類,完全留下,其他太普通,毫無特徵的,也棄置了一部分。至於這個民居裏面的遺物,却是不遺一片的完全留下。裏面没有一個完整的陶器。陶片檢出來以後，經本組技術員白萬玉先生的辛勤黏合，居然有四五件，雖不甚完整，但是原來的形狀已經可以看出來。

從這個民居裏面所找出來的各種遺物：陶片、骨器、石器等類，仔細觀察，才曉得仰韶時期陶器的特徵，在這些陶片裏面，完全沒有(這一點下邊再講)：這是一個另外時期的遺物。這個時期比仰韶古。我們因爲這個民居未曾擾亂，可作標準，就戲稱之曰"標準坑"。拿它同別坑的陶片比較，才曉得我們所遇見的同時期的遺址，共有六處：(一)即標準坑。(二)H坑八號墓上面，有一個圓角長方形的遺址。其底及壁有一層極薄的石灰皮。大部分因土鬆，已陷入H坑八號墓裏面。我們因爲時間關係，只把它的西北角掏作出來，西墻及北墻尚未作出。東及南墻陷入墓中。據所作出及陷入的陶片觀察，也屬於此時期。(三)G坑(此坑在各坑中爲最高)中間，有一粗圓土筒，口稍侈，深至七公尺八。至今尚不能明其用途。陶片不多，但屬於此時期。(四)M坑東頭五號墓上面有一坑，形式與"標準坑"同。內人頭骨四具，其骨架已亂。尚有獸骨(楊鍾健先生定爲豬骨)。底的大部，陷入於M坑的五號墓中。(五)I坑南端有一底及壁敷極薄石灰皮的遺址。西墻有缺口，仿佛是門。中間小圓圈，斜低數公分，爲置火處。它的南半已經爲本坑三號墓所破毀。陶片不甚多，也屬於此時期。(六)K坑有一製陶工場，面積頗大。有一部分爲幾個瓦鬲墓所破毀。它的南部，有兩個爐竈的殘餘，旁有陶器，已成碎片。西南部有一小池，深約兩公寸；向南稍偏東有一溝，其北墻有一瓦罐，橫嵌墻中，口正向南溝，甚完整，未知當日如何用法。其

北部也有一個小池,大小,深淺,向南稍東的溝,全同西南部的小
池相類。惟北墙未嵌瓦罐;東西兩墙,有小坎臺各二。疑當時可
横放二小箸於坎臺上,箸上置物,下置火以烤之。全工場底甚平,
爲一二公分厚的燒過堅土所成。它的陶器,也屬於同時期。此外
薄石灰片的遺址,所見尚多。從前不能確認爲何時期,現可推斷
屬於同一時期。但此類均尚未發掘,只好俟之將來。

仰韶期陶片的特徵:第一,就顔色説:主要的是紅色,大約因
爲所能加到的熱度很高,所以能成這樣的顔色。上面間或加一種
黑的花紋,或黑白兩彩的花紋。我們在鬥鷄臺所得的,僅有黑彩
花紋一種。其次是黑灰色。第二,就形式來説:我們所得的,約可
分爲四式:(一)身淺,底寬平,口闊,上磨光無紋,若古代盤洗之
屬;(二)身較深,圓底或狹平底,口闊,磨光無紋,若古代之盂;
(三)身甚深,底平,口與身稱,唇或折或彎,粗繩紋,若今人所用
之缸;(四)腹深口小,底尖,頸狹,腹被細繩紋或無紋。至於它的
質料則(一)(二)式較精美,(三)(四)式較粗糙。大凡人類文化
的進展,是從大體説的。如果專就某種品物來説,那却是進展到
某一定的限度,就停止了,并且逐漸退縮。陶器進化到仰韶時期,
幾乎可以説達到頂點的。以後的瓦鬲時期,以及秦漢的陶器,全
不及這一時期的精美。秦漢以後,帶釉陶器,逐漸發達,進化爲磁
器,那又是附庸蔚成大邦。至於我們所發現新石器時代的陶器,
就顔色説,有紅的,有灰的,有黑的,但均是天然色,絶無加彩。就
飾紋説,一部分繩紋的,與仰韶期及瓦鬲期的紋相同。至籃紋則
爲仰韶期内之所無有。另外有一種細刻紋及點狀紋,也是此期之
所獨有。形狀就我們所黏合成形的數器來看,則有細頸、鼓腹、平

底之罍形器,直壁、平底、雙唇之甬形器,及有鋬之薄肉瓶等均爲仰韶期中所不見。質地比較粗糙,無仰韶期之精製紅陶。

新石器時代坑中,尚有若干骨器、石器等類。這些同仰韶期的分別尚不顯著。

再就地面的坡度來比較:仰韶期的同現在的,可以説沒有多大的差異。至於新石器時代的坡度,同現在的坡度,差異却不很小。戴家溝東各坑位置如下圖:

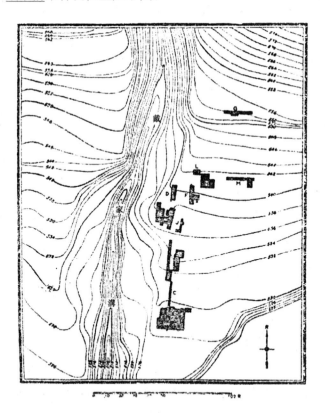

溝東工作區坑位圖

如命“標準坑”的遺址爲 H_1，H 坑八號墓上的遺址爲 H_2，將六遺址從北向南排列，則各遺址的地表高度（假設古陳寶祠大殿門前之臺階石爲海拔五百公尺）、人居深度（距今日地表之深）、人居原高如下表：

坑名	地表	人居深度	人居原高
G	552m	7m80	544m20
H_2	540m	6m38	533m60
H_1	540m	8m04	532m00
M	540m	5m05	535m00
I	532m	3m30	528m70
K	528m	2m80 至 1m24	525m20 至 526m70

我們在戴家溝東所發掘區域，北高南下，東西略平。M 坑在 H 坑東，故今日地表面的高度相同。G 坑與 H、M 二坑，今日高度差異爲 12 公尺，新石器時代的差異，則約爲 9—12 公尺；H、M 二坑與 I 坑，今日高度差異爲 8 公尺，新石器時代的差異，不過約 3.30—6.30 公尺；I 坑與 K 坑今日高度差異爲 4 公尺，新石器時代的差異，不過約 2.00—3.50 公尺。依上列之高度推測，則新石器時代，由北向南的坡度，似較今日爲小。又 H 坑與 M 坑，今日地表而高度無大差異，而當新石器時代，M 坑較 H 坑高 1.40 公尺及 3 公尺不等，則當日當係東高而西下。但此六遺址，除 K 坑工場成層外，餘當均在當日之地下。然則坡度較小的説法，也不過爲今日的一種假説，還有賴於將來工作的證明也。

狹義的考古學術在我國發達的很晚，所以許多問題尚在空白

狀態。桑志華神父（Pére Licent）及德日進神父（Pére Teilhart）在
陝西北部榆林附近及河套裏面鄂爾多斯一帶，發掘到舊石器時代
的遺址。至於安德生博士所作的仰韶遺址，是屬於新石器時代末
期者。各處仰韶期及較後的遺址很多。比方説：中央研究院歷史
語言研究所所發現的黑陶文化，就是比彩陶文化——仰韶時期一
較晚的文化。他們作的仰韶時期的遺址也不少。可是比仰韶時
期較早的遺址，他們似乎還没有見着。安德生斷定甘肅齊家坪遺
址比仰韶時期早，又因河南澠池縣不招寨的遺址未曾發現彩陶，
也疑惑它較早。其實，我們在瓦鬲墓的時期，也没有見到一片彩
陶。我們并且有決定的證據（Argument décisif）可以證明瓦鬲墓
在仰韶期以後。不招寨的遺址裏面所含的瓦鬲殘片不少，所以可
決定它只能比仰韶晚，絶不會較早。至於齊家坪的遺址，同仰韶
期的遺址散見於各處，并無地層上下的關係，不過因爲陶器的作
風間接的推斷，至於直接的證據却是没有。復次，從陶器的作風
上看，我們也可以承認齊家期較仰韶期早，但是，它的陶片雖然樸
素，却仍是有彩色，同我們所作的六個遺址絶無一片彩陶者有異。
齊家期雖説較仰韶期早，却相離不遠，仍屬於新石器時代的末期，
并非真正的新石器時代。在東三省及内蒙古一帶，桑志華及德日
進，中國西北科學考查團，美人安德思（Andrews）及其他采集家，
均有不少新石器時代遺址的發現。但是，這全是在地面上采集，
并没有真正作過發掘。它相對的時期到現在也還没有研究清楚。
并且這一帶的文化同中國本部的文化，在本質上，似乎也很有差
異，不能相提并論。所以，我們可以説：從前在舊石器時代以後，
新石器時代末期以前，有一頁的空白；我們這一次鬥鷄臺的發掘，

才算把這一頁空白,補起了一部分。

　　最近,我在天津北疆博物院,遇着桑志華神父,看見他們的采集品。有兩件灰色的陶器,長頸籃紋,同我們所發現的新石器時代的陶器作風相同,不過身較高,色非紅,爲稍異。桑神父認爲是仰韶期的遺物,因爲它的發現地同仰韶期的遺址相距不過五十公尺許。我告訴他說我的詫異,問他覺得分爲兩時期是否可能。他很誠懇的回答説:他這采集品,并不是 in situ(在當地)的發現,屬於兩時期是可能的。炳昶附記。

青峰山及鷄峰游記①

民國廿三年及廿四年之上半年,余率領國立北平研究院史學研究會考古組同人在陝西寶鷄縣東十五里之鬥鷄臺,發掘陳倉遺址。讀寶鷄縣志,知鷄峰爲縣内之名山,而青峰山内有萬壽禪院,建自五代,尚有宋建隆元年牒及景德元年碑可稽,心嚮往之。至二十四年春末夏初,工事稍暇,始得往游。青峰山之游,四月十九日出發,二十四日旋工次,往返六日。鷄峰之游,始於五月九日,畢於十一日。寶鷄之南,秦嶺横亘,山深嶺峭,溪曲路險。歷史名迹,如大散關、和尚原、黃牛堡之屬,均在其間。如欲盡窮其勝,非有半年之閑,恐不足以語此。然"鼴鼠飲河,不過滿腹",余之游蹤雖狹,而喜冀怖驚,均極其致,未可以無記也。至途中所得,關於歷史之部分,則已詳於調查報告中,不再贅。

①編者注:本文原刊禹貢半月刊1937年第7卷第1—3合期,内容僅包括青峰山之游,後注:"本節完,鷄峰游記下次續登。"但未見續登。

一、青峰山之游

青峰山，據縣志言："在縣東南一百八十里。"詢鬥鷄臺土人，略無知者。詢之縣署，有人略知其方向，而遠近無人能言。邑紳中有一楊君，其少年時曾往游，據言應從天官店東過渭水南，行四五十里即至。至當經過何村落，則彼因時間已過久，未能指述。適余等欲往虢鎮、陽平鎮等地拓撮縣境内之宋元石刻，而天官店適位於二鎮之間，乃於十九日早八點鐘啟行，擬先往二鎮，歸途過渭水南，游青峰山，并拓撮宋碑。

同行者，龔君獅醒及拓工辛毓德各乘一驢，余則乘一老馬。外一驢負行李，工人戴八老、姜祥祥隨行，招拂牲畜。沿渭河北岸，十五里至底店鎮，鎮東里許即汧渭交會處。汧水僅没膝，馬頗易過，然毛驢膽怯，余遂隨大衆下，令人負過。渡頭涉者，負者，皆裸體，其兩胯外旁均有黑色癜痕，余深異之，久思始得其理。蓋陝民均睡燒炕，側身臥，胯骨尖處抵炕，時久遂成癜。涉汧後，仍沿渭北岸，過馮家嘴、李家崖、水簾寨諸村，二十里至虢鎮。土人讀"虢"如"《ㄨㄟ"。鎮爲周小虢國，唐宋舊縣，故俗仍稱"虢縣"。鎮内商業勝縣治，日有公共汽車通鳳翔，至縣治則無之。蓋渭水東流，小舟上溯可抵鎮，再西水淺不易上，故鎮内商業特盛。城隍廟頗弘大，有聲於附近數縣間。然近日塑工劣，無足觀者。相傳城隍神爲漢紀信，廟内扁聯均準之以立言。自鬥鷄臺至此一段路，余於二十二年來寶鷄調查時曾經過，再前即屬新路。在鎮午餐後，繼續東行，過李家村、郭家堡。堡道南有一小廟，顏曰古活廟，未知内祀何神。再前過景家莊。再前進數村，未問名。再前即天官店。問鄉人青峰山離此地遠近，答言不知，但言有青峰嶺。問過橋後尚有若干里，答言"十來里"。問橋尚未拆否，答言未拆，橋屬善橋，過橋不須錢也。再前，過盧家莊子、賈馬村、十家村。又前，過楊家堡子。獅醒寒假中曾同何樂夫來陽平鎮考查，知鎮之團部在楊家堡子，乃往訪其李隊長，不遇，留一名片。時渭水河身緊靠北岸，似尚在坍塌中，路緣岸行。陽平鎮離虢鎮三十餘里，至鎮，任牲畜入村店後，即到其對面之鐘鼓寺參觀。寺東院有小學一所，院中頗有花木，墻間鑲一宋太平興國七年碑。其小學西旁有楊公祠，宇下有宣統三年所立"邑侯吟海楊公德政碑"。據言："邑興國里有十餘村莊，近居渭河之涯。至同光年間，河水陡漲，壞民舍上田不可勝數。今其田雖莫没而其糧尤猶存。""數十年來，未有體恤民情之縣主"，幸"自邑侯楊吟海公履任……禀請上憲以免徵收。……"此大令不似從前縣令之"混蛋"，將本分應作之事尚作一部分，人民已感德不置，爲之立祠，甚矣吾國官之易作，而人民之足憫也！問道士所識之人有去過青峰山者否，答言："每年朝山，在此'齊會'①，故曾往者不少。"托其尋一鄉導，彼携一劉姓者來，議定引路費一元。是夕，眠尚佳，惟隔壁所飼驢時發不平之鳴。

二十日晨，到鎮內一游，市街不甚長，西端緊接渭水，大致鎮之西部陷没於水中者已不少。河內邊際有木椿多排、石壩數列以禦水，其洲中有人作畦以種瓜。七點餘即啟行，出鎮，即涉渭水。支汊係人負過。河正身有船，船無搭板，牲畜不能上，人持馬驢之蹄而强登之！過河後已九點半！南岸灘寬，有小河，寬四五尺，名

①朝山者到一處會齊人衆，俗名曰"齊會"。

清水河，河南有稻田不少。登原一層，有一大村，名益家崖。西行出村，再西，過一大溝，中有一綫細流，聞其源出高橋溝。過大溝里許，至一村，名梁家崖。南行，過毛家溝村，村前有大溝，中亦有細流。過溝，仍有人家。再西行，原上有堡，下有大村，均屬八廟村，村中亦有大溝細流。過溝，路轉南。緣溝，林木甚茂。溝西雙林寺，内有小學校，但未開學。出寺，未幾，即上坡。沿大谷南行，谷名楊家溝，間有人家點綴；至農田則種鴉片者過半。上嶺後，稍下，路左有廢廟，讀碑，知爲高嶺寺，并言"嶺爲青峰之外屏"。路時出嶺左，時繞嶺右。未遠，原已盡，以高處已不可耕爲驗。此後山坡頗陡峻，農田絕少。下望谷底，時見人家，屋旁樹木頗茂，餘地幾全屬赤童。然山上非不能生樹，尚餘一小片，已足證明。此地帶余疑太古時亦屬林深箐密，但斬伐却甚早，豈"益烈山澤而焚之"之後即無樹耶？再上，路左有泉，岩係麻石，路有極窄處：底不逾尺，上層稍寬，然馱子過時仍感困難。再前不遠，至黑虎洞。路左有小洞，過洞，有閣騎路。過閣，路右亦有洞。閣上洞中神像口中皆塗鴉片，乃係烟民以賄神者！娘娘神所抱之嬰兒，口中亦滿塗黑烟！神而有知，當被毒死！附近幼柏不少，風景尚屬佳勝。過洞，路漸下。路旁時見石洞，或係行人避風雨之所。途中遇負柴者，負竹者，負椽者，負板者，負炭者，負木掀頭者，絡繹不絕。山民均身體壯健，帶烟色者絕少。下一大坡，坡下有破廟，無碑，無扁，無人。所祀似係佛孔老三聖，疑未能名。溝中有水南流，路隨水行。水初僅細流，後有水自東來注，即覺澎湃。道旁石漸奇：如臥者，如立者，如屏者……千狀百態，可人心意。水左有一大石，上又立一大石，北高如紗帽之頂，南出者如鼻，目口隱約，不須若何幻覺,即可見到! 天乎? 人乎? 抑天之冥合若人乎? 再進有大水從南來入之,合向西流。問橋上樵夫,據言名<u>伐魚河</u>。過橋南行,河旁楊樹頗多。未幾,見一小村,名<u>關兒上</u>。村有人牲能食處,乃稍憩。店中人正"吞雲吐霧",苦勸余到室内炕上休息,情意殷殷。時户外風景佳絶,室中即無"雲霧",而湫隘惡濁,余并未犯罪,奈何欲囚余於室中耶? 乃擇室外一光石據之,出鍋盔,又命煮麵條,對此山水雲樹,大饗大嚼! 而爲余等鄉導之烟鬼,乃蜷卧室中炕上,"小鍋飯"一吃再吃三吃! 各適其適,無相妨害可耳! 時剛過三點,鄉導者即欲止宿;斥之,催其起行。乃過<u>關兒上</u>,彼對於途徑已毫無所知,問之,始知彼於<u>民國</u>七年,往南山"趕烟場"[①],歸途經此,見人指示峰頭,云名<u>青峰山</u>,彼今日即大膽思挣余等之一塊錢! 然已無可奈何,乃且問且進。兩旁山已非童,而樹甚幼小,樵采者多集於斯。河邊草木極茂。樹以楊爲最多,巨大之核桃樹次之。稍進,楊漸少,柳漸多。沿途雜花盛開,余等所識有桃梨海棠諸花。餘花尚多,惜余等不識其名。路時過溪上,<u>上有危橋</u>。老馬膽大,款段而過;毛驢膽怯,堅不肯上,乃用人握尾根以助其膽,或牽之,或推之,始勉强過! 橋梁多有,每渡均如是。河東有人家,地名<u>店溝口</u>。離<u>關兒上</u>約十里許,至<u>寶蓋寺</u>,寺在路左。再前只有一二人家,已入老林境域。有地,據<u>寶蓋寺</u>内守廟者言名<u>字石頭溝</u>,因路旁之石,從前有帶字者,現已無有。此地多大樹,無農田,然有欲闢爲農田而焚燒之林木痕迹! 如此高度,何能植穀? 徒使林木受荼毒耳_{余未帶高度表,然意其已過千}

①<u>陜甘</u>每年收鴉片時,有不少鄉人外出爲人收烟,俗名曰"趕烟場"。

二三百公尺以上！木始抽芽，亦無花開。時太陽已匿西山，晚霞如魚鱗，始至青峰山根。鄉導無知，未悉山高幾許。路愈峻險，不能再騎，乃全下，將行李匀配於各牲畜身上以利登陟。路時出溪左，時出溪右，溪上無橋，幸水不大，然涉石以渡，時濕鞋襪。天色漸暗黑，路離溪從左側盤旋而上，以爲離山頂廟已不遠，乃愈走愈險，時復見雪。僅帶一手電筒，未能遍照。雪已融化成細流，流於石徑間。足時陷雪中，時入泥淖！獅醒一次失足，因手握馬尾，幸得不墜。徑寬尺餘，外即下臨深澗，然均有密林衛之，墜亦無入澗底之患，惟血流被面，想任何法亦難避免耳！ㄏㄨㄚ ㄔㄨㄚ一聲，小驢滑倒！其所負行李墜下，幸祥祥急用腿支，未落山腰樹中！數人用力幾分鐘，始移至平地！鄉導烟鬼，伏地呻吟，已幾如死人！山高月黑，進退不可，乃稍憩。鄉導雖病，然彼固鄉導也，乃强其同八老先以手電筒上，探廟門何向，餘人坐俟。彼等去後未幾，天又漸明，蓋月又已東升。俟之良久，未見回音，而途徑已依稀可辨，乃命復將行李上馱前進。行數十步，聞探路者自高處言“山頂已不遠，但廟則遍尋不見！盡力大呼，亦無應聲！山頂有小地頗平”，問將若何處置。命之復下，引馬驢上山以便露宿。上時仍甚艱辛，幸不甚遠。山頂有大石若門，密林環繞。有小空地，鋪草若茵，遂行止宿。薪柴不缺，生火兩巨堆。取雪煮水，足以解渴；帶有掛麵，煮食亦足療飢。天復相余等，月隱見雲中，無畏雨潤。時有細風，依石可遮。余與獅醒帶行李頗多，乃將外套氈子匀給彼等四人。二人一班，換班睡眠，以防馬驢之逸走。支牀酣寢。此情此景，自余等從西北歸來後，已五六年未曾遇到！今宵又得嘗此風味，寧非大快？寢時視温度表，則爲百度表之零上七度。中夜醒聞聲：ㄅㄤ ㄅㄤ ㄅㄤ，ㄅㄤ ㄅㄤ ㄅㄤ，以三聲爲率，前二近，後一略遠，以爲此地離廟不遠，僧人擊柝以警夜也。問僕人曰："所聞何聲?" 答："看讀上聲山狗叫。" 問："何謂看山狗?" 答："就是山豺狗，它在山裏，成夜叫；一直叫到天明。不管啥狼蟲虎豹，聽見它叫，都音ㄉㄡ逃啦，不敢來啦。" 問："不是老和尚打更的聲音麼?" 答："一定不是。" 乃又寢。

南天門之露宿

晨醒後，天轉陰，但無雨意，亦無風。戴八老、辛毓德取余之望遠鏡登東邊之各山頭以尋廟。彼等去已久，而爲余等"鄉導"之烟鬼仍睡若死狗！乃促之起，問其是否將上山尋路及廟，彼稽延不欲行！力斥之，遂迤邐乘山徑下趨。但彼有天幸，行未久，即遇其"鄉黨"，負板自廟來！問之，知廟在南坡不遠，即登報！未幾，其"鄉黨"亦負板來，止火次休息。命烟鬼大呼八老，彼等二人聞之，遂歸。彼等勇甚，登數山頭以望，然毫無所得！此後負板負椽者絡繹而至，蓋此地固一通衢也！地爲秦嶺最高處之一小口，名

由北山口望青峰山稍偏右之遠山中間缺口即南天門

南天門,高度以勢測之,約在二千至二千五百公尺之間。煮水,煮掛麵,洗臉,飲茶,吃掛麵,上馱子,照相:一切完畢,起程下趨。路上時有泥水,無雪,當因屬山陽。亦時有大樹橫路,須待繞越。然與昨晚所行路比,難易霄壤矣!約二三里,見路北旁有小石塔二。再前,有南北大溝。過溝,抵廟。廟僅有大殿五間,後殿三間,前殿三間。前殿坡下有東向之木亭一間。正殿瓦均以鐵製,乃此附近居民所艷稱者;前殿則僅覆木。正殿前殿間,西廂三間,已上梁,尚未動工修理。聞此廟前數年爲匪徒蟠據多時,後兵剿匪,遂火偏殿。現時靖,復計修理。廟中無僧道,有廟管一,四川人,李姓,亦一癲君子。前係藥商,現因賠累,只好作一廟管,終日焚香禮佛以"養老送終"矣!大殿中異常潮濕,且門不全,然前後殿更不堪居,乃住於此。幸廟中木板尚多,暫借來鋪牀下地,聊足禦濕。山外人在此伐木作板者、作臿者頗多。大約納若干錢於廟管,

青峰山樓真院之正殿俗名鐵瓦殿

即可隨便砍伐,談不到何種砍伐計畫也! 遍尋宋碑,不得。問廟
管:"附近另有碑否?"答:"僅溝邊及紫陽洞外有二碑。"問:"紫陽
洞何在?"答:"在廟前不遠老廟附近。"余乃獨往尋紫陽洞。南行
半里許,見右邊有廣場,乾草覆蓋甚厚,清溪穿流其間,殿宇基址
依稀可辨,定係"老廟"遺址。其"正殿"後有小石塔一,麻石上乍
視若有字,審視實非。其東北隅,山石壁立,高數丈,平若砥。其
西北隅,山勢北轉,再闢一廣場。西向之石嶔嶔光滑,上有青松多
株。此一隅山石堪比泰華。對面高山尚層冰峨峨,積雪千里,靜
瞻遠眺,渾忘今古。在平陽鎮時,問人太白離彼間若干遠,答言此
南面之高山皆太白也。然按地圖,太白實不在此方向,此果何山
乎? 遍尋不得其所謂紫陽洞者,疑在山腰,時身體已倦,乃歸。廟
附近草不佳,牲畜無食,乃派八老騎馬下寶蓋寺爲之糴食料。余
又過溝東,觀道旁之小石塔,均屬乾隆年建。歸午餐後,稍休息,

青峰山樓真院紫陽洞前

即命廟管引余及獅醒尋此二碑及紫陽洞所在。乃其所指溝東之
碑,即乾隆年建之小石塔,此尚在余意計之中。至"老廟"側,彼
指東北隅之大石爲紫陽洞! 問洞何在,答洞被石封! 問碑何在,
彼指麻石僧塔,謂是即碑也! 乃意興索然! 惟"紫陽洞"外之大
石上尚有若隱若現之"雲開錦繡"四大字,則由彼之指示而尋得。
欲尋其爲何年月所刻,終亦不可知。彼又言對面之高山名螯山。
後檢申報館所印之中國分省新圖,知螯山與太白相連,可稱爲太
白之支山;高度亦與太白相若,則際此初夏,而仍完全被雪封,固
無足異。"老廟"前山口正對此山,雲烟變化,氣象萬千,其位置
實比避匿谷隅之現廟絕勝。心悅神爽,又瞻眺移時始歸。雖考古
一無所得,而得見此奇麗之景物,則此行固自不虛。時下午五點,
溫度百度表零上十二。歸後,讀辛毓德所拓萬曆鐘文,繼問廟管
及伐木者,始疑萬壽禪院在濱渭水之天王村。廟管又言"民國十

九年,曾有外國人來照相"云云。

　　二十二日晨將七點,啟行下山。時天陰,但絕無雨意。下山後,即上馬。俯仰雲物,仍能令人陶醉。過高嶺寺,未遠,即轉向東,與來時分途。時已下午四點,天氣頗暖,微雨數點。將下原,西望,隔溝,有村不小,名宋家溝,人民復洞居。此上無洞居者,蓋因山中多石。再前,西過大溝,中有細流之水槽,但無滴水。過溝,抵天王村。村頗大,有堡,有商店,東與八廟村相連。萬壽禪院在村西端外,約半里許,俗名萬壽寺。至後,不惟各宋碑均在其間,并在前殿尋得宋元間壁畫,大喜過望。廟在渭水濱,而余等乃尋之於萬山中,思之彌復可咍,然逸興遄發,無些微悔懊。廟尚整齊,因需拓碑及照相,乃止宿於其正殿中。廟管姓張,衆稱張師父,係一吃齋人,有家屬。外有一老翁,亦姓張,比張師父年高,然爲彼弟子。其早晚供神,茶及開水各一杯;中有瓶貯清水,香用檀末,磕頭無數,默念甚久,其所默念,秘不以告人。又聞人言:青峰山屬八廟村,菩薩山屬天王村;二山離此地距離大致相近;如往菩薩山,過關兒上,即須向西分路云云。

　　二十三日,十一點鐘啟行前,到廟外西南隅之一間殿中一觀。內祀三女神,壁間懸山上祀翁嫗各一。問廟管:"此係何神?"答言:"係本村康姓女兒,修煉成功,遂廟食於此。"余意翁嫗必係三女仙之父母矣,問之廟管,答言:"老姆係地母娘娘,翁不確知,大約係孔聖!"余觀老人奇醜之狀,其言亦似有理。孔二先生有知,亦不自料其廟食於斯地也! 沿渭水南岸西行。路南有村,曰西半窑,北有村,曰宿家村。再前路南,有村曰蔡子。村西有菩薩廟,門前有"學校重地閑人免進"之虎頭牌示諭! 廟東南隅墻外有一短碣,立馬視之,上似刻一詩,然未下馬詳讀。再前,路南稍遠,有村曰王家村。再前,過一村曰雙堡。再前,原又向北進,路離原脚不遠。有村曰新莊子,曰鳳鳴里。路北有稻田。再前,近渭水灘,即見磻溪水。轉南,道旁田邊,村人多植荆棘以防禦行人之踐踏其田地,馬上一不小心,遂隔韉刺脚背流血。不遠,過河西,望見磻溪宮,即下馬,放馬先行,而馬因曾來數次,遂直前入宮後門,余等亦隨入。廟規模宏敞,屋宇整齊,瞻仰一過,始覺恍然:余從前意磻溪宮主人定屬周太公望,現始知其與太公無干,主人乃係長春真人;宮爲真人成道處,有元碑多通。留辛毓德在此拓碑,即起程赴虢鎮。至鎮東南,過河北岸,時橋尚未毁,但支流水尚不小,余騎馬,隨村人牽牛者徑過。至鎮,尚欲返鬥鷄臺,而因天色已不早,恐至汧河時已入黄昏,遂止宿。次日,上午十點,歸至鬥鷄臺。

金俗兄弟死其婦當嫁於其弟兄考^①

　　清初"大禮恭迎太后婚"之事，未知確否。然婚姻制度，各民族間多有不同。兄沒，嫂嫁於弟，即在<u>中國</u>内地亦未嘗無。余在<u>陝西</u>西部<u>寶鷄縣</u>工作，稔知其地即有此俗，惟尚須經過妥商程叙，并非强迫。然余曾見報載，其地兄死，弟不肯娶嫂者，嫂可訟之，惜忘其爲何地。異族無<u>中國</u>禮教之束縛，風俗異貫，固無足異。

　　余讀<u>金史</u>，得三事，知<u>女真</u>當日兄弟死嫂及弟婦有嫁於其弟或兄之義務，雖至帝室亦不得免。兹將三事臚陳於後，以備研究風俗者有所采擇云：

　　一、<u>建炎以來繫年要録</u>卷九載"<u>太祖旻</u>之正室生二子：<u>宗浚</u>、<u>宗^②朝</u>。<u>宗浚</u>早死。……其庶長子曰<u>宗幹</u>。……時<u>宗浚</u>已死，其妻爲<u>宗幹</u>所納，故其子<u>梁王亶</u>養於<u>宗幹</u>家，<u>金主晟</u>遂以<u>亶</u>爲<u>安班貝勒</u>"。此事<u>金史</u>不載，且其叙<u>太祖</u>各子，與<u>金史</u>亦有異同。余

──────────
①編者注：本文原刊<u>史學集刊</u>1937年第3期。
②編者注："宗"，原誤作"宋"。

初見此事,以爲宋人傳聞之詞,未必足信。然詳考之,其所叙<u>太祖</u>諸子,雖或有小誤,而<u>宗浚</u>之爲<u>宗峻</u>,安班貝勒即謚班勃極烈,爲<u>清</u>四庫館臣所改,固無疑問。其<u>熙宗</u>爲<u>宗峻</u>子,<u>宗幹</u>爲<u>太祖</u>庶長子,均與<u>金史</u>合。<u>宗幹</u>納<u>熙宗</u>母事,雖不見<u>金史</u>,而<u>熙宗</u>之立也,所追謚之兩皇后,一爲<u>聖穆皇后唐括氏</u>,<u>宗峻</u>母也;他一爲<u>光懿皇后裴滿氏</u>,即爲<u>宗幹</u>母<small>金史卷六十三后妃傳</small>。<u>宗幹</u>之爲庶子,<u>金史</u>明著之。<u>熙宗</u>立而<u>宗幹</u>之母追謚皇后,則二人之關係必有異於尋常者矣。<u>宗幹</u>之病也,"上親臨問……悲泣不已。明日,上及后同往視,后親與<u>宗幹</u>饋食,至暮而還。因赦罪囚,與<u>宗幹</u>禳疾"。及其死也,"上哭之慟,輟朝七日。……上致祭,是日庚戌,太史奏戌亥不宜哭,上不聽,曰:'朕幼冲時,太師有保傅之力,安得不哭?'哭之慟"。此種親密,爲餘人之所未能有。"保傅之力"與宋人之所稱"養於<u>宗幹</u>家",固屬暗合。且皇帝之立,均追尊其生母,如<u>世宗</u>母<u>李氏</u>之追謚<u>貞懿皇后</u>,<u>宣宗</u>母<u>劉氏</u>之追謚<u>昭聖皇后</u>,皆明著於<u>金史</u><small>卷六四</small>。獨<u>熙宗</u>踐位十餘年,而對於其生母之追尊毫無所聞,勿亦因其母之已"下嫁",而崇禮亦因之以抑降歟? 參互以證,知<u>宋</u>人傳聞之言并非誣罔。然此猶可云推論之證據,其確實之程度或尚有可疑也。至其鐵證則尚有下二事:

二、<u>金世宗</u>初立,檄數<u>海陵</u>之罪,内有一事,曰:"太皇太妃并子<u>任王喂阿</u>并以無罪,盡行殺戮。"<small>三朝北盟會編卷二百三十三。</small>建炎以來繫年要錄<small>卷一百九十三</small>亦載此文而頗有删削。此太皇太妃爲<u>太祖</u>妃<u>蕭氏</u>,<u>紀王習泥烈</u>、<u>息王寧吉</u>、<u>莒王燕孫</u>之母,<u>海陵</u>母<u>大氏</u>所事之甚謹者也<small>金史卷六十三后妃傳,卷六十九太祖諸子傳</small>。其子<u>喂阿</u>,<u>金史</u>作<u>偎喝</u>或<u>隈喝</u>,却非<u>太祖</u>子。<u>金史</u>宗義傳<small>卷七六</small>載此事云"殺<u>宗義</u>、<u>謀里野</u>,并

殺宗安及太祖妃蕭氏,任王隈喝及魏王幹帶孫活里甲"。後又言
"大定初,追復宗義官爵,贈特進,弟蒲馬、㝎論出、阿魯、隈喝并
贈龍虎衛上將軍"。宗義爲太祖弟遼王杲之第九子,其弟自亦杲
子。此傳雖未載隈喝爲蕭妃子,而后妃傳崇妃蕭氏條下,固明載
"併殺所生子任王隈喝"。太祖妃生子爲杲子,則妃之下嫁於杲,
自無疑問。施國祁知隈喝非太祖子,而對於"所生子"之"生"字,
無法解釋,乃擬改爲"養"字_{金史詳校卷七},未知婚姻制度,番漢固不
同也。

　　然此尚未足證明女子當此際有不可回避之義務也。證明此
義務者,尚有一事。

　　三、金史海陵紀:天德四年十月"殺太祖長公主兀魯;杖罷其
夫平章政事徒單恭;封其侍婢忽撻爲國夫人。恭之兄定哥初尚兀
魯。定哥死,恭强納焉,而不相能,又與侍婢忽撻不協。忽撻得幸
於后,遂譖於上,故見殺而并罷恭"。定哥之死未知何時。兀魯
在太祖時爲皇帝親女,太宗時爲皇帝親侄女,熙宗及海陵時則爲
皇帝親姑。以時間度之,定哥死似不在太祖時。以帝侄女或帝姑
之尊而不免於其夫弟之"强納",則一婦人當夫死後,對於其夫之
兄或弟,有不可回避之義務,彰彰明矣。

今日知識青年應走的三條路^①

　　空發牢騷和流眼淚,也是今日有知識的青年最不應該有的態度。這樣的青年,果然他們腦筋裏面還有國家民族的觀念,比那些毫無心肝,昏天黑地的人略勝一籌,但是他們求生活的意志太脆弱,求生活的能力太貧乏,心裏也知道後退沒有活路,却是前進又無勇氣! 除了束手待斃以外,沒有一點另外的法子! 這樣亂糟踐五穀糧食的人根本上就可以不存在! 國家民族既然遇着這樣生死存亡的關頭,一切的青年全應該認清自己的環境,盡着自己的能力,加緊工作,勇往爭先,那我們的國家民族才能有救。如果除了亂談天,亂發牢騷和流眼淚,就毫無辦法,那我們的國家民族可真要萬劫不復了!

　　然則今日有知識的青年應該作什麼呢? 那各人客觀上的環境不同,主觀上的性質不同,國家民族又是極複雜的一種有機體,

①編者注:本文原刊大公報 1938 年 4 月 19 日、20 日。

所需要的也不是單一的工作,所以我們救國,儘有許多的途徑。強迫奔走相同的路,是不可能的,也是不應該的。

今日有知識的青年,對於救國工作,所應該取的途徑,大致可分爲下列的三類:

第一,如果性質沉潛,環境允許,能拚命地去求知識,去研究,拿學術去救國! 那是一條很光明的大道。今日的青年動不動就說:這樣的時局,誰還能沉着氣去讀書? 這樣的意見是異常荒謬的。國家因爲學術的不昌明,才糟糕到這步田地。如果現在還不急起直追,那還有什麽將來的希望? 如果説這些研究緩不濟急,他們却不知道現在大部分的軍用利器全是當歐戰正開展的時候所發明的。歐戰初開的時候,飛機很少,防空談不到,坦克車沒有,大炮的射程不遠。如果那個時候,歐洲的學術界也覺得研究是緩不濟急,那人類的歷史要換一個樣子寫了。還記得我個人於民國二年初到巴黎留學,當時見聞不廣,誤認巴黎的紛華靡麗,爲法國所特有,尚未知它的國際性,因此對於法國將來戰時的能否持久,頗覺懷疑。第二年,歐戰開始,我一直在巴黎留學,直到停戰以後,才回中國。積這全戰時的見聞,才曉得世界強國的人民,真是有點不同。頂使我詫異和感動的一件事,是我一天,去訪教我拉丁文的一位校外先生,這位先生,是任何高中功課全教授的,我看見他書案上放着幾張算學演草,我隨便問他:"這些演草是從那裏來的?"他説:"這是我的學生從戰壕裏面寄來請改正的。"他説這句話,毫無一點詫異,可是我聽着就詫異極了。趕緊問他:"怎麽? 戰壕裏面還能作算學習題?"他還是毫無表情的答道:"他們在後面的戰壕裏面,沒有多少事作,爲什麽不作習題呢?"

諸位試想想，他所説的後面戰壕離前綫也並不多遠，不過二三十里路，一定還在大炮射程之内，他們很平常的中學生，就能在那裏面沉着氣，作算學習題，這樣的魄力，豈是我們敵人還在幾百里外就念不下去書的青年之所能企及！就是民七歐戰末期，德國用一百二十公里射程的大炮轟擊巴黎，巴黎大學對面的魯意大王中學就受了一炮，當時我們巴黎大學的教員及學生不過從樓上搬到地窨子上課，沒有一個人想到停課的事情！其他當時研究學問的熱誠的事件，還不勝枚舉。——今日我國的學生、教授，只要不是苟且敷衍功課，解決自己的飯碗問題，而是拚命地求增知識，研究學問，那正是救國工作正當道路之一，無論何人，是不能加以詬病的。

　　第二，如果性情熱烈，急着救國，那就不妨投筆從戎，受過訓練後，同敵人去拚死命。近來有不少的人説："國家養出來一個大學生是很不容易的，隨便讓他上陣，隨便犧牲，在國家算起來，是一種損失，所以不應該勸大學生從軍。"有些懶惰學生，也就會借詞推懶，既不能竭力去求學問，又不願受軍士的辛苦，不知羞恥地拿着上邊的話去解嘲！其實這些話在別人説起，還算有一小部分的道理，在學生自己説，可謂頑鈍無恥，狗屁不通！執干戈以衛社稷，是每個國民人人應盡的天職。我們在巴黎大學上學的時候，戰事一起，我們哲學系的教授被徵去服務的就有兩人，至於同學被徵的就不計其數。現在我們的大學生就這樣的高貴！就這樣的偷懶！如果把全國的人分爲被優待的、被薄待的兩部分，那試問：當國家民族遇着生死存亡的危機，是被優待的人應該盡的義務多呢？或是被薄待的人應該盡的義務多呢？我們國内，受過教育的人,不到百分之三四十,這些不惟受過教育,並且受過高等教育的人,算是受優待的呢? 或是受薄待的呢? 終天腆着臉,罵勞苦大衆的國家民族意識不清,可是他們的意識不清,是没有人向他們講明,他們自己不負責任。國家既然費許多力,花許多錢,把各位的國家民族意識養成,等到危急的關頭,會説出這樣的話:"命你們去拚,我們的命太值錢了,却不好去捨的!"然則國家民族又何賴有這樣國家民族意識清楚(?)的人呢! 並且我們現在訓練機械化部隊及空軍,全需要多數有知識的青年踴躍參加,才能有成功的希望。如果委靡懶惰、貪生怕死的人過多,那樣的民族,本來没有談自由的資格,更不必談什麽抗戰了! 幸而環顧各方,願意赴湯蹈火,爲國家民族争生命的青年雖然不算過多,却也還不算太少。希望他們趕緊拿定決心,到軍隊裏面,受極嚴格的訓練,以備與敵人争死生。我國有知識的青年,普通有一種毛病,總是覺得自己受過教育,真正了不起,不願意同士兵享同樣的生活,受同樣的訓練! 那實在是最荒謬不過的觀念。須要知道我們受過高等教育,是享了一種權利,並不是盡了一種義務。我們既然享了一種特别優厚的權利,現在就應該盡一種特别重大的義務。除了特别爲身體所需要,比方説,航空人員的食住,自然已有訓練人員的嚴格規定,其他方面,不管是官長士兵,全應該真正地同普通的士兵同勞逸,共甘苦;那前途才有希望,那才是光明的大道。

第三,救國心急而性質篤實的青年也不妨投身去作下級的公務人員,堅苦卓絶地進行組織民衆的工作。現在我國中下級公務人員,比方説,縣長、區長、聯保主任、保長、甲長之流,普通講起

來,可以説是異常腐敗。自然這樣的現象,原因很多,而純潔清高
的人,不肯投身去作,也是其中重要原因的一個。如果不趕緊設
法救濟,實在不足以應抗戰時期的需要,縣長人數較少,政府考察
還比較容易,以下區、鄉、保、甲的行政人員人數衆多,考察不易。
並且因爲地位減低,知識階級差不多全看不起它,更沒有像樣的
人去作,所以腐敗的程度更容易增加。我們現在親切地感覺到:
頂重要的位置,在縣長以下,並不是一區的區長,却是各鄉的聯保
主任。如果有爲的青年,很多肯投身去作聯保主任,那民衆的組
織就一定很容易的成功。理由約有三端:第一,在抗戰時期,組織
民衆爲救亡工作的中心工作,但如政出多門,則治絲愈棼,很難做
出功效。所以在原來政治機構外,另起爐竈,不免引起當局者的
疑忌;如果利用原來的政治機構,吃苦耐勞地去作,事情容易順
利。第二,鄉上的區範圍過大,拿我們家鄉南陽附近的各縣來説,
一區有管到數十里或百里者。如果上面每鄉沒有好聯保主任,那
區長就是累死,也是沒有辦法。至於下面的保甲長,則範圍還小,
以擾民則有餘,以作事則不足。惟有每鄉的範圍,通常總是一二
十個村,距離不過十里左右,如果聯保主任盡心民事,那一月之
後,他幾乎可以對彼鄉之各家長全行認識,並熟知其性情,可以説
還算離民衆不遠的行政人員。另外一面,管轄下人民還不算太
少,也還可以有事情作。並且如果他得人,保長、甲長全不敢貪污
擾民,吏治澄清才可以澈底作出。第三,這樣的地位比較低,知識
界的人去作,大家總還覺得是俯就,地位還不難得到。有這三種
理由,所以只要青年有堅決的意志去作,還不至於太困難。可是
他的地位雖然很小,工作却是異常重要,幾乎可以説是後方救亡

工作的中心。因爲現在如果民衆有組織，則雖不幸軍事失敗，而
仍可有辦法，否則軍事一失敗，民衆瓦解，就成了累劫難復的局
面。可是，無容諱言地現在民衆仍是一團散砂，我們用什麼法子
才好能把他們捏到一塊兒呢？——散砂固然捏不到一塊兒，但是
三和土裏面大部分却是砂粒，止要用粘東西把它粘起來，它要比
其他的東西還要堅固。現在止要找着有粘性的東西，就可以把散
砂般的老百姓粘起來。——這粘性的東西是什麼呢？就是知識
界的人們。這些人自身很容易粘到一塊兒，因爲現在國家民族及
他們自身的利害關係太明白了，毫無一點疑惑，所以他們自身的
結合，毫無問題。成問題的就是他們怎麼樣也能把老百姓粘到一
塊兒。其實這些並不很難，因爲現在的老百姓實是處於水深火熱
之中，他們的希望也真不奢。他們也大約知道國難如此嚴重，國
家不徵兵，不派款，是沒有辦法的，所以他們所希望的並不是國家
不徵兵，不派款。但是國家徵十個兵，鄉下就得徵二三十個，那一
二十個，就是方便下級公務人員的賣放：有錢有勢的，怎麼也可以
不受徵，無錢無勢的，怎麼也逃脫不了！國家要一百塊錢，鄉下就
得有千二三百塊的出！這樣子一來，鄉下人才真沒有辦法。現在
我們入農村工作的人，止要弊絕風清：國家徵一個兵，就公公平平
地要一個兵；要一塊錢，就公公平平地派一塊錢，本來是作本分的
事情，鄉下人已經感恩不盡了。我們如果再能吃苦，耐勞，竭力給
他們幫忙，他們從來沒有看見過這樣給他們謀福利的行政官吏，
在很短信仰的期間中，就會待我們如良師益友。到那個時候，有
一件事情發生，我們不需要向他們宣傳，他們自然會跑來問我們
應該怎麼辦。我們領導他們沒有一點困難，那就把散砂般的老百

姓完全粘起來,變成三和土般的堅固。敵人就是暫時軍事勝了我們,占據了我們的城池和交通綫,然而我們鄉村間之中心勢力不失,還可以擾亂他們的後方,牽掣他們的兵力,傾覆他們的傀儡組織:他的軍事雖是暫時勝利,而政治方面完全失敗,就非一敗塗地不可。所以我們説知識界的人深入農村的工作是後方救亡工作的中心。這也是有知識的青年所應擇取的光明大道之一,毫無疑問。

上面所説的三條大路,是同樣重要的,毫無軒輊的,全需要很多有知識的青年不辭艱苦地去工作,諸位如果不願生活則已,如果還要生活,那就應該趕緊揀擇一條。自然無論那一條,雖然是光明的,却不是那樣坦蕩的,全需要强固的意志,沉毅的精神,才能勝過途中很多的障礙;然而國家民族已經到了這步田地,那裏有坦途? 一邊是死路,一邊是險途,我可敬可愛的青年將何去何從呢?

究而言之,我們今日有知識的青年,無論走的是那一條路,只要是吃苦耐勞,拼命地向前走,那全是趨生活較近的道路。否則懶惰怯懦,一事不作,那就是自取滅亡! 然則我可敬可愛的青年,又將何去何從呢?

陝西省寶鷄縣鬥鷄臺發掘
所得瓦鬲的研究序①

　　國立北平研究院史學研究會(1937年改爲所)在陝西的考古工作開始於1933年。這一年的工作:在渭河南岸僅調查周豐鎬、秦阿房、漢長安舊城各遺址,而豐都在此次調查中亦僅略知其所在(此後余對於此遺址又繼續調查多次,至1936年在那裏住了兩三天才能確知其範圍)。是時陝西連續四五年的旱灾尚未完畢,社會秩序未全恢復,雖工作不甚多,而幫助工作的友人已經飽受辛苦與驚駭了。是年冬,與陝西省政府商妥,合組陝西考古會。1934年4月,開始在寶鷄陳倉故城遺址(今名鬥鷄臺,縣志中稱祀鷄臺,在寶鷄縣城東7.5公里)發掘,至6月底停工。二次發掘始於是年11月,至次年5月停工。下半年及次年整理發掘材料,因人員不多,中間又間以河南、河北界上南北響堂寺的工作(材

①編者注:本文原刊蘇秉琦考古學論述選集,文物出版社1984年。

料整理大致完畢,尚未出版),所以工作進行速度未能全如預期。1937 年春,增加工作人員,一面整理,一面於 4 月重新開工,至 6 月停工,先後三次。

門雞臺的位置,北倚賈村原的黃土原,與汧水隔原相望;南臨渭水;所謂陳倉北坂者也。西端有雨水冲刷的大溝,名劉家溝,溝再西有人居。東有廢堡,堡爲前清同治年間回民起義時所築,前數十年尚有人居,現在已經空廢。堡南下有陳寶夫人祠,本所在那邊工作時,人員即住祠中。堡東下層民居斷續,上層爲農田。約半里餘,又有一大溝,名戴家溝。此溝東西,古代民居及墓葬,錯雜交互,而墓葬尤多,後墓侵入或破壞前墓之一部分者尤比比皆是。溝東西及廢堡內遺址的時代不完全相同。我們第一、二次在戴家溝東及廢堡內同時開工,第三次則工作於戴家溝西。因方便就分爲溝東、溝西、廢堡三區。所稱的溝指戴家溝,與堡西的劉家溝無干。

這三次工作所得的材料尚稱豐富。一部分留陝西會內,一部分運北平整理。因爲工作人員往來兩處,多感不便,遂於 1937 年停工後將第三次發掘所得的全部材料運抵北平,而“七七事變”已起,以致機關遠徙,古物淪陷。此後本院經費又因故中斷數月,一部分人員在西安勉強支持工作,備極難辛。至 1938 年本院雖在昆明恢復,而經費既少,工作人員因生活關係,多外兼他職,故進行更多遲滯。是年冬我個人來到昆明,次年春蘇秉琦君亦來,整理工作又復開始,而何士驥、孫文青二君滯留遠處,未能前來。第一、二次發掘的溝東部分由蘇君擔任整理;廢堡部分由何君擔任整理;第三次溝西所得材料由孫君擔任整理。何、孫二君既因事未來,故所擔任的發掘報告,完工尚將有待。

至於調查工作,則自長安至寶雞西境的渭水兩岸歷年來經多數人員調查較詳;汧水流域則於 1937 年冬由趙純君前往調查。此兩河附近遺迹密布,頗饒興趣。漢水自南鄭自老河口亦於同時由孫文青君約略調查。但當時地方不靖,工作諸多限制。這一切的材料擬待將來再詳加探查補充後以陝西考古調查報告名義刊行。

這是本所在陝西考古工作歷年進行及濡滯的大略經過情形。

蘇君英年篤學。北平淪陷後,在那邊留滯年餘,仍每日到本所(至 1938 年 4 月始由僞當局接收)及北平圖書館搜集材料,繼續工作。來滇以後,工作益力。古物雖陷於敵僞手中,但一切圖片記錄,因蘇君的努力,大部轉運來滇,故整理工作尚能繼續。現在第一、二次發掘之墓葬部分亦將完成,而研究方面對於瓦鬲的研究已先脫稿,遂先命付印,定爲陝西考古研究報告第一號,以商於海内外的治此學者。

鬲與鼎同爲煮器。據我們發掘的經驗,出土的時候,下面全有竈烟所熏的黑炱。有些原來就有損傷。溝東墓 B3 所出銅鼎,其足原來就是缺後重焊。足以證明這些鼎、鬲全是實用器物,并非特作的明器。不過從前好古的人對於鬲頗不重視,鼎、彝爲人所艷稱,而鬲却很少有人談到。鬲,最早見於儀禮士喪禮:"夏祝鬻餘飯,用二鬲,於西牆下。"以後禮記喪大記及周禮考工記也曾談及,然僅用之於喪禮,不得列於祭器。至於瓦鬲,則更爲人所輕視。説苑稱:"魯有儉者,瓦鬲煮食……以進孔子。……弟子曰:'瓦甌,陋器也……'""儉者"才用此器,而孔子弟子嗤之曰"陋器",可見它當日"不能登臺盤"的情形。鬲這樣被人看不起,因爲它是平民日用最普通的東西,銅鼎則爲貴族偶然用的器皿。鼎食此後成了富貴的代名詞,足證鼎的價值。我們所發掘史前三代各墓,簡陋的或無他物,而瓦鬲則必有。溝東墓 B3 的武士既可鼎食,而亦有瓦鬲,足證其偶遇宴會始用鼎,至於平日吃飯則仍用鬲。從前考古的人歧視它是由於另外兩種原因:(1)歷來玩古董的人多重銅器,而鬲則銅製者甚少。它的正宗是陶器,偶然用銅,不過是晚期所仿製;不像鼎彝各器以銅製爲正宗,用陶乃爲偶然的仿製。(2)從前考古的人偏重文字,鼎彝上面多有銘刻,而鬲則不然。因爲這些原因,所以從前的普通書裏面很少談到鬲;金石書裏面偶然記載也是銅製,至於瓦鬲這一類的東西則從來沒有記載過。

等到具科學體系的考古學從西洋輸入,然後大家才曉然於日用器具的重要。記錄瓦鬲最早的書還要數英人勞弗爾(B. Laufer)。近來作田野工作的人得到的也頗不少,很引起研究人的注意。我第一次認定豐都的位置,就因爲看見馮村北斷崖間的瓦鬲。我們先後在西安及其附近曾采購到許多件鬲,1934 年正式發掘鬥鷄臺以後所獲更多,它們最大多數是出於墓葬,但也有一兩件似乎是遺留在燒製的地方的。例如,有一件全新,上無烟炱,附近有高一二尺的燒土,尚有一部分環立,大約就是燒製的地方。一直到現在,就各處的發掘比較,如果專看瓦鬲的發現,大約是我們得的最多了。因爲材料豐富,種類繁複,所以此一問題的研究工作由本所蘇君首先完成,有其原因。他的初稿於前數月已經寫成,請我閱看。我閱看以後,覺得他處理材料的方法大致還够謹嚴,條理亦够清楚。不過我個人對於此類的研究,經驗甚少,就請他將稿子送給歷史語言研究所的李濟、梁思永諸先生閱看。李、梁諸先生對此部分經驗極豐,學力甚深,又經他們的厚意,給了他不少可寶貴的指示。他就遵照這些指示,改易初稿以成此編。這是蘇君頭一部印出的著作,就有這樣好的成績,固由於蘇君自己的勤學好問,而諸先生的指示對於他有很大的幫助,也是毫無疑問的。

科學中的每一分支的材料,如果發現的達到一定數量,就可以據着作全體的研究,此後材料雖有繼續的發現,而從前的結論可以不受大影響,是科學界中普通的現象。不過這個已經滿足的數量什麼時候才算達到,却很難説。從前覺得已經差不多確定的結論,以後因爲材料的增加,又受到相當大的變化,也是常見的現象。但是這些全不要緊,暫時的結論,對於將來最後完成的結論,不唯不是障礙,并且可以説是必要的階梯。我們考古學界現在對於瓦鬲雖然已經得到若干的典型(type),但是就説它已經達到滿足的數量,却是誰也不敢説。蘇君的工作固然已可寶貴,但是繼續不斷地搜集材料,充實或補正自己的結論,也是我們學術界所同深希望的。

徐炳昶　1941 年 6 月 27 日　昆明